4차 산업혁명,
일과 경영을 바꾸다

4차 산업혁명, 일과 경영을 바꾸다

2018년 3월 20일 초판 1쇄 발행
2019년 7월 10일 초판 6쇄 발행

지 은 이 | 신동엽, 최강식, 양동훈, 한준, 박우성, 노용진, 박지순
펴 낸 곳 | 삼성경제연구소
펴 낸 이 | 차문중
출판등록 | 제1991-000067호
등록일자 | 1991년 10월 12일
주　　소 | 서울특별시 서초구 서초대로74길 4(서초동) 삼성생명서초타워 30층
전　　화 | 02-3780-8153(기획), 02-3780-8084(마케팅)
팩　　스 | 02-3780-8152
이 메 일 | seribook@samsung.com

ISBN | 978-89-7633-985-0 03320

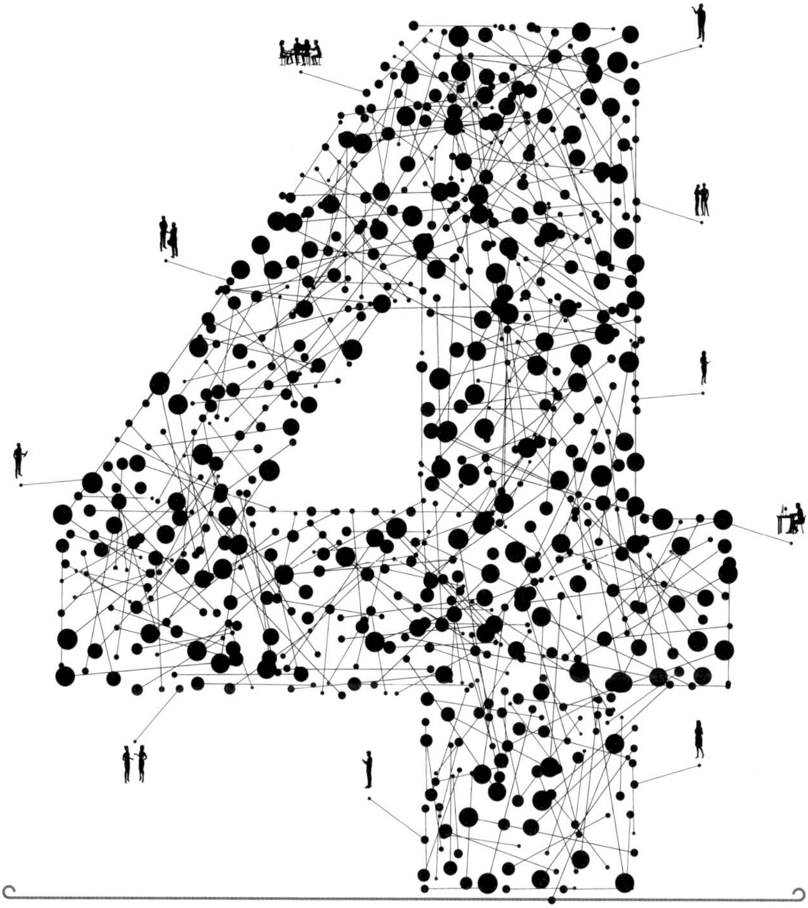

4차산업혁명, 일과 경영을 바꾸다

4차 산업혁명과 HR의 미래 연구회
신동엽, 최강식, 양동훈, 한준, 박우성, 노용진, 박지순 지음

삼성경제연구소

혁명적 패러다임 전환기와 지식공동체

4차 산업혁명이 시대의 화두다. '혁명'이나 '변혁'은 역사발전의 간헐적 불연속성을 강조하는 개념이다. 인류 역사를 보면 과학기술이나 학문, 정치경제, 문화예술 모두 연속선상에서 발전해온 것이 아님을 금방 알 수 있다. 혁명은 분야를 막론하고 지배논리와 핵심 가치가 근본적으로 바뀌는 패러다임 전환을 초래했다. 패러다임 전환이 역사발전에 미치는 영향은 매우 깊고 크다. 18세기 말을 전후해 거의 동시에 발생한 프랑스 대혁명과 미국 독립, 1차 산업혁명은 수천 년 지속된 봉건적 정치경제 질서를 무너뜨리고 시민사회와 시장경제의 발전을 가져왔다. 20세기 초에 발생한 대량생산혁명은 인류의 생산력을 폭발적으로 증대시키며 현대 산업사회를 탄생시켰다. 패러다임 전환기는 개인과 조직, 그리고 국가의 운명을 결정하는 분기점이 된다. 새로운 패러다임의 도래를 미리 읽고 선제적으로 대응하면 평상시 상상할 수 없던 급성장이 가능하지만, 기존 패러다임에 사로잡혀 경직성에 빠지면 생존에 급급하게 된다.

지금 인류의 삶을 바꿀 또 다른 혁명이 빠르게 진행되고 있다. '4차 산업혁명'이나 '디지털 변혁'으로 불리는 이 새로운 패러다임 전환은 일의 세계는 물론, 인류의 일상생활을 근본적으로 바꿀 엄청난 잠재력을 가지고 있다. 초연결, 초지능, 초경쟁을 특징으로 하는 4차 산업혁명은 사회 모든 분야에 근본적 변혁을 초래할 것이다. 4차 산업혁명은 이미 시작되었다. 그 결과 20세기 초 대량생산혁명 이래 지난 100여 년간 글로벌 경제의 성장을 이끌어온 기업경영 패러다임이 위기에 빠지면서 기존 강자들이 갑자기 몰락하고 새로운 강자들이 급부상하고 있다. 게임의 규칙 자체가 100년 만에 근본적으로 바뀌고 있는 것이다. 과거 패러다임에 고착된 개인과 조직, 국가는 역사 속으로 사라질 것이고, 새로운 패러다임을 선도하는 자들은 21세기의 리더가 될 것이다.

그러나 한 시대가 끝나고 새로운 시대가 시작되는 패러다임 전환기는 한 치 앞도 보이지 않는 극도의 불확실성으로 점철되기 마련이다. 4차 산업혁명이라는 큰 방향은 대략 짐작할 수 있으나 구체적으로 새로운 패러다임이 어느 분야에서 누구에게 어떤 위협과 기회를 초래할지는 그야말로 오리무중이다. 이런 불확실성은 백가쟁명식의 추측과 근거가 불분명한 주장들이 넘쳐나게 만든다. 최근 우리나라에서 출간된 4차 산업혁명 서적만 하더라도 100편이 훌쩍 넘지만, 막상 4차 산업혁명의 핵심과 그 결과를 이해하기는 갈수록 어려워지고 있다. 기업경영과 관련해서는 4차 산업혁명이 전문인력의 상당수를 대체함으로써 일자리와 인사에 결정적 영향을 미칠 것이라는 일반적 예측 외에는 논리적이고 체계적인 설명이 제시된 경우가 드물다. 그러나 일자리와 인사의 변화는 필연적으로 조직구조와 전략의 수정을 초래할 수밖에 없기에 단순히 한 측면에만 초점을 맞추는 미시적 접근은 혼란만 가중시킬 것이다.

이런 불확실성과 혼란은 전환기를 살아가는 개인과 조직, 국가들이 근거가 빈약한 추측을 기반으로 미래에 대한 잘못된 대응 전략을 선택하게 만들어 치명적 위험으로 이어질 수 있다. 특히 우리나라는 대량생산에 기반을 둔 산업사회형 정치경제 패러다임을 선진국보다 거의 한 세기 늦게 시작했기에 앞선 선진기업들을 최대한 빨리 추격하기 위해 모든 경영 시스템과 제도를 산업사회형 패러다임에 극단적으로 최적화시켜왔다. 최근에야 나름대로의 산업사회형 패러다임을 정착시킨 우리 기업들은 또다시 시작된 4차 산업혁명에 대응하여 다시 한 번 유연하고 신속하게 패러다임 전환을 추진할 수밖에 없다. 따라서 4차 산업혁명의 본질과 예상되는 결과, 그리고 구체적 이행 전략에 대한 정확한 이해는 특히 우리나라 기업과 경제에 중요한 의미를 가진다.

패러다임 전환기의 위험과 새로운 가능성에 대해 논리적 설명과 깊은 통찰력을 제시하고 개인과 조직, 사회가 나아가야 할 새로운 방향을 제시하는 것은 대학이나 연구소와 같은 지식공동체의 임무이다. 어지러울 정도로 빠르게 진행되고 있는 4차 산업혁명의 거대한 물결 앞에 백척간두의 위기에 처한 구성원들에게 지식공동체가 미래의 등대 역할을 해야 한다. 만약 이를 효과적으로 수행하지 못한다면 그 사회는 패러다임 전환의 역사적 변동 과정에서 몰락할 수밖에 없을 것이다. 이 책은 바로 지식공동체의 전환기적 소명을 수행하기 위해 다양한 분야를 대표하는 7명의 학자와 우리나라를 대표하는 지식공동체인 삼성경제연구소가 힘을 모아 출간하게 되었다.

이 책을 함께 쓴 저자들은 조직이론가, 인적자원관리학자, 노사관계학자, 사회학자, 경제학자, 법학자 등 그 학문적 배경이 다양하다. 아직

오지 않은 미래에 대해 논리적으로 글을 쓰고 방향을 제시한다는 것은 극도로 어렵고 위험한 작업이다. 그동안 당연시해온 많은 가정과 전제, 이론들이 더는 유효하지 않게 되는 불연속성이 패러다임 전환의 핵심이기 때문이다. 혁명적 패러다임 전환기라는 현 시대상황에 대한 인식을 공유하더라도 불확실한 미래에 대한 구체적 대응 전략에 대해 서로 다른 전공 분야와 개성을 가진 학자들이 동의할 가능성은 매우 낮다. 전공 분야와 이론적 기반, 이념적 입장, 저술 스타일이 저마다 각기 다른 이들이 모여 격동의 패러다임 전환기를 살아가는 우리 사회 구성원들과 경영자들에게 의미 있는 통찰력과 미래 발전 방향을 제시하고자 하는 바람을 담아 한 권의 책을 집필하는 과정은 결코 쉽지 않았다.

이런 어려움에도 불구하고 다가오는 4차 산업혁명 시대를 살아가는 우리 사회 구성원들에게 실천적으로 기여할 수 있는 가치 있는 책을 만들기 위해 '4차 산업혁명과 HR의 미래 연구회'를 조직하고 지원한 삼성경제연구소에 깊은 감사와 존경을 표한다. 이 책은 우리 사회의 지식공동체를 함께 구성하는 많은 분의 노력과 기여의 산물임을 다시 한 번 명백히 하며, 동시에 모든 오류는 전적으로 저자들의 몫임도 밝혀둔다.

저자들을 대신하여

신동엽

차 례

| Chapter 4 | 미래 필요인력의 확보와 양성

4차 산업혁명은 어떤 인재를 필요로 하는가? (양동훈)

| Chapter 5 | 일하는 방식과 문화, 리더십의 미래

기술혁신은 일에 대한 사람들의 생각과 태도를 어떻게 바꾸는가? (한준)

| Chapter 6 | 달라지는 일의 세계, 달라지는 인사관리

기술혁명이 초래할 인사혁명, 무엇을 준비할 것인가? (박우성)

| Chapter 7 | 새로운 시대, 새롭게 설정해야 할 노사관계

4차 산업혁명 시대에도 지속가능한 노사관계는 무엇인가? (노용진)

| Chapter 8 | 위기의 노동법과 개선과제

경계 없는 노동의 시대, 노동법은 어떻게 바뀌어야 하는가? (박지순)

| Chapter 9 | 글로벌 기업 사례와 한국 기업의 대응

4차 산업혁명 시대, 한국 기업이 나아갈 미래의 모습 (삼성경제연구소 인사조직실)

| Chapter 1 |

새로운 혁명의 시대

기술-시장-조직 간 공진화와 패러다임 전환

신동엽

1

4차 산업혁명을 어떻게 바라볼 것인가?

역사적 대전환기

4차 산업혁명으로 불리는 거대한 기술혁신이 전 세계적으로 급속히 진행되고 있다. 사물인터넷(IoT; Internet of Things), 빅데이터(big data), 인공지능(AI; Artificial Intelligence), 사이버-물리 시스템(CPS; Cyber-Physical System) 등을 중심으로 한 일련의 기술발전은 인류의 미래에 전대미문의 충격을 가져올 것으로 예상된다. 기계의 능력이 인간을 뛰어넘는 시점인 '특이점(singularity)'이 머지않았으며, 인간이 기술에 의해 완전히 대체될 수도 있을 것이라는 예측까지 나올 정도로, 4차 산업혁명은 사회 모든 영역에서 인류의 삶을 근본적으로 바꾸고 있다.[1]

대량생산-대량소비를 중심으로 한 현대 산업사회의 도래와 현대 기업조직의 탄생에 결정적 영향을 미친 1, 2차 산업혁명은 19세기 중반

1 레이 커즈와일 (2007). 《특이점이 온다: 기술이 인간을 초월하는 순간》. 장시형, 김명남 역. 김영사.

을 전후해 발전한 동력기술, 교통기술, 통신기술, 전기기술 등 4대 기술에 의해 촉발되었다. 1970~1980년대 PC를 중심으로 한 컴퓨터 기술의 발전으로 촉발된 3차 산업혁명은 정보저장과 처리역량을 획기적으로 증대시키며 조직경영을 근본적으로 변화시켰다. 사물인터넷, 빅데이터, 인공지능, 사이버-물리 시스템 분야에서의 최근 기술발전으로 촉발된 4차 산업혁명도 개인과 조직, 국가, 그리고 인류공동체 전체의 운명에 지대한 영향을 미칠 것으로 보인다.

기술은 사회를 구성하는 다양한 요소 중 하나일 뿐인데, 왜 사회 전반에 이렇게 엄청난 영향을 미치는 것일까? 기술발전이 개인, 조직, 사회에 특별한 영향을 미치는 구체적 메커니즘은 무엇일까? 이 글에서는 4차 산업혁명 기술이 미래의 기업조직과 경영에 초래할 결과를 예측하기 위해 기술이 사회발전에 영향을 미치는 원리에 대해 역사적 경험에 초점을 맞추어 살펴보고자 한다. 특히 현재 4차 산업혁명 기술들에 의해 급격한 교란을 겪고 있는 현대 기업조직이 등장한 19세기 중반 전후의 역사적 상황을 자세히 살펴봄으로써 기술발전과 사회변동의 관계에 대한 통찰력을 제공하고자 한다.

과거-현재-미래의 연속선상에서 바라보기

우리나라와 일본에서 4차 산업혁명이라고 부르는 현상을 미국과 유럽에서는 '디지털 변혁(digital transformation)'이라고 지칭한다. '혁명'이라는 표현은 정치, 경제, 문화, 기술 등 혁명의 대상을 막론하고 패러다임의 전환을 시사한다. 예컨대 프랑스 대혁명은 단순히 기존 왕정의 문제를 해결하거나 왕을 교체한 것이 아니다. 혁명을 통해 '왕정'이라는 정치

패러다임 자체가 폐기되고 완전히 새로운 '공화정'으로 대체되었다. 왕정을 운영하거나 왕정 체제에서 삶을 영위하는 데 기본적 토대가 되었던 지식이 공화정에서는 아무런 소용 없게 되었고, 그로 인해 근본적으로 완전히 다른 새로운 토대 위에서 근대 시민국가를 기초부터 건설해야 했다. 결국 '혁명'이나 '변혁'이라는 말은 기존 사회 시스템의 개선이나 향상이 아니라 질적으로 완전히 다른 경지로의 전환을 의미한다. '4차 산업혁명'과 '디지털 변혁'으로 지칭되는, 현재 진행되고 있는 일련의 기술혁신과 그 결과 역시 근본적이고, 포괄적이며, 불연속적이고, 비누적적이며, 역량 파괴적인 패러다임 전환이 될 것이다. 즉, 4차 산업혁명이라는 기술 변화는 20세기 100여 년간 현대 산업사회의 근간 역할을 해온 조직과 경영의 본질을 근본적으로 바꾸어놓을 것이다.

그렇다면 4차 산업혁명과 같은 불연속적이고 급진적인 패러다임 전환은 역사 발전 과정에서 왜 발생하고, 어떻게 진행될까? 패러다임 전환의 원리를 이해하기 위해서는 당장 눈앞에 보이는 현상들에서 원인과 결과를 찾는 근시안적 관점을 넘어 과거-현재-미래로 이어지는 장기적이고 거시적인 흐름에 초점을 맞추는 역사적 관점에서 바라봐야 할 것이다.

2

새로운 산업혁명의 탄생원리

: 기술과 시장, 조직의 공진화

공진화 원리와 기술의 가능화 효과

4차 산업혁명과 같은 기술혁신이 사회 전반에 걸친 급진적 변화를 초래하는 핵심 원리는 '공진화(co-evolution)'이다. 기술과 시장, 그리고 조직이 서로 영향을 미쳐, 하나가 변하면 나머지도 이 변화에 적응하기 위해 변하면서 역동적으로 공진화하고, 그 결과 사회 전체가 패러다임 전환을 경험하는 것이다. 이렇게 볼 때 기업의 전략이나 구조, 제도 등과 같은 조직변화의 원인과 결과는 기술과 시장의 변화와 그 관계 속에서만 정확하게 이해될 수 있다. 따라서 기술과 시장, 그리고 조직의 역사적 변화를 이들 간의 공진화에 초점을 맞추어 살펴볼 필요가 있다.

그렇다면 공진화하는 세 분야 중 왜 유독 기술혁신이 조직과 시장의 패러다임 전환에 결정적 계기가 되는 경우가 많을까? 그것은 기술의 '가능화(enabling)' 효과 때문이다. 가능화 효과란 새로운 기술이 그 이전까지 불가능하던 가치창출이나 경제적 행위를 가능하게 만드는 현상을 의미한다. 4차 산업혁명이라는 빠르게 진행 중인 기술혁신이 실제로 조직과 시장의 패러다임 전환으로 연결될 가능성이 높은 것은 그 핵심 기술들이 경제적 가치의 생산과 거래의 '조직화(organizing)'에서 이전에는 불가능했던 일들을 가능하게 만들기 때문이다. 즉, 최근 발전한 일련의 새로운 기술들은 그 가능화 효과를 고려할 때 19세기 중반 이래 범세계적으로 확산되어 현대 사회의 핵심 구성단위로 자리 잡아 온 현대적 조직과 시장에 본질적인 변화를 초래하며 패러다임 전환을 일으키는 '혁명'으로 연결될 가능성이 높은 것이다.

기술맹신론도 기술결정론도 답이 될 수 없는 이유

그러나 기술이 급진적으로 발전한다고 해서 항상 패러다임 전환이 자동적으로 일어나는 것은 아니다. 기술적 가능성만 놓고 볼 때, 그야말로 혁명적이었던 수많은 기술이 별다른 파급효과 없이 역사 속으로 사라졌다. 즉, 기술혁신은 조직과 시장 패러다임 전환에 중요한 필요조건 중 하나지만 결코 충분조건은 아니다. 기술혁신의 가능성을 뒷받침해주고 실현해줄 주변 조건들의 동반 변화가 반드시 수반되어야 패러다임 전환이 가능하다. 기술과 함께 상호 영향을 미치며 경제 패러다임의 전환을 초래하는 가장 중요한 영역 중 하나가 바로 현재 고객과 잠재 고객의 집합인 시장이다. 기술이 아무리 새로운 상품이나 서비스의 생산을 가능하게 만들어도 시장에서 고객들이 원하지 않으면 순식간에 소멸할 것이다. 여기에 더해 시장의 수요를 효율적으로 충족시켜줄 가치생산과 공급을 담당할 조직의 변화도 반드시 뒷받침되어야 한다. 즉, 기술혁신이 새로운 가치창출 가능성을 열면, 시장이 이에 대한 수요를 만들어내고, 그 수요를 충족시키기 위해 시장의 공급을 담당하는 핵심 행위자인 조직이 바뀌는 것이다. 이런 역동적 상호 과정을 통해 기술과 시장, 조직은 서로 영향을 미치며 공진화하는 것이 패러다임 전환의 원리다.

이런 면에서 흔히 공학자나 기술 전문가들이 저지르기 쉬운 오류가 바로 기술발전이 모든 것을 가능하게 할 것이라는 '기술맹신론(technological hubris)'과 기술이 발전하면 다른 요소들도 그 기술에 따라 필연적으로 바뀔 수밖에 없다는 '기술결정론(technological determinism)'이다. 이 글은 기술이 시장이나 조직에 일방적으로 영향을 미친다는 기술결정론을 반대하고, 그 대신 이 3가지 영역 간 상호 영향과 상호 적응을 강조하는 공진화의 관점을 취한다. 즉, 공진화는 일방적 영향을 전제하는 결정론이 아니라 영역 간 상호성을 강조한다. 따라서 아무리 기술이 발전하더라도 시장이나 조직이 이와 모순되는 방향으로 변화할 것을 요구하면 그 기술의 가능성이 실현되지 않을 수도 있다.

3

이전의 산업혁명은 어떻게 진행되었나?

: 현대 조직 탄생의 역사적 배경

19세기 중반의 역사적 대전환

미래 역사 발전은 현재의 한계를 극복하는 방향으로 진행되고, 또 현재의 한계를 이해하려면 현재를 잉태한 과거의 역사를 알아야 한다. 따라서 4차 산업혁명의 기술발전이 초래할 미래 조직 패러다임을 예측하려면 우리에게 익숙한 현재 조직 패러다임의 한계를 이해해야 하는데, 그러려면 현대 조직 탄생의 역사적 배경을 알아야 한다.

20세기 100년을 관통해 21세기 초인 현재까지 전 세계적으로 현대 사회의 핵심 구성단위로 자리매김해온 현대 조직은 19세기 중반경 서구 사회에서 발생했다는 것이 앨프리드 챈들러(Alfred D. Chandler)를 비롯한 조직이론가들의 공통된 관찰이다. 현대 조직의 원형은 대략 19세기 중반에 처음 기록이 등장하는데, 그 후 급속히 전 세계로 확산되어 현대 산업사회의 '조직화(organizing)'를 주도해왔다. 조직이론의 창시자 막스 베버(Max Weber)가 20세기 초 현대 조직의 출현에 관심을 기울이기 시작한 이래, 조직이론의 거장들은 대부분 현대 조직에 의해 전체 사회가 조직화된 19세기 후반에서 20세기 초반의 시점을 현대 사회와 전통 사회를 구분하는 역사적 분기점으로 봤다.[2]

19세기 중반에 현대 조직이 등장한 역사적 대전환에 대해 조직이론의 거장 찰스 퍼로우(Charles Perrow)는 그 이전에 독립적 소생산자들과 상인들의 시장 거래 관계로 작동하던 경제활동 대부분이 조직 내부로 흡수되면서 이제는 거대 조직들이 지배하는 '조직들의 사회(society of organizations)'가 도래했다고 규정한다.[3] 또 같은 역사적 사건에 대해 챈들러도 독립적 경제행위자 사이에서 '시장의 보이지 않는 손(invisible hands)'에 의해 움직이던 경제가 거대 조직들의 출현으로 대부분 경제활동이 조직 내부로 흡수되어 경영자의 '보이는 손(visible hands)'에 의해 관리됐다고 주장한다.[4] 올리버 윌리엄슨(Oliver E. Williamson)도 유사하게 이즈음 생산과 거래 활동의 주도적 모형이 독립적 경제행위자 간 자율적이고 수평적인 조정 메커니즘인 '시장(market)'에서 수직적 위계질서에 기반을 둔 강제적 조정 메커니즘인 '계층적 조직(hierarchy)'으로 전환됐다고 설명한다.[5] 19세기 중반에서 20세기 초반에 걸쳐 현대적 조직이 범세계적으로 확산되며 사회의 핵심 구성단위로 자리 잡은 역사적 변동 과정을 경제사학자 칼 폴라니(Karl Polanyi)는 인류 역사상 전례 없는

2 Weber, M. (1921). *The Protestant Ethic & The Spirit of Capitalism*. New York: Charles Scribner's Sons.

3 Perrow, C. (1991). "A Society of Organizations". *Theory & Society*. Vol. 20. pp.725-762.

4 Chandler, A. D. (1977). *The Visible Hand: The Managerial Revolution in American Business*. Cambridge, MA: Harvard University Press.

5 Williamson, O. E. (1975). *Markets & Hierarchies*. New York: Free Press.

'대변혁(the great transformation)'이라고 선언하기까지 했다.[6]

그렇다면 왜 19세기 중반에 현대적 조직이 탄생하게 되었을까? 여러 요인이 복합적으로 작용했지만 중요한 촉발제 중 하나는 바로 기술발전이었다. 이 당시의 역사적 경험은 현재 진행 중인 4차 산업혁명의 기술발전에도 마찬가지로 주목해야 하는 이유를 알려준다. 그러나 앞에서도 설명했듯이 기술발전 그 자체만으로는 패러다임 전환을 가져오지 못하며 반드시 다른 다양한 조건이 공진화해야 한다. 따라서 기술-시장-조직 간 공진화 관점에서 19세기 중반의 역사적 경험을 재해석해보는 것은 현재 진행 중인 4차 산업혁명을 이해하고 그 결과를 예측하는데 매우 중요한 시사점을 제공한다.

전통적 경제 패러다임:
독립적 소생산자와 선대제, 그리고 '보이지 않는 손'

중세 봉건 체제가 붕괴된 이래 19세기 중반에 현대적인 기업조직이 등장하기 전까지 300여 년간 서구 사회의 경제활동은 '독립적 소생산자들(independent manufacturers)' 간 시장 거래인 '선대제(putting-out system)'를 통해 조직화되었다. 일종의 원시적 기업에 해당하던 독립적 소생산자는 장인으로 불리던 특정 개인이 보유한 기술역량을 기반으로 도제들의 도움을 받아 생산활동을 수행했고, 대부분 가족이 소유하고 경영하며 계승했으며, 지리적으로 소속 지역 인근에서 원자재와 자본

6 Polanyi, K. (1944). *The Great Transformation: The Political and Economic Origins of Our Time.* Boston: Beacon Press.

을 조달해 상품을 생산하고 그 지역 인근에 판매했다. 이들을 소생산자로 부르는 것은 현대적 기업조직에 비해 월등하게 작은 규모 때문이다. 19세기 중반에 등장한 현대적 조직들이 19세기 후반에는 이미 직원이 수천 명에 달하는 경우가 많았던 데 비해, 독립적 소생산자들은 상대적으로 규모가 큰 경우에도 10명 내외의 직원으로 구성되었다. 기록에 따르면, 당시 유럽 최대 다국적 금융기업이던 메디치 가문 은행의 직원 수가 총 60명도 안 됐던 것만 봐도 대략 그 규모를 짐작할 수 있다. 그리고 독립적 소생산자들은 대부분 한 가지 특정한 기능이나 기술 분야(혹은 요즘 표현으로 가치사슬 단계)와 한 가지 사업에만 특화하고 있었다.

따라서 당시 수요가 많았던 마차나 수레, 총기, 시계, 기계류 등 복합적 상품을 생산하려면 특정 분야를 특화하는 여러 독립적 소생산자가 동원되어 서로 거래하고 협력해야 했다. 복수의 소생산자들을 연결시켜 최종 복합 상품을 만들어내는 매개 역할을 수행한 시스템이 바로 '선대제'였다. 당시 '자본가(capitalist)'로 불리던 종합 상인의 중재와 자본과 설비 임대를 기반으로 단일 기능과 사업을 특화하는 여러 독립적 소생산자들이 수평적 시장 거래를 통해 최종 상품을 생산하고 유통하던 것이 바로 18세기 말까지의 경제 패러다임이었다.

이때 선대제를 통해 서로 거래하던 소생산자들은 각각 독립적 존재였기 때문에, 서로 거래를 할지와 어떤 가격과 조건으로 거래할지를 전적으로 각자의 이해관계 계산과 자율적 선택에 따라 결정했다. 즉, 이들은 수요자와 공급자 간 서로 가격이 맞을 때만 거래하는 수평적 시장관계였고, 이들을 강제적으로 거래시킬 권한을 가진 상위 존재는 전혀 없었다. 이것이 바로 잘 알려진 애덤 스미스(Adam Smith)가 말한 시장의 '보이지 않는 손'에 의한 경제적 가치의 생산과 분배 시스템이었다. 당시 대부분 경제 영역은 물론 심지어 학문과 예술 분야도 이런 모델로 조직화되어 있었고, 봉건 체제 붕괴 이후 18세기 말까지 대략 300년 이상 서구 사회를 떠받친 핵심 경제 패러다임이었다.

새로운 시대의 서막: 대규모 시장수요와 선대제의 한계

그런데 300여 년 이상 지속되었던 독립적 소생산자와 선대제가 결합된 전통적 경제 패러다임이 19세기 초에 갑자기 심각한 한계에 봉착한다. 그것은 이즈음 발생한 전대미문의 대규모 시장수요 때문이었다. 그 이전엔 상상도 할 수 없었던 엄청난 시장수요가 창출되었는데도 기존 경제 패러다임으로는 이 수요를 충족시킬 수 없었고, 그 결과 심각한 패러다임 위기에 직면한 것이다. 이때 대규모 시장수요가 발생한 것은 원거리 항해와 지리상의 발견, 그리고 제국주의의 광풍으로 잠재시장이 과거에는 상상도 할 수 없을 정도로 광범위한 지역에 걸쳐 확산되고 다양해졌으며, 위생과 의학의 발전으로 수명이 증가하고 인구가 폭증했기 때문이다. 그러나 독립적 소생산자와 선대제가 결합된 기존 경제 패러다임은 몇 가지 결정적 한계 때문에 이런 대규모 시장수요를 충족시킬 수 없었다.

무엇보다 장인 혹은 전문 기술자로 불리는 특정 개인의 역량에만 의존하는 독립적 소생산자는 그 개인의 상황에 따라 생산활동의 불안정성이 워낙 높아, 대규모 시장수요를 충족시키는 데 필요한 계획생산을 할 수 없었다. 따라서 특정 개인에게 의존하지 않는 새로운 생산 시스템이 필요했다. 그리고 이들을 시장 거래로 연결시키는 선대제 또한 모든 거래 참여자가 독립적 경제 행위자라서 각자 자신들의 개인적 이익을 극대화하려 추구했기 때문에 생산 스케줄이나 연결 인터페이스의 규격 결정, 설비의 위치 선정 등을 서로 맞추어 전체로서 최적화하는 통합조정이 매우 어렵고 비효율적이었다. 그러나 그 당시엔 수평적이고 독립적인 소생산자 간의 거래를 강제로 조정할 수 없었기 때문에 새로운 조직화 패러다임이 필요했다.

촉매제가 된 기술발전

18세기 말에 증기기관의 출현으로 생산력이 급속히 발전하면서 개별 독립적 소생산자들의 양적 생산성도 증가했다. 그러나 전문 기술자에 대한 과도한 의존과 수평적 시장거래에서 오는 비효율성은 여전히 극복되지 않았다. 즉, 동력기술의 발전에 힘입은 소생산자들의 획기적인 생산성 증대는 엄청난 경제성장을 일으킬 잠재력을 지녔으나 실제로는 거의 반세기 이상 충분히 실현되지 못했다. 당시 가장 절실했던 것은 기존 조직화 패러다임의 한계와 모순을 극복할 수 있는 완전히 새로운 조직화 방식이었다. 이런 맥락에서 등장한 것이 바로 19세기 중반의 현대적 산업조직, 즉 현대 기업이다.

이때 또 다른 기술들의 획기적 발전이 현대적 조직의 출현에 결정적 촉매제 역할을 했다. 챈들러에 따르면 현대적 조직의 탄생에 결정적 영향을 미친 것은 19세기 중반에 발명된 전보와 전화 같은 통신기술과 미국 대륙횡단선같이 본격적으로 넓은 지역에 걸쳐 건설되기 시작한 철도와 도로 등 교통기술이었다. 즉, 18세기 후반 발명된 증기기관 기술로 촉발된 1차 산업혁명이 생산성이 폭발적으로 증대되는 데 기폭제가 됐다는 일반적인 해석과 달리, 그보다 반세기 이상 늦게 출현한 통신과 교통기술이 현대 산업사회의 도래에 결정적 계기가 되었다는 것이 챈들러를 비롯한 조직이론가들의 해석이다.

1차 산업혁명의 핵심적 기술 기반인 증기기관 같은 동력기술은 개별 생산현장에서의 제조 생산성을 폭발적으로 증대시켰으나 새로운 조직화 패러다임을 발전시키지는 못했기 때문에 여전히 대규모 수요를 충족시키는 데 필요한 양적 효율성에 심각한 한계가 있었다. 그러나 19세기 중반의 통신과 교통기술의 발전은 증기기관 같은 동력기술의 발전과는 비교도 할 수 없는 엄청난 결과를 초래하면서 인류 역사상 최대 변혁이라는 20세기 산업사회의 도래에 기폭제가 되었다. 그 이유는 이 기술들이 새로운 조직화 패러다임의 출현을 가능하게 한 특수한 장점을 가졌기 때문이다.

새로운 조직 형태를 탄생시킨 연결기술

19세기 중반의 통신과 교통기술의 발전이 동력기술과 달리 조직 패러다임의 공진화를 촉발해 인류 역사상 전대미문의 생산성 폭발을 가능하게 한 것은 이 기술들이 이전에는 상상도 할 수 없었던 '연결성(connectivity)'을 제공해 지리적 거리의 한계나 규모와 범위의 한계를 넘어서는 효율적 통합조정을 가능하게 만들었기 때문이다. 대표적으로 전보, 전화, 철도, 도로 등 19세기 중반에 급발전한 일련의 연결기술은 과거에는 불가능했던 지리적으로 분산된 광범위한 지역들을 대상으로 한 생산과 판매 같은 원거리 경영을 가능하게 만들었다. 과거의 독립적 소생산자들이 대부분 근거리 지역 사회에서 생산과 판매를 할 수밖에 없었던 것은 지역 사회의 범위를 넘어서는 원거리 생산과 판매를 기획, 운영, 통합, 조정할 수 있는 효과적이고 효율적인 연결 수단이 없었기 때문이다. 그러나 19세기 중반에 이르러 연결기술들의 급속한 발전으로 지리적 거리의 한계를 넘어 광범위한 시장에 존재하는 대규모 수요의 효율적 충족을 위한 생산과 판매활동이 가능해진 것이다.

이런 면에서 연결기술들의 발전은 단순히 생산현장에서 제조과정의 생산성을 높인 1차 산업혁명의 동력기술과 차원이 다른 파괴력을 가지는 것이었다. 그렇지만 시장과 기술의 발전에 힘입어 창출된 엄청난 성장 잠재력을 실현하기 위해서는 많은 사람이 효율적으로 분업과 협업을 할 수 있는 구체적인 조직화 방법이 필요했다. 바로 이런 역사적 맥락에서 미국, 영국, 독일, 프랑스, 일본 등 대규모 시장수요의 창출과 연결기술의 발전이 다른 지역보다 빨랐던 국가들에서 우리가 현재 보는 것과 같은 현대적 산업조직, 즉 현대 기업이 19세기 중반 무렵 인류 역사상 처음으로 등장하기 시작했다.

통신과 교통 등 연결기술의 급발전으로 19세기 중후반에 본격적으로 등장하기 시작한 새로운 조직화 형태인 현대적 기업조직은 새로 발전한 기술의 연결기능을 활용해 독립적 소생산자의 선대제 중심의 기존 생산방식이 대규모 시장수요를 효율적으로 충족시킬 수 없도록 가로막았던 한계들을 극복하는 방향으로 발전했다. 새로 등장한 현대 기업조직의 핵심적인 특징인 다음 5가지 조직화 원리는 현재까지도 여전히 대부분의 기업에 강하게 남아 있다.

현대 기업조직의 5가지 특징

다양한 기능과 사업들의 내부화

첫째, 현대 기업조직은 복수의 기능과 사업 분야들이 한 조직 내에 공존하는 새로운 구조이다. 19세기 중반부터 미국, 영국, 독일, 프랑스, 일본 등 산업화가 일찍 진행된 나라에서 수직 계열화를 통해 내부에 다양한 기능 부서와 사업 분야를 가진 거대 조직들이 등장하기 시작했다. 수직 계열화는 독립적 소생산자 간 '보이지 않는 손'에 의한 시장 거래가 가지는 통합조정의 비효율성을 극복하기 위해 그전엔 각기 독립적이던 다양한 기능과 사업들을 거대 조직의 경계 내부로 흡수하려는 시도였다. 챈들러는 1977년에 출간한 《보이는 손(*The Visible Hands*)》이라는 명저에서 이때의 수직 계열화를 통해 여러 기능 분야와 사업들이 각기 독립적 경제 행위자가 아니라 조직 내부의 한 부서가 되었기 때문에 강력한 권한을 가진 경영자들의 '보이는 손'에 의해 훨씬 더 효율적으로 통합조정할 수 있었다고 주장한다. 그 결과 우리가 현재 보는 것과 같이 한 조직 내에 기획, 연구개발, 생산, 판매, 인사, 재무 등 다양한 기능 부서와 성장전략을 추구하면서 생긴 다양한 사업 분야가 공존하는 다기능-다사업부 조직이 탄생한 것이다.

계층 수의 증가와 수직적 위계질서의 확립

둘째, 새로 탄생한 조직의 내부에서 다수의 계층들로 수직 분화하기 시작했다. 다양한 기능 분야와 사업이 기업 내부로 들어온다고 효율적 통합조정이 보장되는 것은 아니었다. 내부로 흡수되어 조직의 하위 단위가 된 부서들이 수평적으로 대등한 관계에서 각 부서의 이익 극대화를 위해 서로 갈등한다면 통합조정의 비효율성이 이전과 크게 다르지 않을 것이다. 따라서 이들의 관계를 엄격한 위계질서를 가진 수직적 관계로 만들어 각 하위 조직 단위의 이해관계와 상관없이 전체 조직의 관점에서 통합조정을 강제할 메커니즘이 필요했다. 그 결과 조직 내에 계층이 급증하기 시작했다.

효율적 통합조정을 위해서는 하위 조직 단위나 하급자들의 행동을 철저하게 감시·감독해야 하는데 너무 많은 하급자를 혼자 관리할 수는 없었다. 따라서 철저한 감시·감독이 가능한 정도로 '통제 범위(span of control)'가 줄어들면서 수직적 계층의 수가 급증한 것이다. 일반적으로 봉건 체제나 근대 사회가 현대 사회보다 더 수직적이고 계층이 많은 피라미드형이었을 것이라고 생각하지만, 실제 기록에 따르면 전혀 그렇지 않다. 전근대적 사회에서는 절대적 권력을 가진 왕과 귀족 등 극소수의 특권층과 대다수의 평민 및 농노로 양극화되어 있었기 때문에 계층의 수는 그리 많지 않았다. 그러나 현대적 조직이 등장하면서 강제적 통합조정의 필요성에 따라 19세기 후반에서 20세기 초반에 걸쳐 조직 내 계층의 수가 급증한 것이다. 그 결과 현대 조직의 특징 중 하나인 다계층 피라미드형 구조가 탄생했다.

생산활동의 새로운 주역인 단순직 임금노동자

셋째, 독립적 소생산자들이 장인이라는 특정 개인의 역량과 동기부여에 지나치게 의존해 대규모 시장수요를 효율적으로 충족시킬 수 없었던 문제를 극복하기 위해 언제든지 충원할 수 있는 단순직 임금노동자들로 대체하기 시작했다. 전문 기술자인 장인들을 단순 반복작업을 수행하는 다수의 임금노동자로 대체하려는 시도는 극단적 분업과 집권화를 강조한 프레더릭 테일러(Frederick Taylor)의 '과학적 경영(Scientific Management)'과 헨리 포드(Henry Ford)의 '대량생산(mass production)'에 의해 20세기 초에 완성되었다. 그 결과 현대 조직의 구성원 대다수는 전문가가 아닌 상사에 의해 미리 결정된 단순한 기능을 정해진 대로 기계적으로 수행하는 단순노동자로 대체되었다. 이제는 특정 기술자의 역량이나 동기부여에 예상하지 못한 문제가 생겨도 생산활동을 안정적으로 진행할 수 있게 되었다. 특히 단순 반복 작업을 수행하는 노동자들은 언제라도 대체 충원할 수 있기 때문에 특정 개인의 사정이 대규모 수요 충족을 위한 전체 생산 프로세스를 교란시킬 가능성은 매우 낮아졌다.

전문 경영자 집단의 등장

넷째, 노동자들뿐 아니라 경영진의 구성에도 큰 변화가 있었다. 독립적 소생산자는 장인으로 불리던 전문 기술자와 그 가족이 소유하고 경영하며 승계하는 가족 집단이었다. 그러나 거대한 현대 기업조직이 등장하면서 경영활동 영역이 다양한 기능 분야와 지역, 그리고 사업 분야로 빠르게 확대되면서 소유주와 가족만으로는 관리가 불가능해졌다. 따라서 소유주 가족은 아니지만 기업경영에 필요한 고위 기능을 수행할 사람들이 필요해졌는데, 이때 등장한 것이 바로 전문 경영인이다. 소유 경영자와 조직의 관계는 소유권이 유지되는 한 영구적인 데 비해 전문 경영인은 계약에 따라 일정 조건에서 일정 기간만 맡은 업무를 수행하는 새로운 형태의 개인-조직 관계에 의해 경영에 참여했다. 그런데 19

세기 말부터 본격적으로 늘어나기 시작한 전문 경영인들은 대부분 소유 경영자의 전문 영역이 아닌 회계나 재무, 기술, 판매 등 다양한 전문 분야에 대한 역량과 지식을 가지고 있어, 결과적으로는 이들이 현대적 기업경영의 중심으로 등장한다. 이 역사적 전환에 대해 챈들러는 현대 기업조직과 함께 '경영자 자본주의(managerial capitalism)'가 전 세계적으로 확산되었다고 정리한다. 즉, 새로 등장한 기업조직으로 인해 이전에는 시장에서 이루어지던 경제적 가치 생산과 거래 대부분이 조직 내부로 흡수되면서 자본주의적 이익 추구와 계층관계 등이 조직 내 경영자들 사이에서 이루어지게 되었다는 것이다.

명확한 조직경계의 확립

다섯째, 새로 등장한 현대적 기업조직이 제대로 작동하기 위해서는 하위 조직단위들이나 구성원들의 행동을 강제적으로 통제할 수 있는 강력한 법적 권한이 반드시 필요했다. 그 결과 형성된 제도적 장치가 바로 명확한 법적 조직경계이다. 조직 간의 시장거래에서 문제가 발생할 경우 이를 해결하기 위한 강제력의 원천은 법정이나 정부 등 법제도에 뿌리를 두고 있다. 이에 비해 조직 내부에서 상사가 하급자들의 행동을 통제하는 데 필요한 강제력은 조직의 규칙과 권한에 의해 규정된다. 따라서 조직경계에 의해 조직 내부의 구성요소와 외부의 요소가 명확하게 구분되어야 조직 내부 구성단위나 구성원들에 대해 상사의 명령과 지시가 실행될 수 있으므로, 강제력을 가진 법적 기준을 기반으로 해야 했다. 이런 제도적 필요에 따라 이때 재산권법과 고용관계법이 발전하고, 그 법적 근거를 기반으로 조직 내부와 외부가 명확하게 구분되었다.

조직 내부에서는 치외법권적으로 상위 경영진의 명령이 강력한 권한을 가진 강제력의 기반이 되었다. 즉, 이때 등장한 명확한 조직경계와 함께, 외부 시장에서의 강제적 조정 방식과 전혀 다른 조직 내부만의 독특한 강제적 통합조정 가능성이 탄생한 것이다.

4

현대 산업사회의 발전과 또 다른 패러다임 전환

: 21세기와 다시 시작된 혁명

19세기 후반과 20세기 초반에 범세계적으로 산업화가 급속히 진행되어 현대 기업조직은 20세기 현대 산업사회의 핵심 구성단위가 되었다. 특히 20세기 초 테일러와 포드 등에 의해 조직의 시스템과 경영 노하우가 획기적으로 발전하면서 전 세계는 새로 등장한 현대적 조직들에 의해 급속히 재편성되었고, 그 결과 퍼로우가 말하는 '조직들의 사회'가 도래했다. 즉, 20세기 현대 산업사회는 전통적 조직화 방식이 새로운 현대적 조직들에 의해 대체되면서 탄생한 것이다.

기업을 중심으로 한 현대 조직은 지난 100여 년간 현대 사회의 주도적 조직화 방식으로서, 5천 년에 걸친 인류 역사상 전대미문의 생산성과 효율성 증대를 가져왔을 뿐 아니라 전 세계 대부분 지역에서 시민들의 삶에 지대한 영향을 미쳐왔다. 우리가 보고 있는 현대 조직은 19세기 중후반 기술-시장-조직 간 공진화에 의해 탄생한 것이다. 이때 대규모 시장수요가 현대적 기업조직의 탄생으로 이어지도록 결정적 매개 역할을 한 것이 바로 교통과 통신을 중심으로 한 연결기술이다.

연결기술을 기반으로 현대적 기업조직이 탄생한 지 100여 년이 지난 21세기 초 현재, 또 다른 패러다임 전환이 시작되고 있다. 4차 산업혁명으로 불리는 새로운 기술발전은 19세기 중반 연결기술이 현대 기업조직을 탄생시킬 때보다 훨씬 더 급진적인 패러다임 전환을 촉발할 가능성이 크기 때문에 '혁명' 혹은 '변혁'으로 불린다. 따라서 4차 산업혁명 기술이 우리가 이제까지 알고 있던 기업경영을 어떤 방향으로 변화시킬지 정확히 예측하고 대비하는 것은 역사적 전환기를 살아가는 개인, 기업, 국가, 그리고 인류공동체 모두에게 필수적인 생존 요건이 될 것이다.

| Chapter 2 |

미래 조직을 위한 성찰

미래 기업조직과 시장은 어떻게 공진화할 것인가?

신동엽

1

4차 산업혁명 기술이 경영에서 가능하게 하는 것들

4차 산업혁명 기술의 가능화 효과와 새로운 미래

현대적 기업조직이 탄생한 지 100여 년이 지난 현재 또다시 역사적 대변혁의 조짐이 나타나고 있다. 4차 산업혁명으로 불리는 엄청난 패러다임 전환이 전 세계적으로 급속히 진행될 전조가 강하게 나타나고 있는 것이다.[1] 그 결정적 계기는 최근 가속화된 급진적 기술발전이다.

역사는 우리에게 이번에도 기술-시장-조직 간 공진화가 진행될 것이라는 점을 분명히 가르쳐준다. 앞 챕터에서 살펴보았듯이 100여 년 전 현대적 기업조직의 탄생과 현대 산업사회의 등장은 먼저 시장에서 시작되어 기술과 조직이 공동 진화하는 방식으로 진행되었다. 그러나 이번에는 기술이 그 변화를 선도하고, 이에 따라 시장과 조직이 공동 진화하고 있다. 따라서 4차 산업혁명이 조직을 어떻게 변화시킬지 예측하려면

1 클라우스 슈밥 (2016). 《클라우스 슈밥의 제4차 산업혁명》. 송경진 역. 새로운현재.

4차 산업혁명 핵심 기술들의 가능화 효과[2]를 살펴봐야 한다.

4차 산업혁명의 핵심 기술인 사물인터넷, 빅데이터, 인공지능, 사이버-물리 시스템 등의 기술은 이제까지 불가능하던 어떤 경영 행위나 가치창출을 가능하게 할까?[3] 이 4가지 핵심 기술의 공통점은 데이터 기술(DT: Data Technology)이라는 점이다. 사물인터넷은 데이터에 대한 접근과 교환을 극도로 효율화하고, 빅데이터는 현실을 거의 완벽하게 보여주는 엄청난 양의 데이터 수집과 축적 및 분석을 가능하게 하며, 인공지능은 축적된 데이터를 활용한 기계학습을 통해 미래 사건의 발생 확률을 예측하고, 사이버-물리 시스템은 실세계의 데이터를 기반으로 기계나 설비 같은 물리적 시스템을 사이버 공간에 그대로 구현할 수 있게 해준다.

결과적으로, 세상의 모든 데이터를 실시간으로 수집하고 공유하며 분석해 미래 예측에 활용하는 4차 산업혁명은 경제활동의 규모, 범위, 속도, 그리고 예측 가능성을 그 이전과 비교도 할 수 없을 만큼 폭발적으로 증대시킬 것이다. 또한 경쟁의 강도, 대상, 방식, 범위, 규모, 속도, 규칙이 끊임없이 역동적으로 변화하는 초경쟁이 전개될 것이다. 요컨대, 4차 산업혁명 기술은 초연결(hyper-connectivity), 초지능(hyper-intelligence), 초예측(hyper-predictability), 그리고 초경쟁(hyper-competition)이라는 전대미문의 특성이 있기 때문에 기업경영은 물론 사회 전 영역에 엄청난 대변혁을 일으킬 것으로 예상된다.

2 가능화 효과에 대한 설명은 이 책의 챕터 1을 참고하라.

3 임일 (2016). 《4차 산업혁명 인사이트: 기술혁명의 안쪽을 들여다보는 통찰의 시선》. 더메이커.

그렇다면 이 4가지 핵심 기술은 각각 지금까지 불가능하던 무엇을 새로이 가능하게 하며, 그 결과 조직과 시장의 패러다임은 어떻게 공진화할까?

사물인터넷과 초연결

첫째, 사물인터넷은 세상에 존재하는 모든 사물과 행위자 간 연결성을 극대화시켰다. 사물인터넷의 급속한 발전으로 모든 사물과 사람이 시간과 공간의 한계를 넘어 항상 실시간으로 커뮤니케이션하고 상호작용할 수 있게 된 것이다. 사물인터넷의 영어 명칭이 최근 'Internet of Things(IoT)'에서 'Internet of Everything(IoE)'으로 바뀌는 추세가 시사하듯이, 이제는 사람과 사물을 가리지 않고 모든 개체가 시공간의 한계를 넘어 항상 실시간으로 연결되는 '초연결' 시대가 실현된 것이다. 이 세상에 존재하는 모든 사람과 사물에 언제 어디서나 즉시 접근하게 만들겠다는 초연결 시도는 개념 수준에서만 가능했으나 사물인터넷의 확산으로 이제는 실제로 실현되는 시대가 온 것이다.

사물인터넷의 초연결성 기능은 개인 간, 기업 간, 사물 간 상호작용뿐 아니라 개인과 기업 간, 기업과 사물 간, 그리고 개인과 사물 간 통합조정 비용의 효율성을 상상도 할 수 없을 정도로 극대화시켰다. 따라서 이제는 통합조정이 필요한 사람들이나 사물들이 같은 시공간에 있지 않더라도 이 새로운 기술에 의해 거의 완벽하게 효율적으로 서로 통합조정될 수 있게 된 것이다. 사물인터넷의 이런 기능은 모든 종류의 통합조정을 극단적으로 효율화시킬 뿐 아니라 4차 산업혁명의 또 다른 핵심 기술인 빅데이터의 수집과 구축의 핵심 인프라로도 기능하게 된다.

사물인터넷을 통해 실현된 초연결성은 기업의 전체 생산과정에 대한 통합조정은 물론 시장 메커니즘의 작동과 소비자들의 일상생활과 관련된 통합조정도 효율화함으로써 엄청난 가치를 창출할 수 있게 되었다. 사물인터넷은 각 개인이 일상생활에서 사용하는 가전제품과 같은 모든 기기를 시공간의 한계를 넘어 실시간으로 통합조정해 일상생활의 효율화에도 크게 기여하게 되었다. 즉, 사물인터넷 기술은 기업과 소비자 양측 모두에 새로운 가치를 창출하는 것이다.

빅데이터와 불확실성의 극복

4차 산업혁명의 두 번째 핵심 기술인 빅데이터는 모든 행위자와 사물, 사건에서 끊임없이 만들어지는 모든 데이터에 대한 탐색, 접근, 획득, 수집, 저장의 효율성을 극대화하여 무한대에 가까운 데이터를 수집하고 처리하여 정보로 제공할 수 있게 만들었다. 과거에는 엄밀한 과학적 학술연구의 데이터 수집에서도 전수 조사를 하는 경우가 극히 드물었고 대부분이 현실 모집단의 특성을 잘 반영한다고 추정되는 대표 표본의 데이터를 수집해 이를 분석함으로써 현실 그 자체가 아닌 현실의 특성에 대한 근사치를 근거로 의사결정을 했다. 즉, 이전에서는 대부분 정보가 현실에 대한 완전한 데이터가 아니라 작고 부분적인 '스몰데이터(small data)'에 의존해 의사결정에 불확실성이 높을 수밖에 없었다.

그러나 이제 빅데이터 기술의 발전으로 실제 현실 모집단에 대한 거의 완전한 데이터를 기반으로 의사결정을 할 수 있게 되었다. 예를 들면, 기업들은 특정 상품이나 서비스와 관련된 데이터뿐 아니라 이를 실제 사용하는 소비자들의 일상생활 과정에 대해서도 거의 완벽한 데이터를 가지게 되었다. 즉, 빅데이터 기술 덕분에 기업들은 현재와 잠재 소비자들이 일상생활에서 다양한 상품이나 서비스를 소비하는 구체적 조건과 시점, 과정, 그리고 결과에 대한 총체적이고 정확한 데이터를 획득해 활용할 수 있게 된 것이다.

빅데이터는 기업들에 엄청난 가치를 창출하지만, 소비자에게 직접적으로 제공하는 가치는 그리 크지 않다. 빅데이터는 주로 기업들이 생산이나 유통, 시장, 소비자, 상품, 서비스 등에 대한 불완전한 부분적 데이터에 의존해 의사결정을 함으로써 필연적으로 발생할 수밖에 없었던 확률적 오류와 불확실성을 극복하는 데서 새로운 가치를 창출하고 있다. 그 결과 소비자는 기업들의 향상된 상품과 서비스를 통해 간접적으로 빅데이터 기술의 혜택을 입게 된다. 그렇지만 기업들이 빅데이터를 활용하면서 창출하게 된 경제적 가치가 워낙 크기 때문에 소비자들이 간접적으로 받는 혜택 또한 엄청날 수밖에 없다. 즉, 빅데이터는 기업경영의 급진적 변혁을 통해 소비자들의 삶도 근본적으로 변화시키는 것이다.

인공지능과 초지능

4차 산업혁명의 핵심 기술 중 가장 논란이 많은 인공지능은 빅데이터를 활용하거나 자체적으로 설정한 규칙에 따라 무한대에 가까운 횟수로 특정 행동과 결과 사이의 상관관계를 반복적으로 검증해 최고의 성과를 창출한 행동 대안을 제시한다.[4] 인공지능은 1930~1940년대를 풍

4 마쓰오 유타카 (2015). 《인공지능과 딥러닝: 인공지능이 불러올 산업구조의 변화와 혁신》. 박기원 역. 동아엠앤비.

미한 행동주의 심리학의 거장 B. F. 스키너(B. F. Skinner)가 제시한 강화 학습(reinforcement learning) 모델에서 출발했다. 여러 행동 중 과거에 반복적으로 최고의 보상을 받은 행동을 선택적으로 학습하게 하는 강화학습의 원리를 컴퓨터를 통해 디지털로 구현해 선택-보상 게임을 무한대에 가깝도록 반복 시행함으로써 최고의 보상을 받은 행동을 완벽에 가깝게 선택해준다. 따라서 인공지능은 최소한 과거 동일한 상황에서 어떤 행동 대안이 최고의 성과를 창출했는지에 대해 인간의 인지능력으로는 불가능한 수준으로 정확하게 알려준다.

최근 인공지능이 폭발적으로 발전하기 전까지는 개인이나 기업의 의사결정은 각자 과거에 직접 경험을 통해 학습한 지식과 역량, 즉 '지능(intelligence)'만 사용했다. 따라서 아무리 뛰어난 개인이나 기업도 그 직접 경험의 양과 질에는 한계가 있으므로 당연히 최적의 행동을 선택하는 데 문제가 있을 수밖에 없었다. 그러므로 이전까지는 기업 간 직접 경험의 편차에서 오는 의사결정 역량, 즉 조직의 '지능' 차이가 기업 간 차별적 경쟁우위의 가장 중요한 원인 중 하나였다. 그런데 최근 인공지능 기술의 발전으로 상황마다 최적의 행동 옵션을 수월하게 선택함에 따라 의사결정의 불확실성과 위험이 크게 줄어들었다. 과거 기업 간 차별적 경쟁우위의 원천으로 인식되던 지식과 역량의 편차에서 오는 한계를 상당 부분 극복할 수 있게 된 것이다. 즉, 인공지능은 과거 인간 고유의 영역으로 인식되던 '생각'과 '선택', 그리고 '의사결정' 기능을 극도로 효율적이고 월등한 품질로 대체할 수 있게 한 것이다. 이 단순하지만 매우 특별한 기술을 '인공지능'이라고 부르는 것은 바로 이런 의미에서일 것이다. 공상영화에나 나오던 '초지능'의 시대가 드디어 실현된 것이다.

인공지능 기술의 급속한 발전과 확산은 이미 국내에서도 흔히 볼 수 있는 가정용 인공지능 비서 스피커와 같이 소비자 개인의 삶에도 상당한 영향을 미치지만, 특히 기업에는 기존 전문 인력을 대체하는 엄청난 결과를 초래한다. 인공지능은 복잡성과 불확실성 상황에서의 행동선택과 의사결정이 핵심이므로 기존 기업조직에서 이런 역할을 담당해온 전문 인력들을 대체함에 따라 이들이 주로 포진해 있던 조직의 중간계층이 대폭 축소된다. 과거의 공장 자동화나 다른 정보통신기술이 단순 노동자나 하위 관리자를 대체했다면, 인공지능은 기업의 중상부층을 대체하는 전대미문의 기술혁명인 것이다.

인공지능이 기존 전문가 인력을 대체하는 영역은 소비자와 시장에 관한 마케팅이나 영업뿐 아니라 기획, 연구개발, 인사, 재무 등 기업경영과 가치사슬의 전 분야이다. 특히 인공지능을 통해 기업은 고객의 일상생활 패턴뿐 아니라 상품구매와 같은 특정 행동의 타이밍과 이에 영향을 미치는 요인들을 거의 완벽하게 예측할 수 있기 때문에 인간의 인지능력으로는 이해하기 불가능할 정도로 복잡한 상황에서도 매우 높은 정확도를 가진 '초지능' 수준의 의사결정을 할 수 있게 되었다.

사이버-물리 시스템 및 가상과 현실의 경계 파괴

4차 산업혁명의 네 번째 핵심 기술인 사이버-물리 시스템은 기계나 설비, 생산라인, 공정 등과 같은 현실세계의 물리적 시스템을 가상세계에 완전히 똑같이 구현함으로써 물리적 시스템 운영에서 발생할 수 있는 불확실성을 완벽에 가깝게 극복하게 한다. 따라서 실제로 아날로그적인 하드웨어 물리 시스템을 대규모로 투자해서 실행하지 않더라도, 거의 완벽하게 재현된 사이버 시스템을 통해 잠재적으로 발생할 위험을 사전에 예방할 수 있다.

GE가 최근 스스로 디지털 제조업이라고 재규정한 것은 바로 이런 사이버-물리 시스템을 중심으로 사업 분야를 재편하겠다는 뜻이다. 사이버-물리 시스템의 혜택은 개인보다 주로 기업에서 발생하는데, 정보통신 산업은 물론 제조업과 중화학공업 등 모든 산업 전반에 엄청난 영향을 미칠 뿐 아니라 하드웨어가 없는 하드웨어 관리기업들이 출현하게 만들어 하드웨어 기업과 소프트웨어 기업의 구분도 소멸할 것이다.

4차 산업혁명의 핵심 기술들은 이처럼 과거에 불가능하던 다양한 가치창출과 경영 방식을 가능하게 만드는 가능화 효과 때문에 100여 년 전에 통신과 교통기술을 활용해 당시의 한계와 제약조건들을 해결하기 위해 고안되었던 기존 조직 패러다임을 근본적으로 변화시킨다.

그렇다면 4차 산업혁명 시대의 기술-시장-조직 간 공진화는 주로 어떤 영역에서 어떤 방향으로 진행될까? 4차 산업혁명의 기술발전이 가져올 것으로 예상되는 효과를 시장, 전체 조직군(組織群) 생태계, 조직경계, 그리고 조직구조의 관점에서 각각 살펴보기로 하자.

2

시장은 어떻게 변화할 것인가?

상품시장의 쇠퇴와 통합시장의 성장

기술-시장-조직 간 공진화의 논리가 시사하듯이 4차 산업혁명은 무엇보다 시장의 구조를 근본적으로 바꾼다. 4차 산업혁명 기술의 발전이 시장에 가져올 것으로 예상되는 가장 큰 변화는, 시장경제가 본격적으로 등장한 이래 이제까지 오랜 기간 경쟁의 주 대상이던 개별 상품이나 서비스 중심 상품시장의 몰락과 완전히 새로운 개념의 '통합시장'의 급성장일 것이다.

4차 산업혁명 기술의 초연결성은 각기 개별적으로 작동하던 다양한 상품을 사물인터넷 등으로 연결해 서로 상호보완적으로 융·복합화해 통합 운영될 수 있게 만들었다. 즉, 초연결성에 기반을 두고 각 상품의 생산과 유통 과정뿐 아니라 최종 고객이 소비하는 과정까지 서로 긴밀히 연동되게 만듦으로써 기존 개별 상품시장의 전략적 중요성이 급격히 축소되기 시작한 것이다. 그뿐 아니라 빅데이터를 통해 각 고객의 일상생활 시간의 구체적인 내용을 정확하게 이해하고 예측할 수 있으므로, 특정 상품만이 아닌 고객의 전체 일과에서 각 시점마다 필요한 모든 상품과 서비스를 효율적이고 통합적으로 제공할 수 있게 되었다. 또한 빅데이터를 통해 다양한 개별 상품이 고객들에 대한 가치창출 관점에서 서로 어떻게 영향을 미치는지 정확히 파악할 수 있으므로 특정 상품시장이 아닌 이들 상품시장 간 총체적 관계 수준에서 고객가치를 극대화할 수 있게 된 것이다.

4차 산업혁명 기술들은 이제까지 개별적으로 관리되던 다양한 상품이 생산과 유통, 그리고 최종 소비 과정에서 과연 상호보완적 관계에 있는지 혹은 경쟁관계에 있는지 정확히 파악할 수 있게 한다. 기업의 경영의사결정도 각 상품시장이나 사업 분야의 경계 내에서 성과를 극대화하는 전통적 방식으로는 더 이상 경쟁하기 어려우며 반드시 상품시장 간 모든 경계를 넘어 총체적으로 접근하는 완전히 새로운 관점이 필요하다. 따라서 상품시장의 존재 가치를 근본적으로 재검토할 수밖에 없고, 각 기업은 사업 분야와 타깃 시장을 기존 상품시장이나 세그먼트의 경계를 넘어 초연결 관점에서 재규정해야 할 것이다.

고객의 일상생활 시간 전체가 시장이다

그렇다면 오랜 기간 시장경쟁의 핵심 단위였던 상품시장을 대체할 4차 산업혁명 시대의 새로운 핵심 시장은 무엇일까? 필자는 4차 산업혁명과 함께 시장경쟁의 주 단위가 개별 상품시장을 넘어 개별 고객의 '일상생활 시간 전체(daily life time as a whole)'를 대상으로 치열하게 경쟁하는 '통합시장(integrated market)'으로 급격히 대체될 것이라고 예상한다.

사물인터넷과 빅데이터 등 4차 산업혁명의 기술발전으로 각 고객의 일상생활 전체를 거의 정확하게 파악하면서, 경제적 가치창출과 기업 간 경쟁의 주 대상이 과거와 같이 개별 상품이나 서비스 시장에서의 상대적 점유율이 아니라 고객들의 일상생활 시간 전체에 대한 지배적 접근권이 될 것이다. 이제 개별 상품의 생산과 유통, 소비가 아니라, 각 고객의 일상생활 시간 전체를 대상으로 하는 통합시장에 대한 지배적 접근권을 두고 기업들이 치열하게 경쟁하는 전혀 다른 형태의 게임으로 급격히 대체될 가능성이 높아진 것이다. 이것이 바로 4차 산업혁명 시대, 시장의 메가트렌드인 상품시장의 쇠퇴와 통합시장의 성장이다.

그렇다면 현재 고객과 잠재 고객의 일상생활 시간 전체를 대상으로 하는 통합시장을 지배하려면 무엇이 필요할까? 단순히 일상생활 시점마다 필요한 상품들을 최대한 많이 개발, 생산, 공급하는 것은 올바른 전략적 대안이 아닐 것이다. 현재 존재하는 상품과 서비스의 유형 및 엄청난 다양성과 수를 고려할 때 더 이상 새로운 상품이 등장하지 않더라도 이들 각 상품이 소비되는 시간과 상황을 합치면 이미 각 고객의 일과 시간을 꽉 채우고도 남을 것이다. 그리고 이들 무수한 유형의 상품과 서비스는 고객의 일과에서 술과 안주처럼 서로 같이 소비되거나 반대로 TV와 영화관처럼 서로 경쟁하는 등 서로 영향을 미치는 방식도 다양하므로 단순한 물량공세는 오히려 고객들의 소비생활에 혼란만 가중시킬 것이다. 사물인터넷과 빅데이터, 인공지능과 같은 4차 산업혁명 기술은 바로 이 부분에 대한 완벽하고 풍부한 정보를 제공해주므로 이제는 개별 상품이 아니라 모든 상품을 총체적으로 고려해 각 상품이 서로 상호 보완적으로 가치창출할 수 있도록 하는 통합시장이 필요해진 것이다.

통합시장에서의 경쟁 양상

따라서 새로운 통합시장 시대에는 기업 간 경쟁의 핵심 대상 자체가 바뀔 것이다. 과거 상품시장 시대에는 핵심 경쟁 대상이 '시장점유율'이라고 불리는, 개별 상품시장에서 소비자들의 구매행동이었다. 즉, 각 상품시장 내에서 되도록 많은 소비자가 경쟁 기업들이 제공하는 상품보다 자기 회사 상품을 최대한 많이 구매하도록 다양한 마케팅 전략을 통해 시장점유율을 높이는 것이 경쟁의 주 관심사였다. 그런데 상품시장 중심 경쟁에서는 특정 소비자가 특정 시점에 어떤 상품시장에 관심을 가지느냐가 전적으로 각 소비자의 선택에 달렸지 기업의 경쟁 전략이나 마케팅 대상이 아니었다. 기업의 노력은 일단 자기가 속한 상품시장에 소비자가 관심을 가지기로 선택했을 때 최대한 자기 회사의 상품을 구매하도록 만드는 데 집중되어왔다.

그러나 4차 산업혁명의 결과, 시장경쟁 대상이 특정 상품시장 내에서 개별 상품이나 서비스에 대한 구매 행위에 그치지 않고 잠재 고객들이 자사가 제공하는 모든 상품시장에 관심을 가지도록 아예 고객들의 관심을 온종일 자기 기업의 가치 제공 포트폴리오에 묶어놓는 것으로 바뀌었다. 즉, 고객들의 '일상생활 전 과정'이 경제적 가치창출 대상이 되면서 매일매일 그리고 온종일 모든 고객이 자사 상품과 함께 생활하도록 일상생활 전체를 지배하고자 경쟁하는 것이 바로 '통합시장'인 것이다. 그렇다면 각 고객의 일상생활 전 과정에서 통합적으로 가치를 창출하기 위해 4차 산업혁명 시대 기업들은 구체적으로 무엇을 확보해야 할까? 예컨대 통합시장에서 경쟁우위를 확보하기 위해 경쟁자들보다 먼저 쟁취해야 할 대상은 무엇일까?

고객의 관심집중 시간을 지배하라

무엇보다 고객들의 일상생활 과정과 내용에 대한 정확하고 자세한 이해가 필요하며, 또한 이 정보에 기반해 각 고객이 일과에서 매시간 관심을 기울이는 대상을 알아야 하고, 궁극적으로는 이 고객의 일상생활에서 매시간 관심에 대한 지배적 접근권을 확보해야 한다. 4차 산업혁명의 사물인터넷과 빅데이터 기술 덕분에 이제는 각 고객의 일상생활 과정에 대한 정보와 그 과정에서 시간대별로 필요한 상품이나 서비스, 즉 관심 대상에 대한 정보를 거의 완벽하게 확보할 수 있다.

따라서 4차 산업혁명 시대, 시장에서 가장 중요한 경쟁 대상은 바로 이런 각 고객의 일상생활 전 과정에서 '관심(attention)'에 대한 지배적 접근권이다. 모든 현재 고객과 잠재 고객은 일상생활이 하루 24시간으로 유한하고 인간이 관심을 기울이는 능력에도 한계가 있기 때문에 한꺼번에 다양한 대상에 관심을 집중하기 어렵다. 따라서 어느 한 대상에 관심을 기울이는 동안에는 다른 대상에 관심을 두기 어렵기 때문에 관심 대상 간에 일종의 제로섬 경쟁이 벌어진다. 그런데 만일 어떤 기업이 특정 고객의 일상생활 과정에서 어떤 대상에 '관심'을 기울일 수 있는 시간 전체에 대한 지배적 접근권을 확보할 수 있다면 그 일상생활에 관련된 모든 것이 가치창출 대상이 되므로 엄청난 경쟁우위를 가질 수 있다. 따라서 4차 산업혁명 시대의 기업들은 개별 상품시장의 경계를 넘어 통합된 시장을 대상으로 고객들의 일상생활 과정에서 관심을 기울일 수 있는 시간, 즉 필자가 '관심집중 시간(attention time)'이라고 부르는 대상에 대한 지배적 접근권을 둘러싸고 치열하게 경쟁하는 것이다.

통합시장에서의 경쟁은 기존의 다각화된 기업들이 서로 다른 여러 상품시장에서 같은 상대방과 동시다발적으로 경쟁하던 '멀티포인트 경쟁(multi-point competition)'과는 전혀 다르다. 멀티포인트 경쟁은 여러 상품시장의 단순한 합이다. 따라서 특정 시장에서 특정 상대방과의 경쟁적 적대관계가 다른 시장에서의 경쟁 양상에도 영향을 미치기 때문에 전체 상품시장들의 총합을 극대화하기 위해 개별 상품시장 내에서 경쟁 행위를 적절히 조절한다.

이에 비해 4차 산업혁명의 통합적 시장경쟁은 특정 상품시장들에 제한되지 않고 현재 및 잠재된 모든 상품시장의 공통 기반인 각 고객의 '관심집중 시간'에 대한 접근권을 지배하려는 경쟁이다. 일단 고객들의 일상생활 전 과정에서 관심집중 시간에 대한 독점적 접근권을 가지면, 아직은 존재하지 않지만 앞으로 탄생할 새로운 상품시장들에까지 확장될 가능성이 생긴다. 그뿐만 아니라 전화기나 팩스기처럼 같은 상품을 사용하는 사람의 수가 증가할수록 상품가치가 커지는 '네트워크 수익체증의 법칙(network increasing return)'에 의해 경쟁자가 제공하는 상품의 품질이 뛰어나더라도 자기 고객들이 쉽게 옮겨가지 못하는 '고착효과(lock-in effect)'까지 발생해 경쟁에서 압도적 우위를 점할 수 있다.

최근 구글이나 아마존 등 4차 산업혁명 시대를 선도하는 거대 플랫폼 지배 기업들과 우리나라의 경우 SKT와 KT, 카카오 등이 인공지능 비서 스피커를 거의 무료로 배부하면서까지 빅데이터에 집착하고, 표면적으로는 서로 상관없어 보이는 다양한 사업 분야로 끊임없이 진출하는 것도 바로 이런 고객들의 일상생활 전 과정에서 '관심집중 시간'에 대한 지배적 접근권을 확보하기 위해서다. 4차 산업혁명과 함께 바야흐로 상품 자체의 경쟁력에 초점을 맞추던 상품시장의 시대가 끝나고 고객들의 일상생활 전 과정에서 관심집중 시간을 기반으로 한 통합시장의 시대가 도래한 것이다.

3

조직군 생태계는 어떻게 달라질 것인가?

다양한 조직 유형 간 상호보완적 공생구조

4차 산업혁명 기술은 다양한 조직 유형, 즉 조직군(組織群, organizational population) 간 공생관계를 말하는 '조직군 생태계'에도 근본적 변화를 초래할 것으로 예상된다.[5]

이제까지 나온 4차 산업혁명에 대한 무수한 보고서에서 흔히 관찰되는 오류 중 하나는 미래의 조직 유형을 한 가지 특정한 형태로 일반화하여 설명하려는 시도이다. 4차 산업혁명과 함께 공진화할 미래 조직의 특성을 예측하려면 최근 세계경제의 성장을 주도하는 구글이나 아마존 등 플랫폼 지배 기업과 같은 특정 조직 유형뿐만 아니라, 다양한 조직군이 모인 생태계 관점에서 접근해야 한다. 그렇다면 4차 산업혁명 시대의

5 Venkatraman, V. (2017). *The Digial Matrix: The New Rules for Business Transformation Through Technology*. New York: Penguin Random House.

전체 조직군 생태계는 어떤 모습일까?

4차 산업혁명 시대의 조직군 생태계는 모든 기업에 적용되는 공통적 조직 형태로 통일되기보다는 전혀 다른 다양한 종류의 니치(niche)와 자원들을 활용해 서로 다른 역할을 수행하는 이질적 조직군들로 분화될 가능성이 높다. 따라서 한 가지 특정 유형의 조직군이 전체를 지배하기보다는 다양한 유형의 조직군이 상호보완적으로 분업과 협업을 하면서 공존하는 생태계가 형성될 것으로 보인다. 4차 산업혁명 시대의 조직군 생태계에는 크게 다음 3가지 유형의 조직군이 상호보완적으로 공존할 것이다.

플랫폼 지배 기업조직군과 기업집단 2.0

4차 산업혁명 시대에 가장 주목받는 조직군은 고객들의 일상생활 전 과정의 관심집중 시간에 대한 접근권을 독과점하는 소수의 '플랫폼 지배 기업(platform-dominant player)'들이다. 구글, 아마존, 애플 등을 예로 들 수 있다. 다양한 유형의 조직군이 생존하고 성장하기 위해 고객들의 일상생활 과정의 각 단계에 필요한 특정 상품이나 서비스를 공급하려면 고객들의 관심집중 시간에 대한 접근 기반인 '플랫폼'이 필요한데, 이런 플랫폼을 지배해 '플랫폼 리더십'을 행사하는 기업들이다.

플랫폼 지배 기업들은 자신이 주도하는 플랫폼에서 활동하는 다른 모든 기업이 언제 어떤 가치를 어떤 고객에게 어떻게 제공할지에 중대한 영향을 미치기 때문에, 자사가 원하는 방향으로 전체 생태계를 이끌어가는 강력한 리더십을 가지게 된다. 따라서 이들 플랫폼 지배 기업들은 더 많고 더 다양한 고객의 일상생활 과정에서 관심집중 시간을 지배하기 위해 서로 치열하게 경쟁하는데, 현재 구글이나 아마존 등 선도기업들이 빅데이터를 수집하는 것도 그런 노력의 일환이다.

여기서 흥미로운 사실은 이 플랫폼 지배 기업들이 우리나라에서는 시대에 뒤떨어진 조직 형태로 매도되면서 현재 급속히 해체되거나 약화되고 있는 재벌그룹 같은 '기업집단(business group)'과 매우 유사한 조직 형태로 진화하고 있다는 것이다. 구글이나 아마존 등 현재 세계 경제를 선도하는 최고 플랫폼 지배 기업들의 최근 전략적 행동과 경영 방식을 자세히 들여다보면, 강력한 본부 중심의 비전과 전략 추구, 서로 관련 없어 보이는 광범위한 비관련 사업 분야들로의 인수합병 등을 통한 영역 확대, 그리고 본부에 의한 전체 계열사의 치밀한 통합조정 등 매우 독특한 행태를 보인다. 언뜻 보면 과거 문어발 기업으로 비판받던 우리나라의 재벌그룹들과 다를 바 없는 전형적인 기업집단의 형태이다.

그러나 자세히 들여다보면 기존의 기업집단과는 전략과 조직의 논리면에서 근본적으로 다른 점이 많아 우리나라 재벌그룹들의 미래 변화 방향에도 많은 시사점을 준다. 따라서 필자는 구글이나 아마존 같은, 강력한 본부에 의해 중앙집권적으로 통합조정되는 다양한 비관련 다각화 기업으로 구성된 플랫폼 지배 기업의 새로운 조직 형태를 '기업집단 2.0'이라고 부른다.

기업집단 2.0은 우리나라 재벌그룹과 같은 1.0 버전과 표면적 형태는 큰 차이가 없으나 작동되는 기반 논리는 완전히 다르다. 기업집단 1.0의 경쟁력의 원천은 비관련 사업 분야들에 속한 계열사 간 상호 지원을 통해 독립 기업들과의 경쟁에서 비대칭적 경쟁우위를 추구하는 것이다. 전통적 기업집단의 핵심적인 전략적 논리는 공유와 상호 지원이다. 외부 자본시장이나 인력시장, 그리고 경영 노하우 시장이 불안정하거나 미성숙할 때 기업집단은 내부 계열사 간의 자원과 역량을 적극적으로 공유함으로써 독립 기업보다 월등하게 안정성을 유지하고 경쟁우위를 차지할 수 있다. 독립 기업은 자체 자원과 역량이 경쟁자보다 약하면 시장경쟁에서 도태될 수밖에 없다. 그러나 전통적인 기업집단은 개별 계열사 수준의 자원과 역량이 취약하더라도 다른 계열사들과의 지원과 공유를 통해 불리함을 극복하고 시장경쟁에서 승리할 수 있다. 이것이 바로 우리나라 재벌그룹들이 끊임없이 불공정성 시비를 초래하는 이유이다.

우리나라 재벌그룹들이 최근 강하게 비판받아온 일감 몰아주기도 이와 같은 공유와 상호 지원 전략의 일환이다. 일반적인 독립 기업들은 일감을 획득하기 위해 치열하게 경쟁해야 하며, 과도한 경쟁으로 인해 시장에서 창출되는 일감이 불안정할 수밖에 없다. 예를 들면, 특정 부품을 공급하는 납품업체들의 경우 독립 기업은 가격이나 품질이 경쟁사보다 뒤떨어지면 시장경쟁에서 도태될 수밖에 없다. 그러나 재벌그룹의 계열사는 설사 경쟁사보다 품질과 가격이 뒤떨어지더라도 같은 그룹에 속한 다른 계열사들이 손해를 무릅쓰고 적극적으로 구매해줌으로써 생존하고 성장할 수 있다. 따라서 기업집단 1.0의 핵심적인 특성은 비관련 계열사 간 '지속적인' 상호 지원과 자원 공유, 그리고 고도의 역량과 권력을 가진 그룹 본부에 의한 철저한 개입과 강력한 집권화된 통제이다.

이에 비해 4차 산업혁명 시대를 주도하는 플랫폼 지배 기업들의 조직 형태인 기업집단 2.0이 광범위한 비관련 다각화를 추구하는 전략적 논리는 이와 전혀 다르다. 기업집단 2.0은 2가지를 추구하기 위해 끊임없이 비관련 다각화를 시도하는데, 가장 중요한 목적은 바로 고객의 일상생활 과정에서 전체 관심집중 시간에 대한 지배적 접근권을 확보하는 것이다. 현재 고객 및 잠재 고객의 일상생활 과정에 대한 지배적 접근권은 다양한 영역에서 구축될 수 있기 때문에 그 접근권의 기반이 될 가능성이 있는 사업영역이나 역량을 가진 기업들을 최대한 많이 확보할수록 고객들의 일상생활 전 과정을 더 확고하게 이해하고 사업화할 수 있다. 예를 들면, 구글이 원래의 검색 엔진과 별도로 유튜브 등을 인수한 것은 바로 이런 목적이며, 최근 삼성전자가 하만(Harman)을 인수한 것도 오디오 자체에 관심이 있어서라기보다는 고객들의 일상생활에서 가장 많은 시간을 보내는 대상 중 하나인 자동차 승차 시간을 지배하기 위한 것이다.

기업집단 2.0이 끊임없이 비관련 다각화를 꾀하는 두 번째 전략적 목적은 자신들이 지배하는 고객들의 일상생활 과정에 대한 접근권을 활용해 직접 수익을 실현하려는 시도이다. 첫 번째 전략적 목적이 수익창출을 위한 기반 구축과 자신의 플랫폼을 활용하는 다른 조직군들에 대한 영향력을 확대하기 위한 간접적 투자라면, 두 번째 목적은 실제로 수익을 창출하려는 직접적 시도이다. 아마존이 홀푸드(WholeFoods)를 인수한 것이 바로 이런 예이다. 그러나 두 번째 전략적 목적은 아무리 큰 기업이라도 혼자서는 할 수 없다. 그것은 고객들의 일상생활 과정에 필요한 모든 상품과 서비스를 한 기업이 공급하기는 불가능하기 때문이다. 따라서 이 두 번째 전략적 목적을 추구하는 과정에서는 자신의 플랫폼을 활용하는 다른 외부 기업들과 협력하면서 동시에 경쟁해야 하는데, 플랫폼을 지배하는 기업이 당연히 그 경쟁에서 유리할 수밖에 없다.

또한 다양한 계열사를 계속 늘리며 지속적으로 규모를 키워나가는 기업집단 1.0과 달리 4차 산업혁명 시대의 기업집단 2.0은 신사업 진출과 인수합병뿐 아니라 철수와 매각을 빈번하게 반복하는 역동적 비관련 다각화를 추구한다. 앞에서 설명했듯이 플랫폼 지배 기업들의 경쟁 대상은 개별 상품시장이나 사업 분야가 아닌 고객들의 일상생활 전 과정에서 관심집중 시간에 대한 총체적 접근과 지배이다. 그런데 기술발전이나 사회문화적 변화 등과 같은 다양한 이유로 고객들의 일상생활 패턴이 변할 때마다 일상생활 과정을 총체적으로 지배하는 데 필요한 핵심 기반이나 매체, 사업 분야 등도 바뀌게 되므로, 환경 변화에 따라 역동적 진퇴를 반복하는 것이 이들 기업집단 2.0의 특징이다.

기업집단 2.0이 역동적 비관련 다각화를 하는 또 한 가지 이유는 환경 불확실성과 불안정성에 대한 대비이다. 어떤 새로운 분야가 고객의 일상생활 과정에 대한 지배력 극대화에 도움이 될지 예측하기 어려우므로 일단 가능성이 있으면 과감히 투자해 선점한 다음 향후 발전 추이에 따라 후속 전략을 실행하는 것이다. 즉, 대체재나 경쟁자에 의해 자기 플랫폼 자체의 경쟁력이 위기를 맞을 가능성에 대비해 역동적으로 계속 인수합병과 진출을 시도하는 한편, 고객 일상생활의 변화로 일상생활 과정과 관심집중 시간에 대한 지배력에 도움이 되지 않으면 과감하게 철수하는 것이 기업집단 2.0의 독특한 조직 특성이다.

플랫폼 멤버 기업조직군

물론 이런 플랫폼 지배 기업들이 4차 산업혁명 시대의 주도적 플레이어인 것은 맞지만 아무리 강력한 플랫폼 리더십을 가진 기업도 자신이 리드하는 생태계의 수요를 혼자 모두 충족시킬 수는 없으므로 다양한 기업의 참여와 협력이 필요하다. 필자는 이런 기업들을 '플랫폼 멤버 기업(platform member)'이라고 부르는데, 이들은 플랫폼 지배 기업들이 주도하는 생태계가 작동하는 데 필요한 다양한 요소와 상품, 서비스, 사업 등을 각기 공급함으로써 일종의 거대한 분업구조를 형성하는 생태계 구성원이다.

물론 플랫폼 멤버 기업들은 지배 기업들보다 상대적으로 파워나 협상력이 약한 경우가 많지만, 항상 그런 것은 아니다. 플랫폼 지배 기업이 구축한 생태계의 생존과 성장에 없어서는 안 될 필수적 구성요소를 독점하는 멤버 기업들은 오히려 플랫폼 지배 기업 못지않은 영향력과 협상력을 가질 수도 있다. 필자는 이런 요소들을 '핵심 가능화 요소(key enabling component)'라고 부르는데, 가장 대표적인 예가 바로 구글 생태계와 애플 생태계 양측 모두에 핵심 가능화 요소인 반도체를 거의 독점적으로 공급하는 삼성전자이다.

독자 기업조직군

마지막 세 번째 유형의 조직들은 거대 플랫폼 지배 기업들이 주도하는 플랫폼과 상관없이 독립적으로 생존하고 성장하는 주변부의 '독자 기업(stand-alone outsider)'들이다. 이들 독자 기업에는 2가지 유형이 있을 것으로 예측된다. 하나는 플랫폼 지배 기업들과 경쟁하지도 않지만 그들의 빅데이터나 인공지능과 상관없이 지속적으로 생존하는 기업들이다. 이들은 앞으로도 플랫폼 지배 기업들에 위협이 될 가능성이 거의 없다. 전통 장인 기법으로 명품을 생산하고 판매하는 기업 등이 대표적이다. 이들은 각기 전체 경제에서 소규모의 니치를 점유하지만 다양한 분야에서 이런 독자 기업들이 성장하면 생태계 전체의 역동성이 높아질 것이다.

여기에 비해 또 다른 유형의 독자 기업은 플랫폼 지배 기업들의 관찰과 감시가 미치지 않는 주변부에서 잠재적으로 플랫폼 지배 기업들의 경쟁력 기반을 뿌리째 흔들 수도 있는 파괴적 혁신을 시도하는 혁신 기업들이다. 만일 이들이 성공한다면 4차 산업혁명 시대 조직군 생태계 자체의 구조를 바꿀 수 있는 위력적인 창조적 파괴가 발생하고, 자칫 소수의 플랫폼 지배 기업들의 반영구적 독과점 체제로 굳어질 수도 있는 4차 산업혁명 시대의 생태계가 바로 이런 기업들 덕분에 역동성을 가지는 것이다.

이상에서 살펴본 3가지 유형의 조직군은 각 조직군 내부에서는 서로 치열하게 경쟁하지만, 같은 생태계에 속한 다른 조직군과는 협력하거나 공생하면서 전체 생태계 수준에서 다른 생태계와 경쟁할 것이다.

4

조직경계는 어떻게 바뀔 것인가?

다양한 경영 활동이 수행되는 위치와, 이에 필요한 자원과 역량들의 위치를 조직 내부와 외부 중 어디에 두느냐에 따라 결정되는 조직경계 또한 4차 산업혁명과 함께 근본적으로 달라질 가능성이 높다. 최근 기술 발전으로 조직경계 내부에서 수행해야 더 효율적인 활동들과 외부에서 수행하는 것이 좋은 활동들의 종류와 범위, 규모가 근본적으로 바뀌면서 플랫폼 지배 기업들의 경우 소수의 플랫폼 유지 관련 활동과 역량들을 제외하고는 대부분 활동과 역량을 조직경계 밖으로 내보낸 후 활발하게 내·외부 협력을 추구하는 전략을 선택할 것으로 보인다. 이런 측면에서 4차 산업혁명 시대의 조직경계는 '조직 분할(unbundling)'과 '투과성 경계(permeable boundary)'라는 2가지 독특한 특징을 가지게 될 것이다.

조직 분할과 경계의 해체

일반적으로 조직경계는 의사결정 대상이 되는 역량이나 자원, 활동의 핵심 여부, 내·외부 간 상대적 품질 차이, 내·외부 간 상대적 조달 비용의 차이, 외부 조달의 경우 내부 구성요소들과의 통합 비용, 다른 조직 구성요소들과의 시너지 가능성 등을 종합적으로 고려해 결정한다. 19세기 중반 대규모 시장수요와 통신 및 교통기술의 발전을 계기로 등장한 현대적 기업조직들이 그 이전까지 조직 외부에서 독립적 소생산자 형태로 수행되던 다양한 기능과 사업 분야를 수직계열화해서 조직 내부로 흡수한 것은 바로 내부 통합조정 비용의 효율성 때문이었다. 즉, 독립 기업 간의 수평적이고 자발적인 협상에 의한 통합조정보다 조직 내부의 수직적 위계질서에 기반을 둔 강제적 통합조정이 훨씬 더 효율적이었기 때문이다.

그런데 4차 산업혁명 기술의 발전이 다른 분야나 활동 간 통합조정의 효율성을 획기적으로 높임으로써 19세기 중후반 이래 조직 내부로 흡수되었던 다양한 활동을 유연성의 감소와 관료적 비효율성을 무릅쓰고 내부에 계속 보유할 필요가 없어졌다. 조직경계 내부에서 다양한 기능과 사업 분야를 관리하는 것은 장점 못지않게 심각한 한계와 비용을 야기하지만 과거에는 효율적 통합조정을 위해 불가피하게 내부화했던 것이다.

따라서 100여 년 전 현대적 조직의 등장 당시 외부에서 내부로 수직계열화되었던 활동들의 상당 부분이 외부의 독립 조직들로 분할되어 조직경계 밖으로 다시 나가는 '조직 분할'이 가속화될 것이다.[6] 그러나 과거와 달리 조직경계 밖으로 분할된다고 해서 통합조정이 더 어려워지는 것은 아니다. 바로 4차 산업혁명 기술들의 가능화 효과 덕분이다. 사물인터넷과 인공지능, 사이버-물리 시스템 등 4차 산업혁명의 핵심 기술들은 같은 조직의 내부에서 대면 접촉을 통한 상호작용을 하지 않더라도 기술적 솔루션을 통해 구성원들이나 부서들, 그리고 다른 기업들이 오히려 전보다 훨씬 더 효율적으로 협력하고 통합조정할 수 있도록 만들었다. 따라서 많은 비용과 노력을 들여 다양한 기능 분야와 사업 분야를 조직 내부에 보유할 이유가 없어진 것이다.

그 결과 조직의 다양한 하위 구성단위가 조직 분할을 통해 다시 밖으로 나가 독립적 기업으로서 각자 전문 분야에 선택과 집중을 함으로써 훨씬 더 자율적이고 유연하게 가치창출을 하면서 동시에 서로 긴밀하고 효율적으로 협력할 수 있게 되었다. 따라서 이제는 시너지를 기업 내부의 구성단위들 사이에서 찾을 것이 아니라 기업과 기업 간 협력 네트워크 수준에서 추구되게 되었다.

최근 첨단 기업들 사이에 급속히 확산되고 있는 '개방형 혁신(open innovation)'은 바로 이런 추세의 전조이다. 따라서 기존 조직의 구성요소들 중 가장 핵심적인 고객들의 일상생활 전 과정에서 관심집중 시간에 대한 지배적 접근권과 관련된 플랫폼 역량은 여전히 조직 내부에 있겠지만, 나머지는 언제든 상황에 따라 과감하게 외부로 분할해 플랫폼 생태계에서 활동하는 다양한 외부 조직과의 협력을 통해 전략적 유연성과 통합조정의 효율성을 동시에 극대화할 것이다.

6 Hagel, M. and Singer, M. (1999). "Unbundling the Corporation". *Harvard Business Review*. Vol. 77. No. 2. pp. 133-41.

내·외부의 구분이 따로 없는 투과성 조직경계

이런 맥락에서 19세기 중후반 현대적 조직이 탄생할 때 조직 내부에서 하위 구성단위들에 대한 강제적 명령과 실행에 대한 합법적 권리를 확보하기 위해 재산권과 고용계약 등 법제도적 기반을 중심으로 내·외부 간 경계를 최대한 강하게 설정하려고 시도한 결과 탄생한 명확한 조직경계가 4차 산업혁명과 함께 내·외부 구분이 어려울 정도로 느슨해질 것이다.[7] 이로써 4차 산업혁명 시대의 조직경계는 실질적으로는 내·외부의 구분 없이 자원과 정보, 역량 등이 자유롭게 경계를 넘어 왕래하면서 동적 시너지를 창출하는 '투과성 경계'로 바뀔 것이다.

이렇게 되면 경제적 가치창출에 필요한 역량이나 자원, 기능 등의 소재지를 불문하고 모든 조직 내·외부 요소가 신속하고 유연하게 서로 결합되었다가 다시 흩어지는 역동적 과정이 반복되는 극도로 유연한 조직이 될 것이다. 이런 면에서 4차 산업혁명 시대 조직경계의 궁극적 모습은 보그(E. G. Bogue) 등이 제시했던 '일회용 조직(disposable organization)'에 가까워질 것으로 예상된다.[8] 즉, 고객들의 일상생활 과정 전체에 대한 접근성과 관련된 역량들만 지속적으로 내부화하고 심화하면서 나머지는 수시로 경계를 넘어 이합집산식으로 재조직화하는 것이 4차 산업혁명 시대의 조직경계가 될 것이다.

---

7 Chandler, A. D. (1977). *The Visible Hand: The Managerial Revolution in American Business.* Cambridge, MA: Harvard University Press.

8 Bogue, E. G. (1971). "Disposable Organizations". *The Phi Delta Kappan*. Vol. 53. No. 2. pp. 94-96.

5

조직구조는 어떻게 변할 것인가?

4차 산업혁명으로 조직의 내부 구조 또한 획기적으로 달라질 것으로 예상된다. 조직구조에는 계층 간 상하관계를 다루는 수직구조와 부서 간 좌우관계에 관한 수평구조가 있다. 4차 산업혁명은 이 2가지 조직구조에 모두 근본적 영향을 미칠 것으로 보인다. 앞에서도 설명했듯이 19세기 중후반에 등장한 현대적 기업조직은 다수의 계층이 상하로 나누어진 수직적 피라미드 구조와 외부에서 수행되던 다양한 기능과 활동을 내부화하면서 생긴 수평적 분화 구조로 되어 있다.

집권화와 분권화의 딜레마를 넘어서

수직적 구조에서 4차 산업혁명은 먼저 전통적으로 수직적 조직구조를 설계할 때 가장 중요한 의사결정 기준이었던 분권화와 집권화 간 이분법적 논리를 무너뜨릴 것이다. 즉, 4차 산업혁명 기술의 발전으로 상하계층 간 커뮤니케이션의 효율성이 향상되면서 수직구조의 설계에서 과거처럼 집권화와 분권화 양극단 사이에서 특정 지점을 선택할 필요가 없어졌고 그에 따라 집권화와 분권화의 장점을 결합한 '집분권화 구조(centralized decentral structure)'가 빠르게 확산될 것이다. 또한 이와 함께 수직적 조직구조의 가장 대표적 특징인 상하 간 계층의 수는 대폭 줄어들 것이다.

이제까지 조직의 수직구조는 의사결정 권한의 상하 간 분포에 초점을 맞추어 설계했는데, 각 조직은 크게 의사결정 권한이 전체 계층에 폭넓게 분산된 분권화와 상위 계층에 집중된 집권화의 양극단 사이 한 지점을 선택했다. 그러나 상위 본부 조직과 하위 현장 부서 간 연결 효율성을 극대화한 사물인터넷, 하위 현장 부서들의 의사결정 역량을 대폭 높여준 빅데이터와 인공지능, 그리고 직접 현장에 가보지 않더라도 시스템 전체를 정확하게 통제할 수 있는 사이버-물리 시스템 등 4차 산업혁명 기술이 발전하면서 이 양극단 간 선택을 넘어 집권화와 분권화의 장점들을 동시에 극대화하는 독특한 '집분권화' 구조의 구현이 가능해졌다.

즉, 4차 산업혁명으로 인한 기술의 발전으로 소수의 최고경영진은 강력한 집권적 권한을 가지고, 동시에 다수의 전문화된 하위 현장 구성단위와 구성원들은 극도로 분권화된 권한과 자율성을 가지는 구조가 가능해진 것이다. 전체 생태계 관점에서 다양한 사업 분야와 역량을 총괄적으로 통합조정해 네트워크 수확체증 효과를 통해 고객들의 일상생활 전 과정을 지배하기 위해서는 최고경영진과 본부의 강력한 집권적 권한이 필요하다. 그러나 다양한 분야와 영역에서 수시로 발생하는 가치창출 기회를 적절한 시기에 실현하기 위해서는 반드시 하위 구성단위들이 높은 자율적 권한을 가져야 한다. 이 2가지 상호 모순적 목적을 동시에 극대화하는 것이 집분권화 구조이다. 예를 들어, 플랫폼 지배 기업들의 경우에는 OS나 고객 데이터와 같이 플랫폼 지배력과 관련된 역량이나 의사결정은 절대적으로 집권화하지만, 나머지 사업 수준 결정권은 현장 단위 혹은 생태계를 구성하는 외부 기업에 대폭 분권화함으로써 전체 생태계 수준의 집분권화를 추구할 것이다.

그런데 여기서 중요한 것은 소수 최고경영진의 권한은 기존의 피라미드형 수직구조에서보다 오히려 훨씬 강력해질 것이라는 점이다. 즉, 극도로 강력한 CEO와 소수 최고경영진이 전체 생태계와 시장을 읽고, 고객의 일상생활 과정에 대한 접근권을 극대화하며, 이를 활용해 가치를 창출할 다양한 사업 분야와 역량, 자원을 필요할 때마다 역동적으로 재결합하는 핵심 기능을 수행해야 하므로, 이들 소수 리더 집단의 권한은 전례 없이 극대화될 것이다.

최근 우리나라 기업집단에서 재벌 구조의 여러 문제점을 해결하기 위한 방안으로 본부 조직을 해체하는 경우가 잦은데, 이는 매우 시대착오적이고 위험한 발상이다. 기존 본부 조직이 기업집단 자체의 이익보다 오너의 이익을 대변하는 등 일부 부작용만 해결하고 원래의 취지에 따라 미래 지향적 전략에 집중한다면, 기업집단의 본부는 21세기 4차 산업혁명 시대에 가장 중요한 조직단위가 될 것이다. 물론 집권적 권한을 가진 최고경영진과 분권화된 현장 단위 간 관계는 일방적 명령-복종이 아니라 상호조정과 통합, 그리고 무엇보다 긴밀한 소통과 협력이 중심이 되어야 할 것이다.

계층 수의 감소와 중간관리층의 소멸

4차 산업혁명과 함께 진행될 것으로 예상되는 수직구조의 또 다른 변화는 계층 수의 대폭 감소이다. 19세기 중후반 현대 조직이 탄생할 때 상하 간 엄격한 위계질서를 기반으로 하위 구성단위들에 대한 긴밀한 감시, 감독, 명령, 통제, 통합조정 등을 강제적으로 시행하는 과정에서 계층의 수가 급증하며 피라미드형 구조가 등장했다. 특히 한 명의 상급자가 직접 관리하는 하급자의 수를 뜻하는 '통제의 폭(span of control)'이 너무 넓으면 효율적으로 감시·감독하기 어려워 계층이 계속 분화되다 보니 중간관리자 계층의 비중이 급증했다.

그러나 4차 산업혁명 기술의 초연결과 초지능, 초예측 기능으로 인해 최고경영진에서 중간 계층을 거치지 않고 곧장 전문화된 자율적 현장 단위로 내려갈 수 있게 되어 조직 내 상하 계층의 수는 극단적일 경우, 2단계 계층구조로 축소될 것이 분명하다.[9] 또한 수행하는 역할 내용도 4차 산업혁명 기술의 가장 중요한 특징 중 하나가 기존 전문직들이 수행하던 과업과 직무들을 인공지능이나 사이버-물리 시스템 등 기술 시스템으로 대체하는 것이므로, 조직 내에서 이에 가장 가까운 중간관리자 계층이 가장 먼저 없어질 것이다. 또한 4차 산업혁명 기술들로 인해 최고경영진과 다수의 자율적 현장 단위 간 커뮤니케이션의 효과성과 효율성, 그리고 정확성이 그 이전과 비교할 수 없을 정도로 향상돼 이들 간의 상호작용을 매개해주던 중간 계층이 대폭 축소될 것이다.

9 리처드 서스킨드, 대니얼 서스킨드 (2016). 《4차 산업혁명 시대 전문직의 미래: 빅데이터, 인공지능, 기술혁신이 가져올 새로운 전문직 지형도》. 위대선 역. 와이즈베리.

분화와 통합, 그리고 안전한 복잡성

한편, 조직의 수평적 구조 또한 4차 산업혁명 기술의 발전으로 근본적으로 바뀔 것이다. 4차 산업혁명 시대에는 조직의 수평구조가 분화와 통합이 동시에 높은 극도로 복잡한 구조로 발전할 것으로 예상된다. 전통적으로 조직구조의 수평적 측면을 설계할 때 가장 중요한 의사결정 기준은 전체 조직을 하위 부서들로 나누는 분화(differentiation)와 나누어진 부서 간 통합(integration)이었다. 하위 부서들로의 분화와 통합에서 그 정도가 높고 조정 방법과 내용이 다양해질수록 수평적 구조의 복잡성(complexity)이 높아지며, 반대로 분화와 통합의 정도가 낮을수록 단순한(simple) 구조가 된다.

그렇다면 복잡한 조직구조와 단순한 조직구조 중 어느 편이 더 우월할까? 모든 조직구조 설계의 기준이 마찬가지지만 복잡한 구조와 단순한 구조의 상대적 우위는 딱 잘라 말하기 어렵다. 수평구조의 복잡성은 장단점과 양면성을 동시에 가지기 때문이다.

먼저, 복잡한 조직구조는 상황별 대응력에서 매우 중요한 장점이 있다. 복잡성이 높은 구조로 설계되었다는 것은 그만큼 모든 상황에 대해 체계적으로 대응할 준비를 구조 내부에 설치해놓았다는 의미다. 따라서 복잡한 수평구조를 가진 조직은 어떤 환경 변화나 상황이 발생해도 우왕좌왕하거나 즉흥적으로 대응하지 않고 미리 설계된 논리와 프로세스에 따라 체계적으로 대응할 수 있다. 복잡한 수평구조는 조직의 모든 업무를 최대한 세분화하여 각 하위 조직단위에 전담하게 함으로써 전문화되고 고도화된 관리가 가능하다.

그러나 다른 한편으로, 복잡한 조직구조는 조직 전체에 심각한 위험을 초래하는 단점도 동시에 가진다. 조직이론의 거장 퍼로우가 1984년에 펴내 학계와 기업 실무자들은 물론 정부 정책 담당자들에게까지 큰 반향을 일으켰던 《당연한 참사》라는 흥미로운 제목의 책에 따르면 복잡한 구조는 예상치 못한 대참사의 위험을 높인다.[10] 퍼로우의 '당연한 참사' 이론은 인간의 인지능력으로 완벽하게 이해할 수 없을 정도로 복잡하게 설계된 구조에서는 구성단위 간에 예상치 못한 상호작용으로 생긴 작은 문제가 시스템 전체로 걷잡을 수 없이 확산되어 시스템 자체를 붕괴시키는 참사가 발생할 위험이 높다고 본다. 복잡한데 완충장치 없이 효율적으로만 설계된 구조에서는 언젠가 참사가 발생할 여지가 많다는 것이다. 따라서 전통적으로 조직구조를 설계할 때는 복잡한 구조의 장점을 살리면서도 참사 위험을 막기 위해 적정 수준의 복잡성을 선택해왔다.

그러나 4차 산업혁명 기술의 발전은 극도로 복잡한 구조의 장점을 최대한 살리면서도 '당연한 참사'를 예방할 가능성을 열었다. 바로 4차 산업혁명의 핵심 기술인 사이버-물리 시스템과 인공지능 기술 덕분이다. 특히 사이버-물리 시스템은 현실 세계의 복잡한 기계나 설비, 조직 시스템을 사이버 공간에 그대로 재현해 반복적으로 테스트를 시행함으로써 복잡한 구조에서 발생할 수 있는 당연한 참사 가능성을 예측하고 탐지할 수 있게 한다. 당연한 참사만 미리 예방할 수 있다면 복잡한 수평구조가 단순한 구조보다 훨씬 더 우월하다. 즉, 극도로 복잡한 구조

10 Perrow, C. P. (1984). *Normal Accidents: Living with High Risk Technologies.* Princeton: Princeton University Press.

로 인해 참사가 발생할 수 있는 상황에서 사이버-물리 시스템과 인공지능에 힘입어 적절한 시기에 효과적으로 대응할 수 있어 4차 산업혁명 시대 조직의 수평구조는 복잡한 구조의 장점과 가능성을 극대화하는 방향으로 발전할 가능성이 높아졌다. 기술발전이 '안전한 복잡성'을 가능하게 만든 것이다.

6

미래 조직의 도전과 과제

미래의 열린 가능성

그럼에도 불구하고 이 글에서는 미래 예측이라는 과제의 특성상 잠정적으로 기능주의적(functionalist) 관점에서 4차 산업혁명 기술들이 시장과 조직에 의해 원활하게 뒷받침될 경우 구체적으로 어떤 변화가 발생할 것인가 예측했다. 그러나 실제 미래의 조직과 시장의 변화, 구체적 방향, 그리고 그 변화 속도는 기술뿐 아니라 사회문화적 혹은 정치제도적 관성으로 인해 수정될 가능성이 높다는 점을 항상 기억해야 할 것이다. 간단한 예가 바로 기술적으로는 거의 완성 단계에 도달했지만 윤리적 가치관 때문에 더 이상 진행되지 않고 시장이나 조직도 형성되지 않는 인간복제 기술과 같은 일부 유전공학 기술이다. 따라서 이 글에서 제시하는 일부 예측들은 바로 이런 이유 때문에 실제로는 실현되지 않을 수도 있다. 즉, 미래의 역사 발전은 기술이 결정하는 것이 아니라 항상 다양한 가능성에 대해 열려 있다는 점을 기억해야 할 것이다.

앞에서 예측해본 4차 산업혁명 시대의 조직 패러다임은 분명히 엄청난 새로운 가능성을 열었지만 동시에 앞으로 반드시 해결해야 할 많은 도전 과제도 만들어냈다. 새로운 조직 패러다임으로의 실제 전환 과정에서는 이런 문제들에 대한 근본적이고 다각적이며 비판적인 성찰이 반드시 있어야 할 것이다. 특히 다음 3가지는 4차 산업혁명이 완숙기에 접어들기 전에 학자와 실무 경영자, 그리고 정책 담당자들이 반드시 짚고 넘어가야 할 이슈이다.

'조직'의 변화인가, 새로운 '조직화' 방식인가?

첫째, 무엇보다 앞에서 제시한 4차 산업혁명 시대 미래 조직의 모습이 과연 '조직(organization)'이라는 기존 사회적 개체의 패러다임 전환인가, 혹은 조직이 아니라 완전히 새로운 '조직화(organizing)' 방식의 탄생인가에 대한 문제는 치열한 개념적 토론이 필요한 이슈이다. 앞에서 자세히 설명했듯이 19세기 중후반에 등장한 현대적 기업조직은 그 이전까지의 경제적 가치생산과 유통을 담당했던 독립적 소생산자와 선대제가 결합된 방식과는 전혀 다른 새로운 '조직화' 패러다임으로의 이행이었다. 즉, 이전까지는 존재하지 않았던 현대적 기업조직이라는 새로운 사회적 개체가 탄생한 것이다.

4차 산업혁명 시대에 빠르고 광범위하게 확산될 것으로 예상되는 미래 조직이 기존 조직 내부에서의 패러다임 전환이냐, 새로운 조직화(organizing) 패러다임의 등장이냐에 따라 지난 100여 년간 축적된 조직경영에 대한 지식과 역량, 기반 논리의 유지와 계속적인 발전 가능성이 달라지기 때문이다. 만일 4차 산업혁명이 기존 조직을 변화시키는 것이 아니라 근본적으로 다른 새로운 조직화 패러다임을 탄생시킬 것이라고 판단되면 이 새로운 사회적 개체의 본질과 원리에 대해 아무런 전제나 가정 없이 완전히 원점에서 접근해야 할 것이다.

4차 산업혁명 기술의 위험과 한계

둘째, 4차 산업혁명 기술이 그 이전에는 불가능하던 것을 해결해 새로운 가능성의 지평을 여는 '가능화 효과'뿐 아니라, 이제까지 걱정할 필요가 없던 새로운 사회적 위험과 모순을 만들어내는 부정적 효과와 한계에 대해서도 깊이 있는 토론이 필요하다. 4차 산업혁명도 긴 역사의 관점에서 보면 결국 기술발전의 한 단계이지 완벽한 최종 이상형은 아니기 때문에 한계와 모순을 가질 수밖에 없다. 따라서 부정적 측면에 대한 깊은 성찰 없이 4차 산업혁명 기술의 가능성을 맹신했다간 심각한 위험을 초래할 수 있다.[11]

예를 들면, 4차 산업혁명 기술의 다양한 부정적 결과 중 최근 전 세계적으로 화제가 되고 있는 인공지능 기술의 위험에 관한 논쟁은 맹목적 기술만능주의에 경종을 울린다.[12] 또 4차 산업혁명 기술은 과연 어느 정도 믿을 만한가 하는 문제도 심각하게 토론해봐야 한다. 예를 들면, 이제까지 누구도 해본 적 없던 완전히 새로운 행동이 필요할 때도 4차 산업혁명 기술이 정확한 예측과 최적의 의사결정을 가능하게 할 것인가? 또 빅데이터나 인공지능 기술은 가치관과 욕망, 주관적 의미 부여, 새

11 타일러 코웬 (2017). 《4차 산업혁명 강력한 인간의 시대: 누가 기계와의 경쟁에서 살아남을 것인가?》. 신승미 역. 마일스톤.

12 니콜라스 카 (2015). 《생각하지 않는 사람들: 인터넷이 우리의 뇌 구조를 바꾸고 있다》. 최지향 역. 청림.

가능성 탐구(exploration) 등 인간의 고유 영역으로 인식되던 분야들까지도 대체할 수 있을 것인가? 4차 산업혁명의 인공지능 기술은 과거의 축적된 학습이 미래를 향한 현재의 선택을 결정하는 구조인데, 이것이 과연 바람직한 접근법인가 하는 판단은 그야말로 어려운 과제이다.

이런 관점에서 4차 산업혁명이 가져올 미래 변화의 가능성과 위험을 동시에 정확히 이해하고 효과적으로 대응하려면 기술 시스템과 사회 시스템 간 공진화에 대한 관심이 무엇보다 중요하다. 즉 4차 산업혁명이 엄청난 기술적 가능성을 제공하더라도 사회적, 정치적, 문화적 요인들이 관성적 요소로 그 실현을 방해할 수도 있고, 반대로 촉진할 수도 있을 것이다. 그리고 기술 시스템 관점에서 보면 전적으로 바람직한 미래 변화도 사회 시스템 기준에서는 심각한 위험을 초래하는 것으로 평가될 수 있다. 기술 시스템은 그 자체로 고립되어 발전하는 것이 아니라 사회 시스템과 공진화하는 것이다. 따라서 기술적 가능성이 미래의 모든 것을 결정한다고 믿는 기술결정론의 위험성을 항상 경계해야 한다.

4차 산업혁명과 공공의 선

셋째, 이념적으로 4차 산업혁명의 플랫폼 지배 기업 중심 경제가 혹시 신독과점 체제의 등장과 경쟁의 종언을 뜻하는 것은 아닌지 토론해봐야 한다. 과연 거대 플랫폼 지배 기업들의 끝없는 성장은 사회적으로 바람직한가, 이들의 경쟁력은 극복할 수 없는가, 소수 플랫폼 지배 기업들에 의한 신독과점은 얼마나 견고하며 과연 바람직한가 등은 매우 중요한 이념적 이슈이다.

이런 관점에서, 공공 부문에서는 4차 산업혁명 시대에 적합한 정책과

제도 환경의 설계에 관심을 기울일 필요가 있다. 4차 산업혁명 시대의 여러 경제활동은 그 이전과 질적으로 다른 전제에 기반을 두고 있으므로 20세기 산업사회식 전통적 접근법으로는 규제할 수 없다. 규제는 사회적 이익의 기준에서 특정 경제 행위를 억압하기도 하고 반대로 촉진하기도 하는 양면성을 가지고 있다. 따라서 미래의 규제는 4차 산업혁명의 장점을 실현하도록 촉진하면서 한계와 위험을 억압하는 방향으로 작동해야지 그 반대 경우에는 심각한 사회적 문제를 초래할 것이다.

그런데 개별 상품시장에서의 시장점유율과 독점적 지배력에 초점을 맞춘 전통적인 규제는 4차 산업혁명 시대에 작동하지도 않을뿐더러 바람직하지도 않다. 예를 들면, 4차 산업혁명 시대에 공정거래가 무엇을 의미하는지도 기존 상품시장의 좁은 관점을 넘어 새로운 조직 생태계의 관점에서 다시 물어봐야 할 것이다. 지금은 새로운 기술에 대한 심층적 이해에 기반을 둔 완전히 새로운 규제 패러다임에 대해 모든 이해당사자가 함께 고민해야 할 때이다. 따라서 정책 담당자들에게는 4차 산업혁명 기술들의 구조적 원리와 그 결과 공진화하는 새로운 시장과 조직 패러다임의 본질에 대한 깊이 있고 정확한 이해가 그 무엇보다 시급히 요구된다.

결국 선택의 주체는 인간이다

역사적 대전환기에는 항상 희망과 불안이 공존한다. 인류사 최대 전환기 중 하나였던 프랑스 대혁명기에 대한 소설 《두 도시 이야기(*A Tale of Two Cities*)》의 첫 문단에서 찰스 디킨스(Charles Dickens)는 "이때는 최고의 시기이면서 동시에 최악의 시기였다"라고 모순적으로 규정한다.[13]

4차 산업혁명의 급속한 진행에 대해서도 앞에서 자세히 설명한 새로운 가능성에 대한 긍정적 희망이 많은 사람의 상상력을 자극하지만, 부정적 불안과 공포도 동시에 확산되고 있다. 예를 들면, 인공지능과 같은 4차 산업혁명 기술이 조만간 인간을 완전히 대체해 영화 〈매트릭스〉에 나오는 것과 같이 기계가 인간을 지배하는 시대가 도래할지도 모른다는 예측이 스티븐 호킹(Stephen Hawking)이나 일론 머스크(Elon Musk) 같은 세계적 과학자들이나 기업가들에게서 공공연히 나오고 있다.

필자는 4차 산업혁명의 긍정적 가능성을 극대화하면서도 기계에 의해 대체되는 섬뜩한 위험을 피하기 위해서는 모든 사람이 마치 학술논문을 쓰는 것과 같은 학문 연구자적 자세와 사고방식을 가질 필요가 있다고 생각한다. 자신의 주관적 가치관에 따라 흥미롭고 새로운 연구 주제를 찾고, 가설과 모형을 수립하며, 통계적 검증을 통해 인과관계를 도출하고 해석해 존재하지 않던 새로운 지식을 만들어내는 것과 같은 접근법이 학문 연구자들 사이에서 당연시되어왔으나 4차 산업혁명 시대에는 경제나 생활세계로도 확산되어야 할 것으로 생각된다.

1940년대에 강화학습의 모형을 제시해 인공지능 기술의 탄생을 촉발시킨 심리학자 스키너는 강화학습에 의해 모든 것이 운영되는 완벽한 미래 이상향을 그린 소설 《월든 투》를 통해 사회의 모든 활동이 강화학습으로 프로그램화되어 자동으로 돌아가더라도 결코 대체할 수 없는 인간 고유의 영역이 있으며, 이는 예술과 학문연구 2가지라고 제시했다.[14]

13 Dickens, C. (1859). *A Tale of Two Cities*. London: Chapman & Hall.

주어진 문제를 푸는 것은 4차 산업혁명 기술이 인간보다 월등하게 잘 할 수 있을지도 모른다. 그러나 어떤 주제에 대한 논문을 쓸 것인가는 전적으로 연구자의 선택이듯이, 4차 산업혁명 기술을 이용해 어떤 문제를 풀 것인가는 인간의 주관적 판단으로 결정해야 한다. 어떤 문제가 중요하고 시급히 해결해야 하는가는 논리나 확률의 문제가 아니라 가치관과 호불호의 문제이므로 결코 인공지능과 빅데이터가 대체할 수 없다. 만일 이런 학문 연구자적 사고방식이 폭넓게 확산되고 정착된다면 인공지능과 빅데이터 같은 새로운 기술은 불안과 공포의 원천이 아니라 인류의 삶을 획기적으로 발전시키는 훌륭한 도구가 될 것이다.

결국 기술은 아무리 뛰어나도 수단이지 주체가 아니다. 기술이 아니라 인간이 목적함수인 것이다. 그러나 기술이 급진적으로 발전하면서 그 이전에는 상상도 할 수 없던 일을 가능하게 할 때는 그 자체가 물신화되고 목적으로 간주될 위험이 급증한다. 따라서 4차 산업혁명이라는 엄청난 기술발전이 가속화되고 있는 현시점에서는 인간의 도구화에 대한 경계가 절실히 요구된다.

4차 산업혁명이 가져올 미래는 궁극적 주체인 인간이 어떤 선택을 하느냐에 의해 결정될 것이다. 미래 가능성에 대한 기대와 흥분과 함께 보이지 않는 위험에 대한 불확실성과 불안이 공존하는 역사적 대전환기에 슬기롭게 대처하기 위해서는 아무리 기술이 발전해도 인간이 궁극적 주체이자 목적이라는 사실에 대한 확고한 신념이 필요하다.

---

14 Skinner, B. F. (1948). *Walden Two*. Indianapolis: Hackett Publishing Company. Revised 1976 edition.

| Chapter 3 |

기술혁신이 일자리에 미치는 영향

4차 산업혁명은 일자리를 어떻게 바꿔놓을 것인가?

최강식

1

일자리 파괴에 대한 우려

지난 2016년 세계경제포럼(WEF)은 그 어느 때보다 많은 사람의 주목을 끌었다. 4차 산업혁명으로 향후 2020년까지 전 세계에서 710만 개의 일자리가 소멸되고 새로이 생성되는 일자리는 200만 개에 그쳐 510만 개의 일자리가 없어질 것이라는 보고가 있었기 때문이다.[1] 《유엔미래보고서 2045》도 향후 전문직 대부분이 소멸할 것이라 전망하고 있다. 이러한 우려들은 급속한 기술혁신이 생산성을 빠르게 향상시킴으로써 없어지는 일자리를 새로 만들어지는 일자리가 따라가지 못할 것이라는 데서 비롯되었다.

하지만 이러한 우려 짙은 전망 속에서도 상당수의 경제학자는 향후 급속한 생산성 향상으로 인해 발생할 대량실업을 걱정하기보다는 그

1 World Economic Forum (2016). *The Future of Jobs - Employment. Skills and Workforce Strategy for the Fourth Industrial Revolution*. Geneva, Switzerland: World Economic Forum.

반대로 성장이 둔화되는 스태그네이션(stagnation)이 올 가능성을 경고한다. 실제 미국의 생산성 증가는 연간 4% 미만이어서 지금까지 기하급수적으로 증가(exponential growth)한 적도 없고, 앞으로도 그럴 일은 없으리라 예측된다.[2] 더욱이 "인간의 욕망은 무한하나 자원은 한정되어 있다"는 경제학의 가장 기본적인 가정을 떠올려보면, 최근의 급속한 기술발전이 그처럼 쉽게 인간을 노동시장에서 축출할 것으로 보이지는 않는다. 기술이 일자리(job)는 없애도 일(work)을 없앨 수는 없을 것이다.[3] 즉, 향후 일자리는 없어지는 것이 아니라 이동(job mobility)하거나 동일한 일자리에서 직무(task) 내용이 변화할 것이라는 얘기다. 그러므로 우리는 일자리가 없어질 것을 염려하기보다는 '이동하는 일자리'와 '변화하는 직무'에 어떻게 대응할 것인지 고민해야 한다.

이 글에서는 4차 산업혁명 시대에 기술혁신이 가져올 노동시장의 변화를 살펴보고 이에 대한 정책적, 전략적 대응책을 제시하고자 한다. 먼저 4차 산업혁명의 특성을 논의한 후, 4차 산업혁명이 가져올 고용의 양적·질적 변화를 예측하고, 직종별 인력 구성의 변화를 가늠해볼 것이다. 마지막으로 향후 인력 양성을 위한 교육정책의 방향과 직업능력 개발 사업의 변화 방향을 제시할 것이다.

2 Autor, D. (2015). "Why Are There Still So Many Jobs? The History and Future of Workplace Automation". *Journal of Economic Perspectives*. Vol. 29. No. 3. pp. 3-30.

3 Autor, D. (2015).

2

4차 산업혁명은 정말로 일자리를 없애나?

4차 산업혁명의 특성과 고용시장의 변화

산업혁명이란 기술의 획기적인 변화에 따라 하나 혹은 여러 기술이 단기간에 신기술에 의해 빠른 속도로 대체되는 것을 말한다. 그렇다면 과연 4차 산업혁명의 본질적인 모습은 무엇일까?

4차 산업혁명은 다양하게 정의되고 있지만 그 특성을 보면 간략하게 'ICBM'으로 정리할 수 있다. 사물인터넷(IoT)을 통해 얻은 정보를 클라우드(Cloud)에 저장하고, 이를 빅데이터(Big Data) 기법으로 분석해 모바일(Mobile)을 통해 확산하는 것이다. 여기에 인공지능(AI)이 판단과 추론을 더해 새로운 부가가치를 창출하는 것이라고 정의하기도 한다. 특히 기술혁신 속도가 기하급수적으로 증가하면 단순히 처리하는 정보의 양만 늘어나는 것이 아니라, 질적 변화도 함께 일어난다. 따라서 기술혁신이 'brawn'의 능력을 대체하는 것(자동화기계 등)에서 나아가 향후 'brain'의 능력을 대체하는 것(인공지능 등)으로 바뀌면서 인간과 기계

그림 1 기술적 관점에서 4차 산업혁명의 변화동인

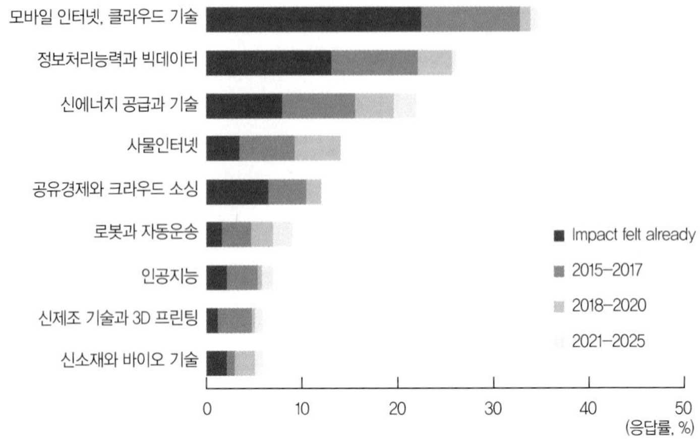

• 자료: World Economic Forum (2016). *The Future of Jobs: Employment. Skills and Workforce Strategy for the Fourth Industrial Revolution*. Geneva, Switzerland: World Economic Forum.

가 서로 다투는 결과가 나타날 것이라고 전망하기도 한다.

4차 산업혁명에 따른 생산방식과 노동생산성의 변화는 국내 산업 전반의 경쟁력 원천과 산업구조를 변화시키고 이에 대응하는 고용시장 또한 변화될 것으로 예상할 수 있다. 〈표 1〉은 4차 산업혁명의 4가지 변화동인이 생산조직과 고용관계에 미칠 영향을 보여준다. 먼저 첫 번째 변화동인은 인공지능, 빅데이터, 기계학습 등 지능정보기술의 발전이다. 이로 인해 유연하고 안정적인 생산조직이 확립될 것이고, 고용관계 역시 유연해지고 다양해질 것으로 전망된다. 두 번째 변화동인인 사이버-물리 시스템으로 인해 스마트 공장이 확산되고, 생산공정이 해체되면서 분절이 가속화될 것으로 보인다. 세 번째 변화동인은 디지털 기술의

표 1 4차 산업혁명이 생산조직과 고용관계에 미칠 영향

변화의 동인	매개 요인	관련 정책 과제
지능정보기술(인공지능, 빅데이터, 기계학습)	기술혁신	유연하고 안정적인 생산조직과 고용관계의 확립
사이버-물리 시스템	생산조직: 스마트 공장, O2O(Online to Offline) 확대, 생산공정의 해체 및 분절 가속	계속적인 교육훈련 제공을 통한 재숙련화로 질 높은 일자리 창출
디지털 기술 확산으로 공유경제, 플랫폼 효과 극대화	고용관계: 기그 경제, 크라우드 소싱 출현으로 기존 고용계약관계 약화	- 한국형 노동회의소 도입 - 노동관계 법률 정비 - 근로계약관계의 재정의
제조의 민주화 (한계비용 제로)	창작자 운동	창작자 스페이스, 창업 생태계 조성 등

• 자료: 류기락 (2017). "사람 중심 4차 산업혁명을 위한 몇 가지 제안". 《The HRD Review》. 제20권 4호 통권 93호, pp. 48-67. 한국직업능력개발원.

확산으로 기그 경제(gig economy)의 비중이 커지고, 이로 인해 고용 형태가 다양화될 것이다. 또한 플랫폼의 효과가 극대화되면서 공유경제 비중도 커질 것이다. 네 번째 변화동인은 제조의 민주화로서, 생산에서 한계비용이 거의 0에 가까워지는 현상이다. 이로 인해 창작자의 공간과 창업의 생태계가 조성될 것이다.

생산성 증가와 일자리의 함수

4차 산업혁명의 거대한 물결 앞에 서 있는 우리의 두려움은 기술혁신으로 생산성이 급속하게 증가하고, 모든 생산이 기계나 인공지능으로 대체되어 인간의 노동력이 더 이상 필요 없는 상황이 될 것이라는 우려에서 비롯되었다. 그러나 우리의 두려움처럼 생산성의 증가가 고용의 하락으로 연결되는 것은 아니다. 오히려 생산성과 고용은 지속적으로 증가해왔다. 미국의 경우를 보면, 1947년을 기점으로 생산성 증가가 고용의 증가를 넘어서고 있으며, 특히 이런 현상은 2000년대에 더욱 심화되었다. 기술혁신의 고용 효과에 대한 기존 연구결과를 보아도 중장기적인 거시경제 차원에서는 높은 생산성이 일자리를 줄이지 않는다는 결과가 주를 이룬다.[4]

대부분의 경제학자는 2가지 근거를 들어 일자리 감소에 대한 우려를 반박한다. 우선 첫 번째 근거는, '인간의 욕망은 무한하나 자원은 한정되어 있다'는, 경제학의 가장 기본적인 가정이 미래에도 변함없이 작동할 것이라는 점이다.[5] 생산이 기계로 대체되고 인간 노동력에 대한 수요는 줄어들지 모르지만 인간의 욕망은 무한하기에 기존의 제품과 서비스를 능가하는 새로운 것에 대한 요구와 소비는 결코 줄어들지 않을 것이다. 그러므로 지속적으로 증가하는 소비 수요에 따라 새로운 상품과 서비스 수요가 증가해 일자리를 만들어낸다. 예를 들어, 2015년 미국에서는 단지 1년에 17주만 일하면 1915년 수준의 삶을 누릴 수 있었다. 그러나 대부분의 미국 사람은 이보다 훨씬 더 오래 일했다. 더 나은 제품과 서비스를 소비하고자 했기 때문이다.[6]

두 번째 근거는, 현재 많은 미래 예측 기관이 신기술들의 티핑 포인트(tipping point)를 2025년 이전이라 전망하고 있지만, 이는 해당 기술 연

---

4 Miller, B. and Atkinson, R. D. (2013). *Are Robots Taking Our Jobs, or Making Them?*. Washington, DC: ITIF(The Information Technology and Innovation Foundation).

5 정진호 외 (2017). 《일의 미래와 노동시장 전략연구》. 한국노동연구원.

6 Autor, D. (2015).

구개발에 종사하는 전문 과학자들의 주장일 뿐이라는 점이다. 이러한 전망은 심각한 구성의 오류를 내포하고 있다. 과거의 경험과 앞으로 이 분야에 자원이 얼마나 투입될지를 함께 고려해 개별 기술의 발전 속도를 가늠할 때 이 전망은 타당하다고 할 수 있을 것이다. 그러나 여기서 한 가지 간과된 사실은 바로 인간이 가지고 있는 자원에는 분명한 한계가 있다는 점이다. 어느 한 분야에 더 많은 자원이 투입되면 다른 분야에 대한 자원 투입은 반드시 감소할 수밖에 없다. 이 점을 놓치면 개별 기술에 투입되는 자원의 합이 실제 투입 가능한 전체 자원을 넘어서는 오류를 범하게 된다. 결국 기술혁신의 속도는 한정된 자원을 어느 기술에 더 많이 투입하느냐에 따라 결정되기 때문에 과학자들이 전망하는 것과 달리 늦어질 것이고 그에 따른 생산성 증가 역시 둔화될 것이다. 그러므로 일자리가 급격히 줄어들지는 않을 것이다.

한편, 지금 걱정해야 할 일은 풍요(superfluous)가 아니라 오히려 자원의 결핍(scarcity)이라는 반박도 있다.[7] 미국 경제 시스템은 거대하고 복잡하다. 그런데 제2차 세계 대전 이후 미국에서 생산성이 증가한 부문은 대부분 제조업이었고, 서비스 부문의 생산성 증가 속도는 이보다 느렸다. 하지만 임금은 모든 부문에서 증가했다. 다른 부문의 근로자와 경쟁해야 하므로 임금을 올려줘야만 서비스 부문도 근로자를 구할 수 있었기 때문이다. 1990년대 중반 이후부터는 대부분의 서비스 부문에서도 상당한 생산성 향상이 나타났지만, 여전히 많은 산업에서 생산성 증가는 크지 않다. 예를 들어, 건설, 치안 및 소방, 간병, 청소 업무 등 비정

7 Autor, D. (2015).

형적이거나 인간의 수고가 많이 필요한 서비스에서는 매우 점진적인 변화만이 기대된다. 그러므로 미래에는 오히려 기술혁신이 심각하게 감소해 새로운 형태의 스태그네이션이 올 가능성을 경고하기도 한다. 실제로 과거 경험을 보면 미국의 생산성 증가는 연간 4% 미만이어서 지금까지 기하급수적으로 증가한 적이 없으며, 앞으로도 마찬가지일 거라고 전망하는 경제학자들도 있다.[8]

일자리 양보다 일하는 내용이 변화

생산성 증가와 일자리 감소에 대한 논의와는 또 다른 맥락에서 향후 기술혁신이 일자리에 미칠 중대한 영향은 그 양의 많고 적음이 아니라, 일자리에서 수행되는 직무(task)를 변화시키는 데 있다는 주장이 있다. 즉, 기술혁신이 일자리(job)를 없앨 수는 있어도 일(work)을 없애지는 않는다는 주장이다.

미국 MIT의 경제학자 대런 에이스모글루(Daron Acemoglu)와 데이비드 아우터(David Autor)는 기술혁신이 고숙련 근로자에 대한 수요를 증가시키는 방향으로 진행되어 불평등을 심화시켰다고 보는 숙련 편향적 기술진보(skill-biased technological change) 이론이 1990년대와 2000년대 초반의 미국 학력 간 임금 격차를 잘 설명하고 있지만 그 이후의 변화를 설명하는 데는 한계가 있음을 지적한다.[9] 학력 간 임금 격차가 커

8 Autor, D. (2015).

9 Acemoglu, D. and Autor, D. (2011). "Skills, Tasks and Technologies: Implications for Employment and Earnings". *Handbook of Labor Economics*. Volume 4B. eds. by Ashenfelter, O. and Card, D. Amsterdam: Elsevier.

지기는 하지만 임금소득 분포에서 상위 소득자의 소득은 급상승한 반면, 하위 소득자의 소득은 소폭 하락하고, 중위 소득자의 소득은 크게 하락하고 있는데, 이러한 현상은 숙련 편향적 기술진보 이론만으로 설명되지 않는다는 것이다. 이에 그들은 기존의 연구 모형에 직무의 개념을 포함해 추가 설명을 시도했다. 생산활동에 필요한 것은 숙련(skill) 수준이 아니라 직무, 즉 과업(task: a unit of work activity)을 수행하는 능력이라고 파악한 것이다. 더 나아가 아우터는 직무를 추상적 직무(abstract tasks), 정형화된 직무(routine tasks), 육체적 직무(manual tasks)로 분류하고, 이 중 정형화된 직무만 전산화(computerize)가 쉽다고 보았다.[10] 기술이 발전할수록 이러한 직무는 아무리 복잡하더라도, 혹은 높은 교육 수준을 요구하더라도 기계로 대체하기 쉽다는 뜻이다. 그러므로 기술혁신에 따라 정형화된 직무 분야의 인력 고용은 크게 줄어들 수밖에 없다. 반면에, 추상적 직무는 전산화하기가 어렵기 때문에 기술과 강한 보완관계에 있다. 추상적 직무를 주로 수행하는 직업에서는 고용이 오히려 증가할 가능성이 높다. 육체적 직무 또한 전산화하기가 쉽지 않으므로 기술과 보완관계에 있다. 따라서 육체적 직무를 주로 수행하는 직업에서는 고용이 증가할 것으로 예측할 수 있다.

직무 전산화가 고용과 임금에 미치는 영향은 개별 직무와 기술발전 간의 보완성(complementarity), 노동공급 탄력성(labor supply elasticity), 그리고 수요 탄력성(demand elasticity)이라는 3가지 요인에 의해 결정된다. 실제로 전산화와 직무의 임금 변화는 결국 직업의 양극화를 가져올

10 Autor, D. (2015).

것이라는 우려가 있다. 그러나 중간 숙련 수준의 직업이 없어지기보다는 직무의 성격이 바뀔 것이라는 전망도 있다.[11]

한편, 기술발전 속도가 매우 빨라져 인공지능이 모든 것을 대체하면 지금까지의 논의에도 불구하고 인간이 수행하는 대부분의 직무가 사라질 것이라는 우려도 있다. 스티븐 호킹, 빌 게이츠 등은 향후 인공지능의 발전이 일단 임계점을 넘어서면 인류보다 빠른 속도로 진화해 인류의 미래를 위협할 것이라고 전망한 바 있다. 이렇게 되면 강한 인공지능이 인간을 대체하는 사회가 될 텐데, 그 시기에 대해서는 이견이 많다. 영국 옥스퍼드 대학의 닉 보스트롬(Nick Bostrom)은 2040년에서 2050년 사이라고 전망한다.[12] 하지만 가까운 미래에 강한 인공지능이 등장해 우리 사회와 노동시장에 격변을 일으킬 가능성은 그리 높지 않아 보인다. 반면에 약한 인공지능의 등장은 가까운 미래에 실현될 것이다. 이 경우에도 노동시장의 일자리가 없어지고 동시에 소득분배의 양극화가 나타날 것이라는 우려는 여전히 존재한다. 그러나 이러한 우려에 대해서도 지나친 기우라는 견해가 많다. 폴라니의 역설이나 모라벡의 역설처럼 인공지능이 인간이 하는 업무를 대체하기에는 많은 한계가 있다.

따라서 향후 인공지능이 인간을 대체하기보다는 오히려 인간과 인공지능이 공존하고 협업하는 사회가 될 것이라는 전망이 더 우세하다. 미래 사회는 초연결 지능사회가 되어 개인화 서비스가 크게 증가하고, 매

11 Autor, D. (2015).

12 이민화 (2016). "인공지능과 일자리의 미래". 《국제노동브리프》. Vol. 14. pp. 11-24. 한국노동연구원.

폴라니의 역설(Polanyi's Paradox)

"우리는 우리가 말할 수 있는 것 이상을 알고 있다"라는 폴라니의 말처럼, 사람이라면 암묵적으로 이해하고 별 노력 없이 할 수 있지만 누구도 명쾌한 법칙이나 과정을 설명할 수 없는 일들이 있기에, 절차(procedure)를 반복하는 자동화기술로는 이러한 일들을 수행하지 못한다는 주장이다.[13]

모라벡의 역설(Moravec's Paradox)

"지능 테스트에서 컴퓨터가 성인 수준의 성과를 보이게 하기는 쉽다. 그러나 한 살짜리 어린아이의 스킬을 컴퓨터에게 가르쳐 주는 것은 어렵거나 불가능한 일이다"라는 모라벡의 역설이 말해주듯, 인간에게 쉬운 일이 로봇에게는 어렵고, 로봇에게 쉬운 일이 인간에게는 어렵다.

스미디어에서 MCN(multi-channel network)을 거쳐 개인 미디어로 다양해질 것이라고 전망된다. 동시에 사회적 가치가 일에서 놀이로 이전되면서 도구의 인간(호모 파베르, Homo Faber)과 놀이의 인간(호모 루덴스, Homo Ludens)이 합쳐진 호모 파덴스(Homo Fadens)가 등장함으로써 일을 가장 잘하는 자세는 일 자체를 즐기는 것이 될 것이다. 그리고 '혁신

13 Autor, D. (2015).

의 리더십'이라는 기업가정신이 시대정신으로 부상할 것이다. 결국 약한 인공지능 시대에는 노동과 여가의 트레이드 오프(trade-off)에서 노동과 여가의 보완적 성격이 등장할 것이다.[14]

고용 형태의 다양화

4차 산업혁명이 노동시장에 가져올 다른 변화는 기업의 외부 유연화와 내부 유연화가 가속될 것이라는 점이다. 외부 유연화란 기업이 부담해야 할 위험(risk)을 외부로 전가시키는 것을 말한다. 대표적인 예로 파견 근무, 도급계약, 아웃소싱, 외부 크라우드 소싱(crowd sourcing) 등을 들 수 있다. 반면에 내부 유연화의 예로는 기간제 고용 활성화, 단시간 근로 증가, 유연근무제 확대, 내부 크라우드 소싱 확대 등을 들 수 있다. 이와 더불어 재택근무, 모바일 근무, 가상 팀, 공동사무실 등의 활용을 통해 공간을 분산하거나 가상화하는 것을 뜻한다.

4차 산업혁명이 불러올 또 다른 변화는 인터넷 플랫폼을 이용한 공유경제의 등장이다. 인터넷을 통한 디지털 플랫폼의 종류로는 소셜 커뮤니케이션 플랫폼(social communication platform), 디지털 마켓플레이스(digital marketplace), 중개 플랫폼, 그리고 크라우드 워킹 플랫폼(crowd working platform) 등이 있다.

공유경제에서 업무 처리 방식은 기업들이 불특정 다수에게 업무를 아웃소싱하는 것으로, 인터넷으로 업무를 요청하면 등록된 크라우드 근로자가 그것을 수행하는 것이다. 여기서 제출된 여러 결과물 중 몇

14 이민화 (2016).

개만 채택하는 경쟁 기반 모델 방식과 과제를 공동으로 혹은 분업화해서 해결하는 협력 기반 모델 방식이 있다. 이러한 플랫폼 경제의 특성은 규모의 경제로 인해 한계비용이 낮고, 네트워크 외부효과(network externality) 때문에 성장 잠재력이 높다는 점이다.

플랫폼 경제에서 서비스를 제공하는 상당수의 근로자는 '기그(gig)'인 경우가 많다. 원래 기그란 단기계약직으로, 1920년대 공연장 주변에서 단기공연 계약을 맺은 재즈 연주자의 고용 시스템에서 유래한다. 한 차례의 특정 공연 또는 하루 저녁의 공연을 위해 연주자를 고용하는 관행에서 유래했지만, 지금은 다양한 종류의 일을 설명하는 데 사용된다. 예를 들어 커피숍, 대학 강의실, 농장, 공장 등에 고용되거나 야간 사무실 청소부 겸 관리인으로 일하는 경우가 여기에 해당한다.

매사추세츠 주립대학의 제럴드 프리드먼(Gerald Freedman)은 미국 사회에서 기그를 위해 고용된 근로자의 비중이 점점 늘어나는 현상을 일부에서는 창업세대(entrepreneurial generation)의 희망이 반영된 긍정적 현상으로 바라보지만, 사실은 인건비와 복지비용을 줄이려는 기업의 관심이 이 현상의 주요 동인으로 작용하고 있다고 주장한다.[15] 기그의 부상으로 각각의 근로자는 경제적 위험부담을 많이 감수해야 함에도 불구하고, 뉴딜(New Deal) 시대에 시작된 고용연계 사회보험 혜택의 많은 부분에서 제외되어 있기 때문에 새로운 사회정책 과제들이 요구된다고 보는 것이다. 이러한 근로자들은 현장직무교육(OJT)을 제대로 받

15 제럴드 프리드먼 (2016). "사용자 없는 근로자: 그림자 기업과 긱 이코노미의 부상". 《국제노동브리프》. Vol. 14. pp. 9-18. 한국노동연구원.

지 못하고 최소한의 장비만 갖춘 채 근로하기 때문에 생산성이 잘 증가하지 않는다. 또한 재택근무나 유연근무 등으로 근로자와 고용주는 작업장에서 얻을 수 있는 공공재(public goods)로서의 혜택을 상실하고 근로자는 직장에서 배울 기회가 제한된다.

온라인 기그 경제(online gig economy)에서는 새로운 근로관계가 발생한다.[16] 새로운 근로관계는 전통적인 '근로자'와 '독립적 사업자'라는 법적 정의의 테두리에 잘 들어맞지 않는다. 이 두 집단과 명확히 구분되지 않는 독립적 근로자(independent workers)가 급속히 증가한다. 그런데 독립적 근로자가 전통적인 개념의 근로자인지 아닌지에 대한 구분은 단결권, 교섭권, 임금과 고용보험 혜택 여부, 초과근로에 대한 할증 등의 문제에서 중요하다. 이들은 주로 자신들과 고객을 연결시켜주는 중개기관(intermediaries)과 같이 일하는데, 독립적 근로자와 중개기관은 사업적으로 내등한 관계이기 때문에 개별 사업자나 전통적인 피고용인-고용인 관계와는 구분된다.[17] 독립적 근로자들은 자신이 일할지 말지 여부, 일하는 시간대나 근로시간 등을 독자적으로 선택할 수 있다. 또한 하나의 중개기관뿐 아니라 여러 중개기관과 동시에 같이 일할 수 있으며, 심지어 중개기관과 함께 일하면서 자신의 개인적 일을 수행할 수도 있다. 이런 점에서 이들은 '독립적 사업자'와 유사하다.

한편, 중개기관은 독립적 근로자가 행하는 업무에 대해 요금이나 그

16 Harris, S. D. and Krueger, A. B. (2015). *A Proposal for Modernizing Labor Laws for Twenty-First-Century Work: "The Independent Worker"*.Washington, DC: Brookings Institution.

17 정진호 외 (2017).

상한을 정할 수 있고, 경우에 따라서는 자신들의 서비스 이용을 차단함으로써 독립적 근로자를 '해고'할 수도 있다. 이러한 방법으로 중개기관이 독립적 사업자들의 작업 수행 과정을 부분적으로 통제할 수 있다는 점에서는 독립적 근로자들이 전통적인 근로자와 유사하다.

향후 공유경제의 비중이 급속히 증가할 것으로 보이지만, 그 파급효과에 대해서는 비관적 입장과 낙관적 입장으로 구분된다.[18] 비관적 입장은 그동안 이웃 간 혹은 친구 간의 도움으로 이루어졌던 사회적 공생관계가 시장논리에 잠식되고, 디지털 플랫폼을 기반으로 사적 영역이 상업화될 것으로 전망한다. 또한 플랫폼 업체의 수익 독점과 무책임 등으로 시장 지배력이 부적절하게 남용될 수 있다는 점을 우려한다. 아울러 노동 시스템은 근로자 보호 체계가 없는 19세기 시절로 후퇴해, 불평등한 노동과 급여 체계 및 소득분배 시스템이 될 것이라고 경고한다.

이에 반해 낙관적 입장은 향후 자원이 더 효율적으로 배분되고, 공동으로 이용될 수 있기 때문에 소유의 의미를 상실하고, 생산자와 소비자의 경계가 모호해지며, 혁신적 생산수단이 더 이상 대기업의 수중에만 있지 않을 것이라고 본다. 따라서 더욱 지속가능하고 연대적이며, 민주적인 경제 질서가 탄생할 것이라고 예고한다. 어떠한 전망이 미래를 더 정확히 그려내고 있는지는 예단하기 힘들다. 그러나 시장 지배력에 대한 적절한 규범을 설정할 경우, 공유경제는 자원 배분의 효율성을 증진시키는 좋은 방안이 될 수 있을 것이다.

---

18 길현종 외 (2016). 《공유경제와 고용관계》. 한국노동연구원.

3

4차 산업혁명에 따른 직종별 대체 가능성

영국 옥스퍼드 대학 연구팀은 2013년 기술혁신이 미래의 고용 및 일자리에 미치는 영향을 분석했다.[19] 이들 연구팀은 미국 내 702개 직종을 대상으로 향후 10~20년간 기술혁신에 따른 전산화의 진행 속도와 직업별 특성을 분석해 컴퓨터에 의한 고용 대체 확률을 추정했다. 그 결과 컴퓨터가 대체할 확률이 0.7 이상인 고위험군 직종이 현재 미국 내 일자리의 47%에 달하는 반면, 컴퓨터가 대체할 확률이 0.3 이하인 저위험군 직종에 속하는 일자리는 33%에 불과한 것으로 나타났다.

이러한 방법론을 국내의 일자리를 분석하는 데 적용한 연구도 있다.[20] 미국의 직종별 컴퓨터 대체 확률 양상이 우리나라의 경우에도 큰 차이

19 Frey, C. B. and Osborne, M. A. (2013). "The Future of Employment: How Susceptible Are Jobs to Computerisation?". Oxford Martin School.

20 김세움 (2015). 《기술진보에 따른 노동시장 변화와 대응》. 한국노동연구원.

그림 2 미국 내 직종의 컴퓨터 대체 가능 확률별 고용 분포(노동통계국 2010)

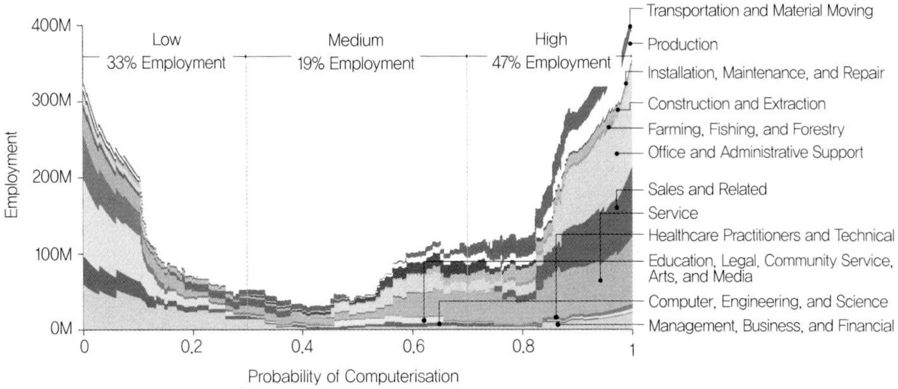

• 자료: Frey, C. B. and Osborne, M. A. (2013). "The Future of Employment: How Susceptible Are Jobs to Computerisation?".

없이 나타날 것으로 가정한 것이다. 즉, 미국과 우리나라의 노동시장이 기술혁신을 받아들이는 과정에서 어느 정도 시차가 나타날 수는 있지만, 우리나라의 직업구조가 선진국을 닮아가고 있으므로 장기적으로 볼 때 기술혁신이 세부 노동시장에 미치는 영향 측면에서는 큰 차이가 없을 것으로 본 것이다. 이 연구에서는 한국고용정보원이 발간한 《2012 한국직업사전》의 직업/산업분류 코드를 활용해 직종별 대체 가능 확률을 추정했다. 〈표 2〉에는 우리나라의 직종 대분류별 컴퓨터 대체 가능 확률이 나타나 있다. 관리자와 전문가 및 관련 종사자들이 컴퓨터로 대체될 확률은 30%가 조금 넘는다. 반면에 사무 종사자, 기능원 및 관련 기능 종사자들은 대체 확률이 70% 넘고, 판매 종사자의 경우는 대체 확률이 무려 97.8%로 나타났다.

표 2 직종 대분류별 컴퓨터 대체 가능 확률

대분류 직종	컴퓨터 대체 가능 확률
관리자	0.309
전문가 및 관련 종사자	0.366
사무 종사자	0.731
서비스 종사자	0.518
판매 종사자	0.978
농림어업 숙련 종사자	0.631
기능원 및 관련 기능 종사자	0.749
장치, 기계조작 및 조립 종사자	0.806
단순노무 종사자	0.716

• 자료: 김세움 (2015). 《기술진보에 따른 노동시장 변화와 대응》. 한국노동연구원.

한편, 한국직업정보시스템(KNOW)의 업무수행능력 조사를 활용해 우리나라에서 인공지능 및 로봇 기술의 직무능력 대체 전망을 분석한 연구결과도 있다.[21] 이 연구에서는 옥스퍼드 대학 연구팀과 같이 대체 가능 확률이 0.7 이상인 고위험군에 속하는 직종을 추정했다. 〈표 3〉에는 직종별 스마트 기술로 인한 직무능력 대체 비율이 나타나 있다. 대분류 직종을 살펴보면, '관리자' 직종과 '전문가 및 관련 종사자' 직종에서 기술혁신에 따른 컴퓨터 대체 가능 확률이 가장 낮은 것으로 나타났다. 관리자 직종 중 상대적 고위험군으로는 '건설, 전기 및 생산 관련 관리

21 박가열 (2016). 《기술혁신과 직업의 미래》. 한국고용정보원.

표 3 직종별 스마트 기술로 인한 직무능력 대체 비율

중분류 직종	2016년	2020년	2025년
관리자 (대분류)	0.072	0.231	0.500
공공 및 기업 고위직	·	·	·
행정 및 경영 지원 관리직	0.078	0.213	0.477
전문 서비스 관리직	0.067	0.225	0.464
건설, 전기 및 생산 관련 관리직	0.069	0.237	0.513
판매 및 고객 서비스 관리직	0.083	0.236	0.540
전문가 및 관련 종사자 (대분류)	0.079	0.304	0.569
과학 전문가 및 관련직	0.048	0.200	0.403
정보통신 전문가 및 관련직	0.059	0.223	0.480
공학 전문가 및 기술직	0.062	0.241	0.500
보건사회복지 및 종교 관련직	0.099	0.362	0.630
교육 전문가 및 관련직	0.082	0.325	0.595
법률 및 행정 전문직	0.062	0.228	0.451
경영금융 전문가 및 관련직	0.081	0.305	0.551
문화예술스포츠 전문가 및 관련직	0.068	0.288	0.574
사무 종사자 (대분류)	0.102	0.323	0.614
경영 및 회계 관련 사무직	0.104	0.327	0.624
금융 및 보험 사무직	0.092	0.265	0.554
법률 및 감사 사무직	0.074	0.229	0.478
상담통계안내 및 기타 사무직	0.097	0.360	0.591
서비스 종사자 (대분류)	0.141	0.457	0.765
경찰소방 및 보안 관련 서비스직	0.081	0.299	0.602
이미용예식 및 의료보조 서비스직	0.145	0.437	0.736
운송 및 여가 서비스직	0.128	0.387	0.723
조리 및 음식 서비스직	0.150	0.500	0.811
판매 종사자 (대분류)	0.119	0.397	0.747
영업직	0.075	0.245	0.540
매장판매직	0.130	0.444	0.818
방문노점 및 통신판매 관련직	0.138	0.429	0.769

농림어업 숙련 종사자 (대분류)	0.177	0.541	0.864
농축산 숙련직	0.178	0.544	0.865
임업 숙련직	.	.	.
어업 숙련직	0.127	0.479	0.847
기능원 및 관련 기능 종사자 (대분류)	0.110	0.427	0.745
식품가공 관련 기능직	0.132	0.510	0.791
섬유의복 및 가죽 관련 기능직	0.152	0.484	0.821
목재가구악기 및 간판 관련 기능직	0.091	0.275	0.644
금속성형 관련 기능직	0.115	0.501	0.790
운송 및 기계 관련 기능직	0.076	0.348	0.666
전기 및 전자 관련 기능직	0.098	0.444	0.750
건설 및 채굴 관련 기능직	0.133	0.457	0.793
영상 및 통신장비 관련 기능직	0.073	0.338	0.651
기타 기능 관련직	0.060	0.312	0.624
장치, 기계조작 및 조립 종사자 (대분류)	0.118	0.503	0.791
식품가공 관련 기계 조작직	0.188	0.551	0.822
섬유 및 신발 관련 기계 조작직	0.135	0.482	0.803
화학 관련 기계 조작직	0.095	0.422	0.701
금속 및 비금속 관련 기계 조작직	0.214	0.551	0.824
기계제조 및 관련 기계 조작직	0.119	0.472	0.787
전기 및 전자 관련 기계 조작직	0.063	0.395	0.753
운전 및 운송 관련직	0.122	0.570	0.824
상하수도 및 재활용처리 관련 기계 조작직	0.072	0.270	0.577
목재인쇄 및 기타 기계 조작직	0.111	0.426	0.689
단순노무 종사자 (대분류)	0.268	0.653	0.911
건설 및 광업 관련 단순노무직	0.404	0.758	0.943
운송 관련 단순노무직	0.139	0.536	0.802
청소 및 경비 관련 단순노무직	0.244	0.634	0.926
가사음식 및 판매 관련 단순노무직	0.335	0.726	0.942
농림어업 및 기타 서비스 단순노무직	0.192	0.553	0.877
전체	0.127	0.417	0.710

• 자료: 박가열 (2016). 《기술혁신과 직업의 미래》. 한국고용정보원.

그림 3 4차 산업혁명으로 인한 직종별 일자리 감소 인식

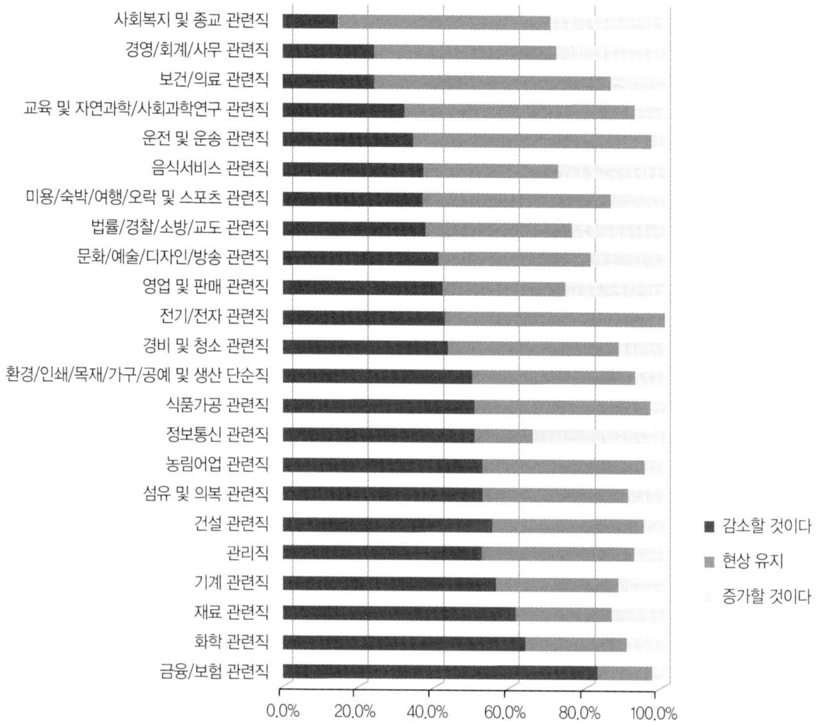

• 자료: 김한준 (2016). 《4차 산업혁명이 직업세계에 미치는 영향》. 한국고용정보원.

직'과 '판매 및 고객 서비스 관리직'이 꼽혔다. 상대적으로 인지능력 관련성이 적은 직종은 기술발전에 의해 더 많은 영향을 받을 것으로 나타났다.

스마트 기술로 인한 직종 중분류별 고용 영향도 살펴볼 수 있다. 전문가 직종 중 기존에 많은 고용이 이루어져온 의료 및 교육 분야 취업자

그림 4　4차 산업혁명으로 인한 직종별 업무 대체 비율

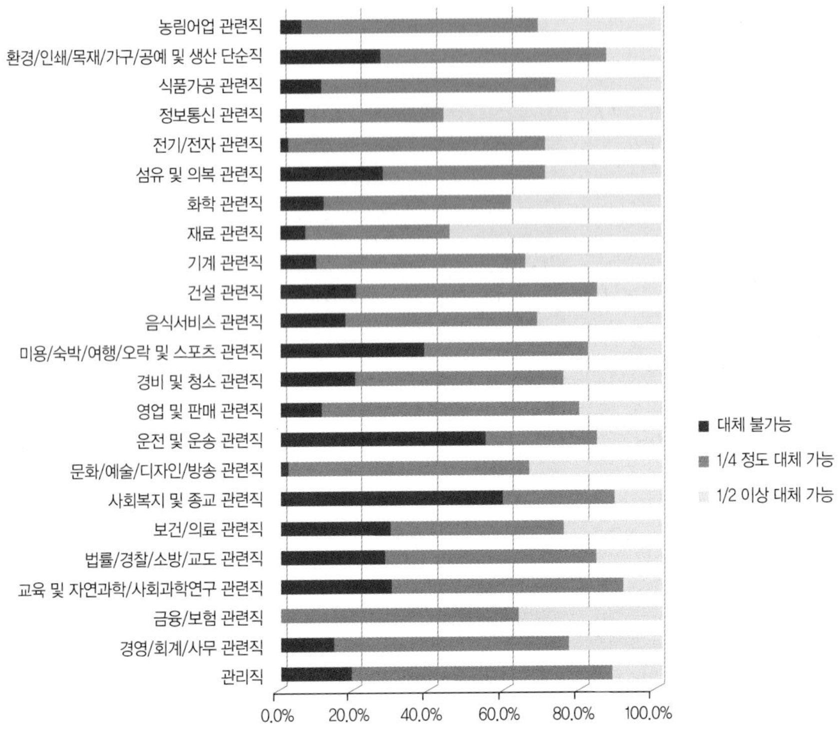

• 자료: 김한준 (2016).

들이 비교적 높은 대체 위험에 직면할 것으로 예측되었다. 인공지능 및 로봇의 발전으로 인해 해당 직종의 대체 가능성이 높기 때문이다. 한편, '농축산 숙련직'과 '어업 숙련직'의 대체 비율이 높은 것은 숙련자라고 하더라도 정형화된 직무의 경우 기술혁신에 의해 대체될 수 있음을 보여준다. 또한 대분류에서 '판매 종사자'의 대체 비율이 높은 것과 달리 중분류에서 '영업직'의 대체 비율이 낮은 것은 종합적인 의사결정, 분석

그림 5 4차 산업혁명의 직종별 영향 시기

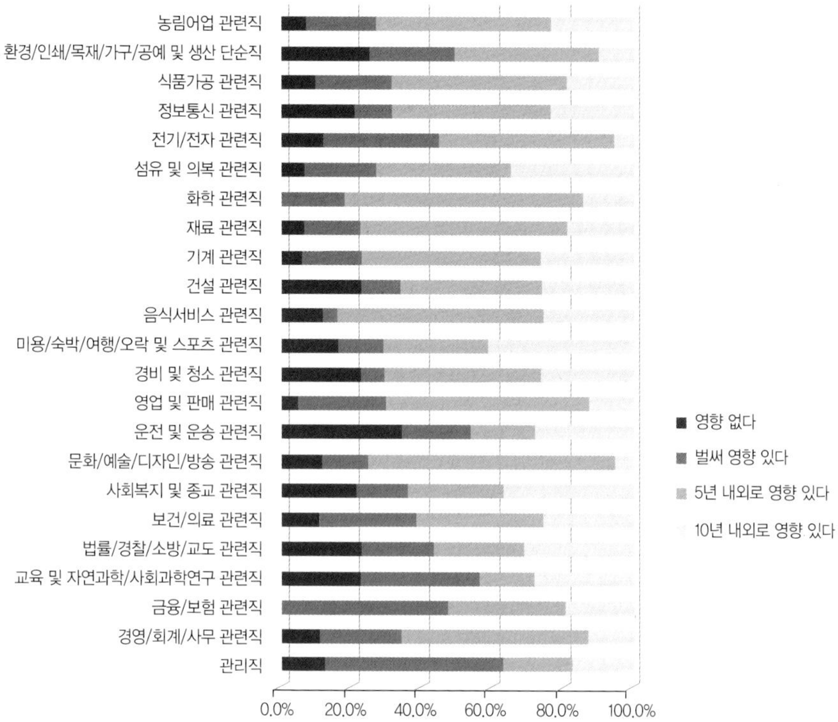

• 자료: 김한준 (2016).

및 판단 등의 역량이 요구되는 직종의 경우 상대적으로 대체 위험에 직면할 가능성이 작음을 말해준다.

그렇다면 4차 산업혁명에 대해 근로자들은 어떻게 생각하고 있을까? 한국고용정보원에서 발표한 《4차 산업혁명이 직업세계에 미치는 영향》에서는 근로자 1,006명을 대상으로 설문조사를 하여 결과를 분석했다.[22] 그에 따르면 〈그림 3〉과 같이 기술적 요인(전산화/자동화/인공지능/생명공학 등)에 의해 향후 본인의 일자리가 감소할 수 있다고 대답한 사람의 비율이 '금융/보험 관련직', '화학 관련직', '재료 관련직' 순으로 높게 나타났다.

4차 산업혁명의 직종별 영향 시기에 대한 설문에서는 〈그림 5〉와 같이 '관리직'과 '금융/보험 관련직' 종사자들이 벌써 영향 있다고 가장 많이 답했다.

결국 근로자들은 4차 산업혁명이 자신들의 일자리에 상당히 영향을 미칠 것이라고 인식하는 것으로 나타났다. 그러나 직종별로 영향을 받는 정도와 시기에는 인식의 차이가 있고, 이 같은 인식은 기존의 학술적 연구가 예측하는 방향과 상당히 유사한 것으로 보인다.

22 김한준 (2016). 《4차 산업혁명이 직업세계에 미치는 영향》. 한국고용정보원.

4

미래 일자리 변화에 대응하기 위해 무엇을 준비할 것인가?

지금까지의 논의를 정리하면 4차 산업혁명으로 인한 기술혁신이 향후 일자리를 늘릴지 줄일지는 예단하기 힘들다. 하지만 이론적으로 보나 과거 급속한 기술발전 이후의 경험으로 보나 일자리의 개수가 크게 줄어들 것 같지는 않다. 더욱이 상당수의 전문직이 사라질 것이라는 전망도 가까운 미래에는 일어날 가능성이 별로 없는 듯하다. 그러나 모든 직업에서 일하는 내용이 바뀔 것이라는 점은 분명하다. 특히 정형화된 직무에 대한 수요는 기술혁신에 따라 급격히 줄어들고, 육체적 직무와 추상적 직무는 오히려 증가할 것으로 예측된다. 그리고 각각의 직무에 따라 임금의 변화 역시 달라질 것이다. 육체적 직무와 정형화된 직무에 대한 보상은 오히려 줄어들고, 추상적 직무에 대한 보상은 크게 증가할 전망이다. 아울러 플랫폼 경제의 부상으로 향후 일자리 형태 역시 다양해지고, 임금 근로자와 자영업자의 경계도 모호해질 수 있다.

이 같은 미래 일자리 변화에 대응하기 위해서는 우선 교육과 직업훈련에 변화가 있어야 한다. 종전과 같이 학원을 통한 대량 주입식 교육으로는 변화하는 환경에 뒤처질 수밖에 없다. 교육의 질적 변화가 요구되는 이유이다. 정규 교육을 마친 이후의 직업훈련에서도 변화가 필요하다.

과제1. 교육의 질적 변화 필요

4차 산업혁명이 가져올 변화에 대응하기 위한 첫 번째 과제는 교육의 내용이 달라져야 한다는 것이다. 그동안 우리나라의 교육은 급속한 경제성장을 이룩하는 데 견인차 역할을 해왔다. 해방 이후 보편적 초등교육을 통해 급격하게 문맹률을 낮추었다. 산업화가 시작되면서부터는 중등교육과 직업교육 및 직업훈련을 병행해 적절한 산업인력을 공급했다. 그러나 1980년대 초반 대학의 졸업 정원제 시행과 1990년대 초반 대학 준칙주의에서 비롯된 대학교육의 급격한 확대는 대학교육 자체를 보편교육으로 바꾸어놓았다. 요컨대 양적 팽창에 몰입된 채 교육의 질적 내용 개선에는 소홀했던 것이다. 이러한 변화와 더불어 대학에서도 교육보다는 산학협력 등을 더 중요시함에 따라 상대적으로 교육을 소홀히 한 측면이 있다. 전통적으로 강조되던 인문학과 자연과학 등의 기본적 교육보다는 오히려 전공교육에 더 치중했다.

그러나 향후 노동시장의 변화를 고려할 때, 앞으로는 특정 분야의 전문적 지식보다 공통적이고 범용적인 능력이 더 필요하다. 구체적으로 암기력, 이해력보다는 비판적 사고(critical thinking), 공감력(communication/empathy), 창의력(creativity), 융합력(convergence), 문화적 다양성(cultural diversity), 협업력(collaboration) 등이 더 중요해지고 있다. 이러한 능력의 배양을 통해 급변하는 환경에 재빨리 대응하는 적응력(adaptability)을 높이는 것이 무엇보다 필요하다.

인도의 글로벌 IT 서비스 업체인 인포시스(Infosys)에서도 향후 4차 산업혁명에 필요한 인재는 논리적 사고능력과 소프트한 창조적 능력을 가진 사람이라고 주장한다. 여기서 논리적 사고능력은 주로 왼쪽 뇌의 역할로서 ICT 문해력, 비판적 사고, 독해력, 협상력, 수리적 추론, 형상화능력, 논리적 추론 등이 해당한다. 그리고 소프트한 창조적 능력은 주로 오른쪽 뇌의 역할로서 팀 관리, 사람 관리, 타인과의 조정능력, 복잡한 문제해결능력, 적극적인 학습능력, 타인 교육, 언어적 소통, 적극적 듣기, 설득, 창조성을 뜻한다.[23]

창의적 인간, 과정, 상황 및 제품 간의 관계를 연구한 결과를 봐도(〈그림 6〉 참조) 개인의 특성과 집단의 특성, 조직의 특성이 창의적 상황과 행동을 통해 창의적인 제품과 조직을 탄생시키는 것으로 나타난다.[24] 여기서 개인의 특성 요인에는 인지능력과 유형, 성격과 내재적 동기 그리고 지식이 포함된다. 집단의 특성 요인에서는 규범, 응집성, 규모와 다양성, 역할, 과제 및 문제해결 접근법이 중요하며, 조직의 특성 요인에서는 조직문화와 자원, 보상구조, 전략, 조직구조 및 기술이 중요시된다.

따라서 향후 대학에서는 전공교육보다 교양교육(인문학, 자연과학)이 더

23 Infosys (2016). *Amplifying Human Potential-Education and Skills for the Fourth Industrial Revolution*. Bengaluru, India: Infosys.

24 Woodman, R. W., Sawyer, J. E. and Griffin, R. W. (1993). "Toward a Theory of Organizational Creativity." *The Academy of Management Review*. Vol. 18. No. 2. pp. 293-321.

그림 6 창의적 인간, 과정, 상황 및 제품 간의 개념적 관계

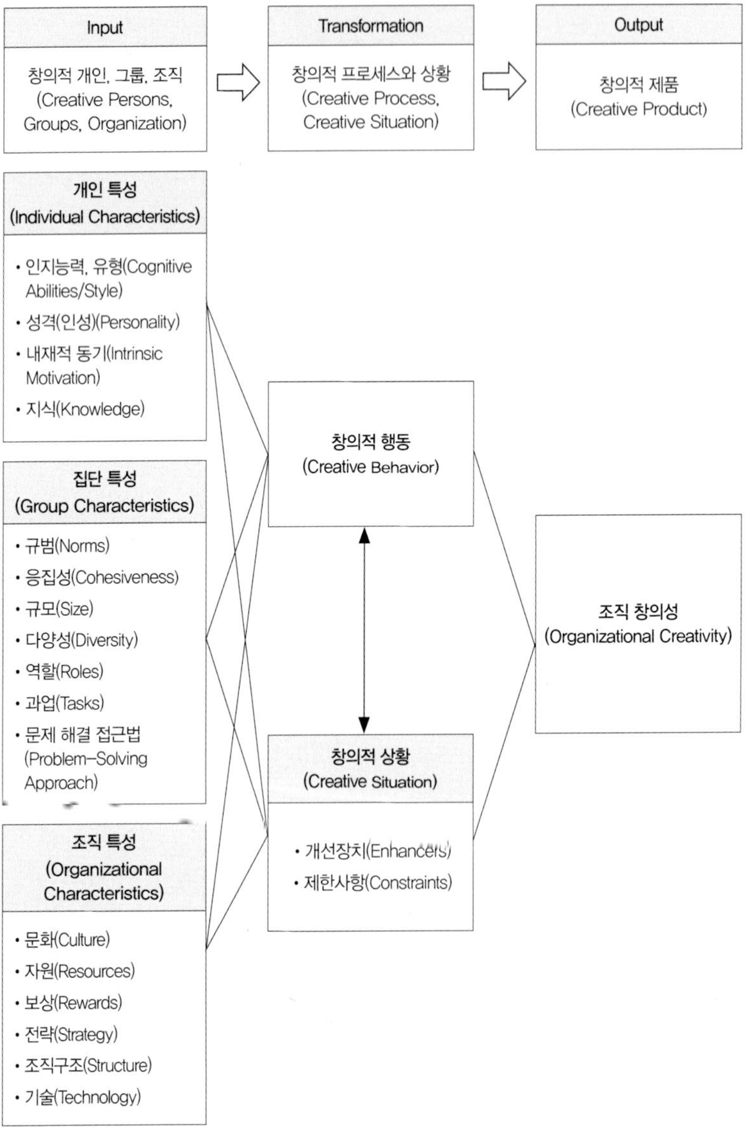

• 자료: Woodman, R. W., Sawyer, J. E. and Griffin, R. W. (1993). "Toward a Theory of Organizational Creativity." *The Academy of Management Review*, Vol. 18, No. 2. pp. 293–321.

욱 중요해질 것이다. 특히, 자연과학도는 인문학에, 인문사회과학도는 자연과학에 대한 교육을 더 많이 받아야 하는데, 우리나라 대학에서는 인문사회계열 학생들이 자연과학을 필수교양으로 수강하는 경우가 거의 없다. 미국의 경우는 명문 IVY 리그 대학부터 주립대학, 심지어 커뮤니티 칼리지(community colleges)까지 모든 학생이 기본적인 자연과학 과목을 최소 한 과목 이상 시퀀스(Sequence)로 이수하게 되어 있다(예를 들어, 화학 1과 화학 2, 혹은 생물 1과 생물 2 등).

결국 급변하는 환경에서는 구체적이고 전문적인 전공교육도 중요하지만, 이보다 문제를 해결하고 현장에 적응하며 새로운 것을 창조하는 데 도움이 되는 기본적 학문에 더 충실하는 것이 중요하다.

과제2. 직업능력개발 체계의 개편

우리나라 근로자는 기술(skill)은 상당히 뛰어나지만, 실제로 문제 해결을 위해 그 기술을 응용하는 데는 미숙한 것으로 나타난다.[25] 그런데 미래에는 문제해결능력이 더욱 중요해짐에 따라 이와 관련된 기술들을 개선하고 활발하게 활용하는 것이 필요하다. 하지만 교육과 훈련 기회 부족, 소통능력과 협업의 빈곤, 이중노동시장 구조 등이 장애가 되고 있다. 문제해결능력을 증진시키려면 다차원적으로 조화로운 노력이 필요하다. 예를 들어, 교육과 훈련 프로그램의 내용과 방법을 바꾸고, 숙련친화적인 노동시장 구조를 만드는 것이다. 구체적으로 교육과 훈련 프

25 Kim, Yong-Seong (2017). "Enhancing Korea's Work Competency: Focusing on Problem-solving Skills." *KDI Policy Forum*, No. 265. pp. 1-8.

로그램은 현장 경험과 전문적인 지식을 더 많이 제공하고 협업, 타협, 소통 등의 소프트 능력을 기를 수 있는 방향으로 개선되어야 한다.

향후 직업능력개발 정책 대상에서 '양성 직업능력개발'이 중심이 되고, '향상 직업능력개발'은 위축될 것이라는 추론이 있다.[26] '양성 직업능력개발'은 직업 대체나 직무 내용의 큰 변화로 인해 새로운 직업능력을 구축해야 하는 직업 이동자(job movers)를 대상으로 한다. 이러한 양성 직업능력개발은 미래 성장 산업에서 기술능력(인공지능, 로봇, 사물인터넷, 빅데이터, 3D프린팅 등)을 갖춘 중급 정도의 기능기술 인력을 양성해서 공급하는 것이 1차적 목표이며, '기능기술 교육+디지털 문해력 향상+인지능력 강화' 등으로 훈련 기간이 늘어날 필요가 있다.

'향상 직업능력개발'은 현재의 직업 혹은 직장 내에서 직무 내용의 변화가 있는 경우에 해당하는데, 숙련주기가 짧아지면 훈련으로 인한 숙련 형성이 기업에 가져다주는 이득이 작아지기 때문에 기업 입장에서는 직업능력개발 제공 기회를 줄일 것으로 예측된다. 다만 큰 부가가치를 지닌 고도의 전문지식 기술을 획득하기 위한 향상(혹은 양성) 직업능력개발에는 투자할 것으로 보인다.

현재의 직업능력개발 체계는 전형화된 내부 노동시장의 정규직을 기반으로 하는 고용보험 체계를 기초로 하고 있다.[27] 그러나 이러한 체계는 급변하는 기술이 향후 만들어낼 노동시장의 변화(고용 형태의 다양화,

26 김안국 (2017). "4차 산업혁명과 인적자원 정책 방향". 《The HRD Review》. 제20권 4호 통권 93호, pp. 8-27. 한국직업능력개발원

27 2015년 고용보험 피보험자는 약 1,236만 명으로 전체 취업자 2,588만 명의 약 48%에 불과하다 [김안국 (2017)].

직업능력개발 수요의 증가 등)에 대응하기 어렵다. 특히 현재의 고용보험 체계에서는 직업능력개발 사업 기금을 모두 사업주가 부담하기 때문에 향후 직업능력개발 수요가 증가하면 이를 제대로 충족시킬 수 없을 뿐만 아니라 시장실패의 가능성이 있다. 따라서 직업능력개발에 고용보험료가 아니라 조세에 기반을 둔 공공 재원이 투입된다면 현재 취업자를 위한 직업능력개발 사업이 모든 사람을 대상으로 하는 사업으로 성격이 변화하고, 동시에 4차 산업혁명 시대에 평생학습 차원에서 모든 사람에게 기회가 제공되어야 할 것이다.

여기에서 정부는 직업능력개발 사업의 직접적인 운영이 아니라 간접적인 지원과 관리 역할을 해야 하며, 실질적으로 직업능력개발 사업을 운영하는 주체는 교육훈련기관이 되어야 할 것이다.[28] 정부는 미래의 숙련 수요를 정확하게 예측하고, 동시에 이러한 숙련이 필요한 개인들을 정확히 구분해 훈련을 제공하는 등 방향을 제시해야 한다. 또한 직업능력개발 사업을 제공하는 교육훈련기관에 대한 감시·감독과 더불어 현재 운영되고 있는 교육훈련기관에 대한 심사·평가 및 인증 업무를 강화할 것도 요구된다. 동시에 정부는 직업 내 직무의 잦은 변동, 직업 이동자의 증가에 따라 미래 숙련을 예측해 제공해야 하며 ICT 교육 및 프로그래밍 교육과 함께 수요가 많은 기능기술 숙련 교육을 제공해야 할 것이다.

28 김안국 (2017).

과제3. 직무이동성을 높이는 노동시장 정책

한편, 4차 산업혁명이 진행되면 상시적 구조조정이 불가피해진다. 향후 구조적 실업이 증가할 가능성이 높으므로 노동시장과 근로자들의 이동성(mobility/transition)을 원활하게 하는 정책이 필요하다.[29] 통상적으로 가장 나쁜 기술 정책은 실업을 두려워해 기존의 기술을 고집하는 것이라고 한다. 실업을 우려해 구조조정을 지연할수록 구조적 실업 문제는 오히려 심각해지는 경우가 많기 때문이다. 특히, 노동시장에 유연하게 적응할 수 있도록 규제완화 정책이 필요하고, 이동성을 원활하게 하는 정책을 통해 구조적 실업과 비자발적 실업을 줄여야 한다. 아울러 노동시장 정보 시스템을 보완해 노동시장에 대한 심층적 자료를 제공할 필요가 있다. 현재 이루어지는 인력 수급 전망은 주로 산업별, 직업별 수요를 예측하고 있으나, 향후에는 직무(task)에 대한 전망을 추가해 기술혁신의 위협에 놓인 집단을 쉽게 식별할 수 있도록 해야 할 것이다.

29 정진호 외 (2017).

| Chapter 4 |

미래 필요인력의 확보와 양성

4차 산업혁명은 어떤 인재를 필요로 하는가?

양동훈

1

혁신기술은 일터를 어떻게 바꾸나?

미래 일자리는 새로운 기술의 등장으로 컴퓨터화, 자동화가 진행되어 크게 대체될 것으로 전망된다. 특히 머신 러닝(machine learning)과 모바일 로봇(mobile robot) 등 혁신기술들은 일자리에 큰 영향을 미칠 것으로 예상된다.

인공지능의 한 분야인 머신 러닝은 주로 사람의 인지기능을 대체할 것으로 기대된다. 이를 통해 과거에는 힘들었던 인간의 의사결정까지도 기계가 대신 수행할 것으로 보인다. 이세돌과 알파고의 바둑대국으로 인공지능에 대한 관심이 크게 높아졌지만, 최근 중국 텐센트가 서비스하고 있는 인터넷 바둑 사이트 〈한큐〉를 보면 인공지능의 확대 양상에 놀라지 않을 수 없다. 〈한큐〉의 인공지능대국 아이디 '마스터(master) 9단'은 한·중·일 프로기사들과 대국하여 13연승을 거두었다. 또 텐센트의 바둑 인공지능은 중국의 최고수인 커제, 장웨이, 한국의 박정환을 모두 꺾었을 정도이다.[1]

사실 바둑의 사례는 극히 일부분일 뿐이다. 머신 러닝과 인공지능의 발전은 데이터마이닝, 빅데이터, 컴퓨터 통계(computational statistics), 그리고 머신 비전(machine vision) 등의 관련 기술이 진보하면서 산업현장으로 더 많이 들어올 전망이다.

머신 러닝으로 대표되는 인공지능이 사람의 인지능력을 모방하여 사람을 대신하는 것은 먼 미래의 일이 아니다. 의료 분야에서 IBM의 왓슨(Watson) 진단장비는 60만 개의 의료 리포트와 150만 개의 환자 치료 기록, 그리고 의료 전문지 200만 페이지 분량을 활용하여, 진단 의견을 제시하고 있다. 실제 미국 메모리얼 슬론케터링 암센터(Memorial Sloan-Kettering Cancer Center)에서는 암 진단과 치료에 왓슨 시스템을 활용하고 있다.[2] 왓슨의 진단은 아직 인간 의사를 대체하지는 못하지만, 인간과 기계의 컬래버레이션을 통해 진단의 정확성을 한 단계 높일 것으로 예상된다.

신문기사 작성 역시 기자들의 손에서 자동화된 기자 로봇으로 대체되고 있다. 연합뉴스는 '워드스미스(Wordsmith)'라는 자동화 기사 작성 플랫폼을 활용하고 있다. 우선 주가 동향과 대학스포츠 기사를 시작으로 인공지능의 기사 작성이 시작되었다. 2016년에는 미국 메이저리그 야구기사를 '오토메이티드 인사이츠(Automated Insights)'라는 프로그램으로 연재하기 시작했다. 이는 야구 데이터베이스인 MLBAM(MLB Advanced Media)의 자료를 프로그램에 제공해주기 때문에 가능하다.

---

1 "'알파고' 추정 AI, 43연승… 박정환 · 커제도 꺾어" (2017. 1. 4). 《한겨레신문》.

2 Cohn, J. (2013. 2. 20). "The Robot Will See You Now". *The Atlantic*.

미국 야구 마이너리그는 132개 팀이 13개의 리그에 걸쳐 게임을 하기 때문에, 이를 모두 기사화하려면 수백 명의 기자가 필요하다. 그러나 현재 기자로봇이 인간을 대신해서 기사를 제공하고 있다.

사람의 인지기능이 많이 필요한 번역 작업 역시 구글의 자동번역 시스템이 대체하고 있다. 구글 CEO 선다 피차이(Sundar Pichai)는 2016년 구글의 자동 번역 능력에 인공지능을 활용하여 지난 10년간의 개선보다 더 많은 발전을 이룰 수 있었다고 한다.[3] 구글은 103개 언어를 지원하며, 전 세계에서 5억 명이 하루에 1,000억 회 정도의 번역 서비스를 사용하고 있다. 신경망 번역이라는 새로운 알고리즘의 도움으로 번역 정확도가 개선되면서 사용횟수가 기하급수적으로 증가하는 추세이다.[4]

그러나 머신 러닝에 의한 인간 작업자의 대체가 완전한 상태로 발전된 것은 아니다. 의료적 판단, 기사 작성, 그리고 번역 작업에 여전히 사람의 인지적 판단이 필요한 상태며, 머신 러닝은 사람의 인지능력을 보조하는 역할을 할 뿐이다. 이를테면 법률 서비스에서 유사 판결기록을 탐색하고 정리해주는 법률보조 서비스는 머신 러닝에 의해 쉽게 대체되고 있다. 그러나 최종적 판단을 해야 하는 변호사의 필요성은 여전히 존재한다.

머신 러닝과 함께 일자리에 큰 영향을 주는 또 다른 기술로는 모바일 로봇이 있다. 모바일 로봇은 과거에 산업 로봇이 주로 반복적(routine)이

---

3 "Google Translate Is About To Get a Lot Better, Thanks To Its Machine Learning Push" (2017. 1. 26). CNBC.

4 "구글의 야심, AI로 전 세계 모든 언어 번역하겠다" (2017. 2. 9). 《한국일보》.

고 간단한 조작 업무만을 대체한 것과 달리 비일상적(nonroutine)이고 조작이 복잡한 업무까지 대체하기 시작했다. 대표적인 예가 구글의 무인 자율주행 자동차(driverless car)인데, 영상인식 센서와 카메라, GPS 등을 장착하고 돌발적인 도로 상황에 기계가 스스로 반응해나가는 기술을 적용하고 있다. 모바일 로봇 기술은 자동차에만 국한되지 않는다. GE는 풍력발전기에 올라가 터빈을 수리하거나 보수하는 기계를 개발했고, 아마존은 2012년 키바 시스템스(Kiva Systems)라는 회사를 인수하여 물류센터 내 운송을 기계에 전담시키고 있다.[5]

핀란드는 무인 자율주행 버스를 세계 최초로 운영하고 있다. 2016년 7월부터 12인승 무인 자율주행 버스를 시험 운영했고, 헬싱키 지역에서는 2025년까지 주문형 대중교통을 상업화할 예정이다. 개인이 출발지와 도착지를 앱으로 알리면, 무인 자율주행 버스가 가장 가까운 정류장까지 경로를 변경해 이동하는 것으로, 자가용 사용을 최소화하는 수단으로 개발되고 있다.[6]

또한 우버는 2016년 여름부터 피츠버그 지역에서 무인 택시를 시험 운행 중이다. 우버는 실리콘밸리의 자율주행 트럭 스타트업인 오토(Otto)를 인수해 상업운송 트럭 산업에 진출하고자 한다.[7] 물론 아직 해결해야 할 문제가 있긴 하다. 이를테면 무인 자율주행 자동차가 길 위의 자전거도로 표시를 인식하지 못하고 자전거도로를 침범해 회전하는 문

---

5 Guizzo, E. (2008. 7. 2). "Three Engineers, Hundreds of Robots, One Warehouse". *IEEE Spectrum*.

6 "시속 25km 무인버스, 180도 회전까지 척척". (2016. 12. 21). 《ChosunBiz》.

7 "'무인택시' 시대 성큼… 우버의 실험, 100만 명 일자리 위태" (2016. 8. 19). 《연합뉴스》.

제가 샌프란시스코와 피츠버그 지역에서 발견되었다. 모바일 로봇은 아직 사물을 인식하는 시각정보 처리능력이 부족하고, 돌발적 상황에 대한 대처능력에 의문이 남아 있다. 그러나 향후 빅데이터와 정보기술의 발전이 이루어지면 모바일 로봇은 광범위하게 활용될 것이다.

모바일 로봇이 성공적으로 상업화된 사례는 아마존의 키바 로봇이다. 아마존의 물류센터 업무는 과거부터 힘든 고역으로 알려져 있다. 직원 한 명이 걷는 거리가 하루에 약 24km이고, 여름이면 창고 내부 온도가 37도를 웃도는 상황이 벌어진다. 성수기에는 아르바이트 인력을 8만 명이나 채용해야 한다. 더욱이 아마존의 배송이 22% 늘어날 때 배송비용은 약 34% 증가하기 때문에, 비용 면에서 물류센터의 업무를 기계화하는 방안을 고려하게 된 것이다. 아마존은 전 세계에 110곳의 물류센터가 있는데, 2015년부터 10군데에 약 1만 5,000대의 키바 로봇을 배치해 운영하고 있다.[8]

키바 로봇의 사용으로 물류센터 한 곳당 약 200만 2,000달러의 비용절감 효과가 있는 것으로 계산되고 있다. 키바 로봇은 물류센터 내 운송 준비 시간을 75분에서 15분으로 줄였다. 또한 키바 로봇의 크기가 작아 물류센터 내 적재물품 간 간격도 좁힐 수 있어 적재 면적을 약 50%까지 줄였다. 하지만 키바 로봇에도 기술적 한계가 있다. 박스에 라벨이 여기저기 부착된 경우나 복잡한 손 조작이 필요한 포장업무는 여전히 처리가 불가능하다. 그 때문에 물류센터의 마지막 단계인 제품

8 "Amazon's $775 Million Deal for Robotics Company Kiva Is Starting to Look Really Smart" (2016. 6. 15). *Business Inside*.

픽업 및 포장은 여전히 사람의 손을 필요로 한다.

모바일 로봇 기술은 앞으로 시각탐지능력을 향상시키고 손 조작을 더 구현하는 등 과제가 산재한 상태이다. 이런 점에서 스타트업들의 기술개발이 진행되고 있다.[9]

9 Tobe, F. (2016. 4. 13). "The Technology Gap Left by Amazon's Acquisition of Kiva Systems". *The Robot Report*.

2

4차 산업혁명 시대, 노동 패러다임의 변화

자동화로 직무수행역량이 높아지다

컴퓨터 기술[10]이 고용과 긴밀하게 연관된 이유는 기술에 의해 직업의 존재 여부가 큰 영향을 받기 때문이다. 노동경제학 분야 연구에서는 컴퓨터 기술이 인간의 노동을 상당 부분 대체할 가능성이 있다고 경고한다. 하지만 기존의 직무가 컴퓨터 기술로 자동화되어 사라진다 하더라도 새로운 직무가 생성될 것이라는 긍정론 또한 존재한다.

컴퓨터 기술이 노동절약적 효과를 동반할 경우 실업은 일시적으로 악화될 가능성이 크다. 이른바 '기술에 의한 실업(technological unemployment)'이 어느 정도나 발생할지는 정확히 예측할 수 없지만 새로운 기술에 맞춰 인력의 역량을 제고하는 사회적 투자를 늘리지 않으

10 이 글에서 컴퓨터 기술은 인공지능, 모바일 로봇, 업무 자동화와 같이 컴퓨팅이 연관된 기술을 의미하는 용어로 사용되었다.

면 높은 수준의 실업이 발생할 수도 있다.

컴퓨터 기술에 의한 노동 대체를 다룬 연구에서는, 자동화로 노동이 대체되는 과정을 〈그림 1〉과 같이 설명한다.[11] 이 연구에서는 일의 성격을 '일상적인가, 비일상적인가?' 그리고 '인지적 능력을 많이 요구하는가, 육체적 능력을 많이 요구하는가?'라는 2가지 차원에서 정의하고 있다. 일의 복잡성을 2가지 속성만으로 구분하는 것은 무리일지 몰라도 컴퓨터 기술과 자동화로 인한 노동대체 원리를 제시하는 데는 유용하다.

연구에서는 컴퓨터에 의한 자동화가 가장 먼저 대체할 수 있는 일의 성격을 손 조작이 간단하고, 일상적인 일로 보았다. 〈그림 1〉의 (Ⅲ) 사분면에 해당하는데, 이를테면 세탁과 같이 일상적인 동작을 반복하는 경우 세탁기라는 자동화기술은 인간의 노동을 쉽게 대체할 수 있다. 자동화기술로 대체가 용이한 두 번째 경우는 〈그림 1〉의 (Ⅱ) 사분면이다. 예를 들어 법원의 서류정리 업무는 중간 정도의 인지역량이 필요하지만 일상적인 성격이 강하다. 이런 경우 컴퓨터로 활자화된 정보를 자동 분류해 처리하는 텍스트 자동화기술이 사람의 일을 대신할 수 있다. 4차 산업혁명이 진행되면서 인공지능과 머신 러닝, 모바일 로봇 기술이 발전하면 우선 〈그림 1〉에서 (Ⅱ), (Ⅲ) 사분면에 속한 직종들이 큰 영향을 받을 것으로 보인다.

〈그림 1〉의 (Ⅰ)과 (Ⅳ) 사분면에 해당하는 일들은 아직 컴퓨터 기술과 자동화로 완전히 대체하기 힘들다. 이를테면 패션디자인, 대외홍보 등

11 Autor, D., Levy, F. and Murnane, R. J. (2003). "The Skill Content of Recent Technological Change: An Empirical Exploration". *The Quarterly Journal of Economics*. Vol. 118. No. 4. pp. 1279-1333.

그림 1 일의 성격과 자동화 가능성

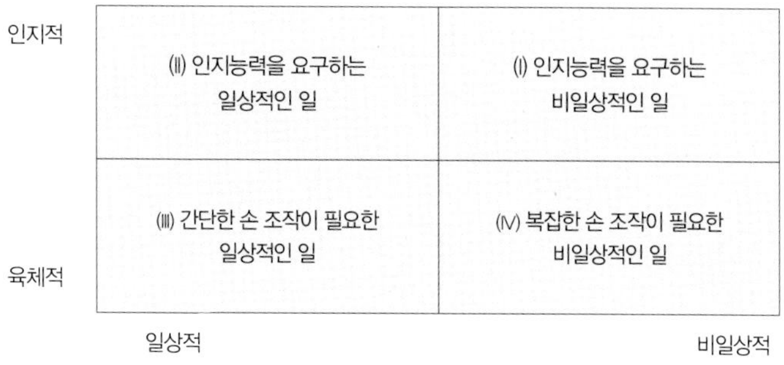

• 자료: Autor, D., Levy, F. and Murnane, R. J. (2003). "The Skill Content of Recent Technological Change: An Empirical Exploration". *The Quarterly Journal of Economics*. Vol. 118. No. 4. pp. 1279-1333.

과 같이 복잡한 인지능력과 비일상성이 높은 일들의 경우 인공지능으로 조만간 대체되기는 힘들 것이다. 또한 외과의사와 같이 손 조작이 복잡하고 비일상적인 일 역시 당장 대체하기 어려울 것이다.

컴퓨터 기술과 자동화의 영향을 가장 적게 받는 이런 분야는 사회적 지능과 창의성, 독창성이 많이 필요하다. 이들 직종은 설득, 협상, 사회적 소통이 많은 편이다. 또한 경영과 재무, 법률 등의 직종은 사회적 지능뿐만 아니라 다양한 지식을 통합하고 복합화해 직관적 판단을 요구하는 특징을 지닌다. 따라서 이러한 직종은 컴퓨터 기술을 이용하더라도 대체하기가 더딜 것이다.

육체노동이 필요한 분야도 자동화하기 어려운 상황이 있다. 매우 복잡한 손 조작을 요구하거나, 작업장 배열이 복잡한 경우(cramped work space)는 자동화기계가 규칙적으로 움직이며 해당 작업을 해내기 어렵다. 다만, 향후 시각 센서가 발달하면 자동화될 가능성은 여전히 있다.

결과적으로 미래에 컴퓨터 기술에 기반을 둔 자동화, 모바일 로봇이 노동을 대체한다는 주장이 과장되었다 하더라도, 최소한 노동의 성격이 지금과 상당 부분 달라질 것이라는 전망은 가능하다. 즉, 타인을 돌보고 배려하는 직종, 설득과 협상이 필요한 직종, 사회적 공감을 요구하는 직종, 예술 분야와 같이 독창성을 요구하는 직종, 다양한 지식을 융합해서 직관적 판단을 요하는 직종 등에서는 미래에 더 많은 일자리가 나타날 것으로 보인다.

창의적 문제해결능력이 우수인력의 기준이 되다

일을 수행하는 주체가 사람이라면, 일에 가장 적합한 사람을 육성하는 것은 필수적인 과제이다. 문제는 일에 적합한 사람을 육성하는 데 상당한 기간이 소요되고, 경험과 지식을 축적할 기회가 제공되어야 한다는 점이다. 일에 최적화된 인력을 개발하기 위해서는 장기적이고 체계화된 경력을 개발하고 단계마다 필요한 기술과 경험을 점증적으로 축적해나가야 한다. 우수인력을 육성하는 데는 지름길이 없다.

따라서 기업은 미래 근로자에게 요구되는 자질과 역량을 예측해 신규 인력을 육성하고 기존 인력을 재교육시켜야 하는 과제를 안고 있다. 컴퓨터 기술과 모바일 로봇이 고용을 대체할 것이라고 예상하면 이들 기술을 활용하는 역량, 기술과 보완적인 역량, 혹은 기술로 대체하기 어려운 역량을 중심으로 미래 필요 역량을 예측하는 것이 한 가지 방법일 수 있다.

궁극적으로 미래의 우수인력은 '창의성과 아이디어' 같은, 인공지능과 컴퓨터 기술이 아무리 발달하더라도 대체되기 어려운 역량을 가져야 할 것이다. 이와 관련해 영국의 존 홉킨스(John Howkins)는 《창조경제》라는 책에서, 이미 20세기 말부터 가치를 창출하는 일의 본질이 변화될 것이라고 예상했다.[12]

아이디어라는 요소는 지식이나 정보와 다른 특성을 가진다. 지식과 정보는 대단위로 축적될 수 있고 공유할 수 있지만, 아이디어는 인간의 감성, 상상력, 창의성 등과 같은 인간적 요소가 결부되어야 가능하다.

아이디어에 기반을 둔 경제를 흔히 창조경제라고 하는 이유는 지식경제 이상의 의미가 있기 때문이다. 영국 노동당 정부는 아이디어 혹은 창의성을 새로운 경제 패러다임으로 제시했으며, 특히 고든 브라운(Gordon Brown) 총리 때는 '창의적인 영국(Creative Britain)'이라는 경제 비전을 내걸기도 했다.

영국의 창의성 기반 경제란 '개인의 창의성과 기술, 재능 등을 활용해 지적 재산권을 설정하고, 이를 소득과 고용창출의 원천으로 하는 경제'를 말한다. 이러한 경제의 핵심 산업에는 영화, 공연, 디자인, 패션 등과 같은 문화산업뿐만 아니라 디지털 게임, 소프트웨어, TV 등 응용 IT 기술이 포함된다.

창조경제의 개념은 영국에만 국한되지 않고 선진 경제권을 중심으로 확대되고 있다. 2013년 UNESCO가 제시한 《창조경제 보고서》에서 역시 유사한 개념 정립이 이루어진 바 있다. UNESCO는 창조산업을 '창

12 Howkins, J. (2001). *The Creative Economy: How People Make Money from Ideas*. London: Allen Lane. The Penguin Press; 황수경 (2014). "창조경제와 일자리 창출: 창의고용을 중심으로". KDI 정책연구시리즈 2014-01. pp. 1-93에서 재인용.

의성과 지적 자본을 핵심 투입 요소로 하는 상품 및 서비스의 창작, 생산, 분배와 관련된 산업'으로 정의한다.[13] 그리고 구체적인 산업으로 문화유산, 예술, 미디어, 실용적 창작물이라는 4가지 범주를 포괄했다.

그러나 창조경제를 단지 문화산업이나 지적 재산권 위주의 산업으로만 이해하는 것은 매우 제한된 접근이다. 오히려 인공지능과 컴퓨터 기술의 발달에 직면해 노동이 대체되는 상황을 고려한다면 미래 인력은 인간의 창의성과 기계의 능력을 서로 교합하는 컬래버레이션 과정에 동참할 수 있어야 한다.

이를테면 미래 인력의 중요 자질 중 하나인 창의성은 문화예술 및 지적 재산권 중심의 산업 이외에도 컴퓨터, 건축 및 공학, 사회과학, 교육 및 훈련, 관리, 법률 등 전문 분야에 폭넓게 적용될 수 있다. 예술과 문화 분야에서 중요하던 창의성이 이제 다양한 직종의 범주로 확대되어야 한다는 주장이다.[14] 그리고 이러한 창의적 역량은 인공지능과 컴퓨터 기술로 대체하기 쉽지 않으며 인간과 기계의 협력 과정에서도 중요하게 작용할 것이다.

이와 관련해 국내 산업 분석 연구에서는 창의적 아이디어가 필요한 창의산업 유형을 크게 문화산업, ICT산업, 연관산업으로 분류했다.[15] ICT 산업의 경우 창의적 숙련이 많이 요구되는 직종이 다수 포함되었다. 그 외 제조와 서비스 분야에서도 단순 노동 이상의 창의성을 필요

13 UNESCO (2013). *The Creative Economy Report 2013*.

14 Florida, R. (2002). *The Rise of the Creative Class: And How It's Transforming Work, Leisure, Community, and Everyday Life*. New York: Basic Books.

15 황수경 (2014).

로 하는 직종이 존재한다.

이들 직업 종사자의 역량 특성을 살펴보면 미래 산업 재편 과정에서 필요한 인력의 자질을 엿볼 수 있다. 이를테면 창의적 작업자의 '창의적 숙련'이란 '새롭거나 다른 관점으로 문제에 접근해 새로운 가치를 창출하는 직무능력'으로 정의될 수 있다.[16]

영국의 공익단체 NESTA(National Endowment for Science, Technology and Arts)에 의하면 창의적 능력을 요구하는 직무는 다음과 같은 5가지 기준을 충족해야 한다.[17]

1. 작업 과정이 자주 변경됨
2. 기계로 대체하기 어려움
3. 비반복성과 비균일성이 높음
4. 가치사슬에서 근로자의 창의적 아디이어가 필요함
5. 단순한 변환이 아니라 해석이 필요함

그리고 이러한 역량 요건을 직무 기능의 유형과 수준에서 정의하면 〈표 1〉과 같이 요약할 수 있다. NESTA가 규정한 5가지 기준에 따라 기계가 대체하기 어려운 비반복적이거나 창의적인 아이디어가 필요한 직무는 자료, 사람, 사물의 3가지 차원에서 일정 수준 이상의 역량을 요구한다. 이를테면 〈표 1〉과 같이, 자료 차원에서는 최소한 '분석' 이상의 직

16 황수경 (2014).

17 Bakhshi, H., Freeman, A. and Higgs, P. (2013). *A Dynamic Mapping of the UK's Creative Industries*. NESTA.

표 1 직무 기능과 창의적 수준

수준	자료	사람	사물
8	종합	자문	설치
7	조정	협의	정밀 작업
6	분석	교육	제어 조작
5	수집	감독	조작 운전
4	계산	오락 제공	수동 조작
3	기록	설득	유지
2	비교	말하기-신호	투입-인출
1	-	서비스 제공	단순 작업
0	관련 없음	관련 없음	관련 없음

• 자료: 한국고용정보원 (2012). 《2013년 직종별 직업사전》; 황수경 (2014). "창조경제와 일자리 창출: 창의고용을 중심으로". KDI 정책연구시리즈 2014-01, pp. 1-93에서 재인용.

무 기능 수준이 이에 해당하는데, 특히 '조정'과 '종합' 직무 기능은 당장 인공지능으로 대체하기 어려울 것이다. 또한 사람 차원에서는 최소한 '설득' 이상이, 사물 차원에서는 '설치' 이상이 창의적 능력을 요구하는 직무 기능에 해당한다고 할 것이다. 특히, 사물 차원의 '설치' 직무 기능은 모바일 로봇이 쉽게 대체하기 어려울 것으로 보인다.

아이디어와 창의성에 기반을 둔 경제 패러다임과 컴퓨터 기술과 자동화가 확대되는 기술 환경에서 '미래 우수인력은 누구인가?'라는 화두의 중요성이 더욱 커진다. 기술혁신으로 현재 직업의 절반가량이 향후 10년 이내에 사라질 것이라는 예측[18]이 맞다면, 우수인재의 개념과 정의 역

18 Frey, C. and Osborne, M. (2013). "The Future of Employment :How Susceptible Are Jobs to Computerization?". Oxford Martin School.

시 현재와 달라질 수밖에 없을 것이다.

〈표 1〉의 기준을 근거로 국내 산업 종사자 중 예술 분야를 포함해 모든 직종에서 창의적 아이디어를 상당 부분 필요로 하는 창의산업의 근로자 규모를 살펴보면, 2008~2012년간 창의적 직종에 종사한 근로자 비율은 문화산업 분야에서만 약 2.9%로 조사되었다.[19] 창의성 정도에 따라 IT, 제조업, 서비스업까지 확대하면 전체 근로자의 약 12%에 이르는 것으로 나타난다. 한국의 직업 소분류 체계를 기준으로 보면 148개 직업 중 44개 정도가 창의적인 역량을 많이 필요로 하는 직업으로 분류된다. 그리고 같은 기간 창의적 숙련이 부족한 직종 종사자는 감소 추세를 보여 산업의 재편 동향을 부분적으로 암시한다.

결국 미래 우수인력이란 창의적 문제해결 역량이 높은, 복잡한 문제를 해결할 수 있는 인지능력을 갖춘 인재이다. 이들은 기업이 요구하는 것보다 희소한 자원일 수 있다는 점에서, 미래에는 인력 수급 불균형 현상이 나타날 수 있다.

세계경제포럼(WEF)에서 발간한 《직업의 미래》 보고서에 의하면 미래 직업능력 중 가장 중요한 역량은 복합적 문제해결능력이다. 이는 모든 직업의 30%에서 요구될 것으로 보이는데, 그 이유는 인공지능과 자동화기술의 보급에 따라 인간의 작업이 더 높은 역량을 요구하기 때문이다.[20]

그 외에도 사회적 기술(social skill), 공정관리 기술(process skill), 시스

19 황수경 (2014).

20 World Economic Forum (2016). *The Future of Job: Employment, Skills and Workforce Strategy for the Fourth Industrial Revolution*.

표 2 4차 산업혁명으로 요구되는 상위 5가지 직무기술 및 역량

역량 및 기술	구성요소
복합적 문제해결능력	복잡한 이슈에 대한 해결 역량
사회적 기술	감성지능, 협상, 설득, 서비스 정신
공정관리 기술	경청, 비판적 사고, 관찰 및 모니터링 기술
시스템 기술	의사결정 기술, 시스템 분석 기술
인지능력	창의성, 논리적 추론능력, 문제 정의, 수학적 추론능력, 비주얼 능력

• 자료: World Economic Forum (2016). *The Future of Job: Employment, Skills and Workforce Strategy for the Fourth Industrial Revolution.*

템 기술(system skill), 인지능력(cognitive abilities)이 모두 더 많이 요구될 것으로 본다.

4차 산업혁명으로 요구되는 다양한 역량과 기술들을 참고해보면, 미래 필요 역량은 (1) 논리성과 추론능력에 기반을 둔 의사결정 역량과 시스템 분석 역량, (2) 감성지능과 협상, 설득, 서비스와 같은 대인관계 역량으로 구분될 수 있다. 또한 복합적 문제해결능력은 이들 2가지 기초 역량군이 활용될 경우에만 개선할 수 있다.

복합적 문제해결능력과 2가지 역량군은 모두 과거보다 높은 인지능력을 요구하기 때문에, 자동화기술 도입과 함께 근로자의 능력 향상이 이루어져야 할 것으로 보인다. 만약 근로자의 역량 개선이 함께 이루어지지 못하면 근로자의 기술이 더욱 탈숙련화(deskilling) 혹은 단순화될 것이며, 기술에 의해 노동 대체가 심화될 위험까지 있다.

더욱이 전문기술의 생명주기(life span)가 혁신기술의 출현과 도입으로 급속히 단축될 가능성이 있다. 그렇기 때문에 특정 직업기술에 대한 전문성보다는 다양한 업무로 이동하면서 일을 처리할 수 있는 기반 역량의 습득이 더욱 중요하다. 〈표 2〉와 같은 기반 역량을 가진 근로자는 새로운 직무로 이동하더라도 재교육을 통해 일에 적응해나갈 수 있다. 따라서 미래가 요구하는 숙련은 특정 직무에 대한 숙련이 아니라, 창의적 문제해결이라는 기반 역량을 중심으로 크게 5가지 역량을 요구할 가능성이 크다.

혁신기술 인력 확보, 사업 경쟁력의 핵심이 되다

4차 산업혁명에 대응하기 위해서는 기존 인력풀을 재정비해야 한다. 이를 위해서는 원론적으로 크게 2가지 방법이 있다. 첫째는 현재와 같이 인력을 내부에서 육성하고 재교육하는 '빌드(build)' 방법이다. 둘째는 인력을 외부에서 충원하는 '바이(buy)' 방법이다. 미래 시대에는 전통적인 채용방법으로 부족한 기술이나 핵심 기술인력을 확보하기 어렵다. 왜냐하면 핵심 기술인력에 대한 수요는 공급을 훨씬 초과하기 때문이다. 미래에는 채용 방식 역시 공개 채용보다 비전통적 원천인 외국인, 중장년, 컨설턴트, 프리랜서, 학교의 연구 인력을 채용하는 방향으로 변화할 것이다.

근무 방식도 기존 정규직보다는 일정 기간 계약 관계에서 일하거나 플랫폼에 접속해서 일하는 플랫폼 근로자 형태를 띨 가능성이 높다. 임시적 고용계약 중심의 기그 경제(gig economy)의 확대와 함께 점차 플랫폼 근로자가 증가하기 때문에, 향후에는 전문가들조차 플랫폼을 통해 근로를 제공할 가능성이 크다. 따라서 미래에는 다양한 원천에서 다양한 근로 형태를 활용해 핵심 인력을 조달하게 될 것이다.

특히 컴퓨터 기술 및 혁신기술 인력은 조직 외부에 존재하는 경우가 많다. 작은 스타트업이나 대학부설 연구소 같은 곳에서 신기술 개발에 성공한 혁신가들은 기술 생태계에서 핵심적 역할을 수행한다. 그래서 혁신기술을 구체적인 사업으로 연결하려는 조직은 이들과 오픈 이노베이션을 추구하거나, 이들을 조직 내부로 영입하는 전략을 구사할 필요가 있다.

이미 인재 확보를 위한 M&A는 사업전략의 한 축이 되고 있다. 미래 사업화가 가능한 스타트업을 M&A하여 인재를 영입하고 사업 성장을 가속화한 예는 많다. 구글이 직원 69명에 불과한 유튜브를 직원 1인당 300억 원을 들여 M&A한 배경에는 인재 확보라는 목표가 있었다.[21] 이후 구글은 동영상 검색 1위인 야후를 제치고 동영상 검색 시장을 선도하기 시작했다.

또한 기업이 대학부설 연구소에서 파괴적 혁신을 이룬 교수들을 조직 내로 영입해 사업화에 성공한 사례도 있다. 인공지능 분야의 석학인 캐나다 토론토대 제프리 힌턴(Geoffrey Hinton), 몬트리올대 요슈아 벤지오(Yoshua Bengio), 미국 뉴욕대 얀 레쿤(Yann LeCun), 스탠퍼드대 앤드루 응(Andrew Ng) 등은 모두 대학에서 인공지능을 연구하다 기업에 영입된 스타 교수이다.[22] 힌턴 교수는 2013년부터 구글의 석학 연구원을 겸임하면서 스마트폰 인공지능 비서 '구글 나우' 개발에 참여했다.

---

21 김경준 (2016. 11. 30). "디지털 시대, M&A는 인재확보 전략". 《ChosunBiz》.

22 "알파고의 아버지도 '인공지능계의 판타스틱4' 밑에서 컸다" (2016. 3. 17). 《ChosunBiz》.

레쿤 교수는 페이스북의 인공지능연구소 소장으로 영입되어, 얼굴 인식 인공지능 '딥 페이스'를 개발했다. IBM은 벤지오 교수와 협업해 인공지능 '왓슨'을 업그레이드하고 있다. 앤드루 응 교수는 중국의 최대 검색 포털 바이두(Baidu)에서 무인차와 음성인식 기술개발을 담당하기도 했다.

혁신기술을 사업화하는 것은 조직의 역량이다. 과거 제록스(Xerox)는 사내 연구소를 설립해 다양한 기술을 개발했으나 사업화에 성공하지 못했다. 그러나 4차 산업혁명 시대가 도래하면서 이제 학교 연구소와 기업의 경계가 급격히 허물어지고 있다. 기술과 사업의 거리가 과거보다 더 가까워진 느낌이다. 그리고 미래에는 기업이 사업 경쟁력을 높이기 위해 외부 기술인력을 과감히 조직 내로 끌어들여야 한다. 이들에게 자율적인 기술개발 권한을 부여하는 과감한 실험이 더 요구된다.

결과적으로 4차 산업혁명 시대에는 기술과 사업을 조화롭게 융합하는 인재 확보가 중요하며, 이를 위해 전통적으로 인재를 찾던 방식이 아닌, 외부에서 인재를 확보하는 전략을 수행해야 한다.

4차 산업혁명을 이끌 리더는 누구인가?

모든 역량을 가진 초월적 인재가 있다면 사업을 영위하는 데 큰 어려움이 없을 것이다. 그러나 슈퍼맨처럼 모든 문제를 혼자서 해결하기란 현실적으로 불가능하다. 과거에는 카리스마 넘치는 초인적 경영자 한 사람이 모든 것을 결정하고 사업을 이끌어가는 것이 가능했지만 기술이 복잡하고 융합을 반복하는 기술융합 시대에는 더 이상 이러한 일이 가능하지 않게 되었다.

그 대신 네트워크를 만들고 기술 생태계를 구축하는 리더십이 요구된다. 초월적 인재는 단지 허구적 이상에 불과할지 모른다. 이보다는 다양한 인재를 확보해 협업하도록 이끌고 마치 영화에서 어벤져스 팀을 만들듯이 해야 한다. "어벤져스는 아이언맨, 캡틴 아메리카, 헐크, 토르 등 지구를 지키는 슈퍼 히어로들이 모인 팀이다…… 왜 이들은 슈퍼맨처럼 혼자 다니지 않고 한 팀을 이룬 것일까?"[23] 픽사(Fixar)의 CEO 에드윈 캣멀(Edwin Catmull)은 창의적 경영을 위해서 영리하고 야망 있는 인재를 한곳에 모아 이들이 효율적으로 협업할 수 있는 방안을 고민해야 한다고 말했다.

이제 기업은 협업능력을 갖추고, 희소한 인적자원을 소싱하며, 협업 네크워크를 구축해나가는 리더가 필요하다. 미래에는 기술이 다양한 형태로 진보할 것이기 때문에, 기업은 기술적 전문성에 사회적 기술을 겸비한 팀을 구축해야 한다. 협업능력을 발휘해 팀을 만들고 이질적인 전문성을 하나의 목표로 융합시키는 능력이 리더에게 요구된다. 협업을 위해서는 사회적 역량이 필수적이지만 그 외에도 집단지성을 활용하고 이질적인 기술을 조화롭게 활용하는 디자인 싱킹도 필요하다. 결과적으로 현재와 미래 인재상의 변화를 〈표 3〉과 같이 예측할 수 있다.

현재와 같이 정해진 일을 성실히 하는 인재는 미래의 다양한 변화에 적응하기 힘들다. 오히려 변화가 초래하는 크고 작은 문제들을 창의적으로 해결해나갈 수 있는 인재와 디지털 기술을 활용해 기술이 주는 혜택을 일에 접목하고 사업화할 수 있는 디지털 리터러시가 필요하다. 효

---

23 이정일 (2015). "슈퍼맨과 어벤져스, 누가 더 강할까". 《인재경영을 바라보는 두 시선: 인사의 핵심을 묻는 20문 40답》. 정권택, 예지은 외. pp. 51-63. 삼성경제연구소.

표 3 인재상의 변화

	AS-IS	TO-BE
요구 역량	정해진 일에 대한 성실성	다양한 변화에 대한 창의적 문제해결(창의성)
사고방식	아날로그적 사고	디지털 사고 (디지털 리터러시)
행동 목표	효율성	가치지향
전문성과 협업	좁은 범위의 전문적 능력	전문가 간의 협업능력

율적인 업무수행은 디지털 기기와 빅데이터를 기반으로 한 사무 자동화로 대체되기 때문에, 무슨 일을 할지 결정하고 가장 가치 있는 일을 선택하는 가치지향 혹은 가치판단 역할이 사람에게 요구된다. 이를테면 지속가능한 경영이나 이해관계자의 요구를 해결할 수 있는 가치판단은 기계가 하기 어려운 영역이다.

전문성 그 자체보다는 이질적인 전문성을 서로 조화롭게 시스템화하는 협업능력이 중요해진다. 미래에는 조직의 직급이 축소되거나 폐지될 가능성이 많아 참여하고 협업하는 2가지가 조직을 성장시키는 DNA가 될 것이다.

이런 방향으로 GE는 이미 2016년부터 인재의 성과관리 모델을 개선했다. 기존의 목표관리에 디지털 역량 확보라는 목표를 추가하고, 성과관리 역시 PD@GE라는 앱을 통해 디지털화하고 있다. 이는 GE가 기존의 제조 기업에서 디지털 기업으로 탈바꿈하기 위한 노력의 일환이다. 디지털을 통해 협업하고 성과를 내며, 창의적으로 문제를 해결하도록 촉구하고 있다.

사회 교육 시스템의 혁신이 필요

새로운 기술혁신으로 창의성 기반의 경제 시스템이 강화되면 이에 적합한 인재를 육성하기 위한 사회 전반의 교육 시스템이 혁신되어야 한다. 우선 공공 교육기관들이 전통적인 방식을 탈피해, 다양한 실험을 수행하고 이를 통해 산업에 필요한 인력을 제공해야 한다. 전통적인 자격증이나 학위 취득만으로는 미래 산업인력 수요를 충족하지 못할 것이다.

현재 한국의 공교육은 많은 한계를 안고 있다. 우선 대학교육은 객관식 선다형 대입제도로 인해 획일화된 학생들을 양산하는 문제를 극복하지 못하고 있다. 더욱이 기업과 대학의 인재상이 일치하지 않아 대학의 전공 구성과 교육 방식의 대전환이 요구된다. 학생 정원 및 교육행정에 대한 정부의 과도한 개입은 대학교의 실험적 교육 개편을 현실적으로 어렵게 만들어 기업이 원하는 인재를 학교가 공급하지 못하는 문제는 당분간 지속될 전망이다.

대학 졸업자는 입시 전의 학원 교육으로 인해 학습의 자기주도성이 낮고, 창의적으로 새로운 것을 제안하는 역량이 부족하다. 교수자의 내용을 단순 모방해서 재생산해내는 데 익숙한 학생은 창의적 아이디어 기반의 작업 과정에 적응하기 어렵다. 또한 대학의 교육 방식이 발표 및 토론 중심이기보다 강의 위주로 흐르다 보니 졸업 이후 직장인으로서의 소통능력이 제한적인 문제가 발생하기도 한다.

최근 대학교에 융합 전공을 신설하는 분위기가 증가하고 있지만 아직 전공을 바꾸거나 다전공자를 허용하는 사례는 많지 않다. 그 결과 특정 전공 중심으로 지식이 편향되고 전공 간 융합이 미흡해 사고의 유연성 역시 부족하다. 더 심각한 문제는 대학교 전공 공부와 취업을 위한 스펙

쌓기가 서로 분리되어 있다는 점이다. 특히 대학 재학 중 인턴 경험을 통해 일하는 방법과 취업 분야 탐색이 이루어져야 하는데, 국내 기업의 인턴 시스템은 이러한 수요를 충족하기에 미흡하다. 따라서 취업 시 자신의 적성에 맞는 직무를 탐색하기보다 기업의 이미지만 보고 지원하는 문제가 발생한다.

초·중·고등 교육 역시 과도한 사교육 의존의 문제점, 높은 학업 성취도에도 불구하고 학생들의 교육 만족도와 행복도가 낮은 점, 역량에 따라 다양하게 선택할 수 있는 교육 프로그램 부재, 입시 위주의 획일화된 교과내용 등이 큰 한계로 지적되어왔다.[24]

대졸자 실업률이 증가한 결과에 대해 향후 직업고등학교의 확대가 필요하다는 주장이 있다. 그러나 4차 산업혁명 시대에는 기술의 수명이 단축되는 경향이 나타나는 점에 비추어볼 때, 직업교육보다는 평생 전문교육을 받도록 하는 것이 더 필요하다. 미래에는 단순 현장기술의 습득보다 기술 변화에 유연하게 적응할 수 있는 핵심 기초 역량의 배양이 더 중요할 것으로 보인다.

대학은 산학협력형 교육을 강화해 전공을 유연하게 설계할 수 있도록 해야 한다. 강의 인력 역시 교수 외에 일반 전문인의 참여를 허용해 현장성을 갖추어야 하며 단순 지식 전달형 교육이 아니라 산업현장에서 실습을 함께 수행할 수 있도록 직무특화형 교육이 활성화되어야 한다. 기업은 기업과 교육기관 간 산학협력 프로그램 개발, 평생학습을 통한

24 한동승 (2016). "4차 산업혁명 시대, 대학교육과 콘텐츠". 《인문콘텐츠》. 제42호, pp. 9-24. 인문콘텐츠학회.

재교육, 프리랜서와 독립적 전문가의 협력 촉진 등 다양한 방법을 활용해 필요한 인력을 육성할 수 있다.

4차 산업혁명 시대에는 근로자의 직무 간 이동이 확대될 가능성이 높다. 따라서 대학 교과목 구성도 특정 전공에 집중하기보다 교양과목의 구성 비율을 높이고 코딩과 과학교과를 전공과목과 결합해 이수하도록 하거나 다양한 전공의 융합교과를 늘리는 것이 필요하다.[25]

최근 미래 기술환경의 변화에 대응하기 위해 기업, 교육기관, 학부모 간의 협력이 실험적으로 진행되고 있다. 이를테면 2013년에 맥스 벤틸라(Max Ventilla)가 시작한 알트 스쿨(Alt School)은 유치원에서 8학년까지 엔지니어와 교육 전문가의 협업 플랫폼을 구축해 전인교육을 실시하고 있다. 또한 2011년에 설립된 미네르바 스쿨(Minerva School)은 하버드 대학보다 높은 입학 경쟁률을 기록하며 미래 대학의 대안적 교육 시스템을 실험하고 있다. 전 수업이 온라인과 토론, 협업, 프로젝트 형식으로 진행되고, 전공 역시 융합형으로 설계할 수 있으며, 학생들은 자신의 능력과 목적에 적합한 학습 내용을 선택할 수 있다. 이러한 교육혁신은 향후 기술 변화에 대응한 인재양성의 실험적 시도라 할 수 있다.

25 "평생 30번 이직하는 시대, 4차 산업혁명기 생존법" (2017. 2. 4). 《아시아경제》.

3

기업의 인력 확보 전략은 어떻게 변화할 것인가?

인력 확보의 중요한 수단이 된 재교육

앞으로 공적 교육 시스템이 필요한 역량을 갖춘 근로자를 적시에 공급해주지 못할 경우 우수인력 부족 사태가 발생할 전망이다. 미래의 근로자를 현재와 같이 전통적인 원천에서 수급하면 많은 제약이 따를 것이다. 이를테면 출퇴근이 가능한 한정된 지역에서, 전통적으로 평판이 좋은 교육기관 졸업자를 수급하는 방식은 과거 제조업 중심 경제에서나 통용되었다. 물론 전통적 채용 원천을 완전히 도외시할 수는 없지만, 향후에는 새로운 원천에서 근로자를 찾고 일할 수 있는 환경을 조성하는 노력이 필요할 것이다.

세계경제포럼에서 기업을 상대로 미래 인재 육성 전략을 설문조사한 결과 〈표 4〉와 같이 나타났다.[26] 표에서 두드러진 특징은 대부분의 기업

26 World Economic Forum (2016).

표 4 인재 육성과 확보 전략

인재 확보 전략	비율
기존 인력의 재교육	65%
직무이동이나 직무순환 지원	39%
산학 협력형 교육	25%
여성 인력 발굴	25%
외국인 인재 유치	22%
도제식 교육	22%
산업 간, 기업 간 교육 협력	13%
소수 인종에서 인재 유치	12%
단기 고용 인력의 채용 증가	11%

• 자료: World Economic Forum (2016).

이 기존 인력의 재교육을 통해 인력을 확보하는 전략을 가장 우선으로 선택하고 있다는 점이다. 이에 추가해서 산학협력형 교육이나 여성, 외국인, 소수 인종에서 인재를 발굴하고 유치하는 전략 역시 보완적으로 필요하다고 응답하고 있다.

기술혁신에 따라 일하는 방식과 내용이 변화하면 기업은 내부적으로 기존 인력의 재교육과 직무이동, 직무순환, 산학협력형 교육 등을 시도하고, 외부적으로 외국인, 여성, 단기 고용 인력의 채용 등을 고려할 것이다.

필요 인력 수급이 어려우면 인력 수요를 충족하기 위해 일의 외주화 방법도 활용해야 할 것이다. 특히 4차 산업혁명으로 향후 일의 레고화와 모듈화가 진행되면 외주화가 가속화될 전망이다. 이를테면 미국은 2009년을 기점으로 제조업의 외주노동 비중이 급속히 증가하는 추세를 보이고 있다. 현재는 기업이 직접 채용하는 직원 대비 외주 직원의 비중이 10% 정도지만, 지속적으로 증가 추세를 보이고 있다.[27]

또한 미래에 기업들은 창의적이고 복잡한 문제해결 역량을 갖춘 인재를 수급하기 위해 다양한 원천에서 인재를 발굴해 확보하려 할 것이다. 우선 외국인 근로자를 채용하기 위해 인재를 찾는 지역적 범위가 글로벌로 확대되고, 여성 근로자 채용을 늘리며, 프리랜서와 컨설턴트와 같이 과거에 정규직으로 채용하지 않았던 인력을 단기 계약관계로 활용하는 등, 비전통적인 원천에서 인재를 확보하는 방법도 필요할 것이다.

내부 직원의 재교육은 파괴적 혁신이나 구조재편형 전략보다는 사업의 경쟁력을 더욱 높이는 내부강화형 전략에서 더 중요한 역할을 수행할 것으로 보인다. 즉, 글로벌 기업의 사업전략을 기존 사업의 경쟁력을 강화하는 내부강화형과 파괴적 혁신을 통한 구조재편형 전략으로 구분할 때, 내부강화형 사업전략을 취할 경우 기존 직원의 재교육이 특히 중요한 수단으로 부상할 것이다.[28] 이에 비해 구조재편형 사업전략에서는 M&A와 외부 채용이 우수인재 확보에 더 효과적인 수단일 것이다. 따라서 모든 것을 사내 재교육으로만 풀어낼 수는 없다.

그러나 4차 산업혁명으로 인해 기업이 기존 사업을 디지털화하거나 가치사슬의 일부를 수정하는 내부강화형으로 진행할 경우, 기존 직원의 재교육과 직무이동은 중요한 대응수단이 될 것이다.

---

27 Weber, L. (2017. 2. 2). "The End of Employees". *The Wall Street Journal*.

28 삼성경제연구소 (2017. 10. 20). "4차 산업혁명과 HR의 대응". 연구보고서.

디지털화, 직무전환, 경력전환을 위한 교육훈련 시스템 강화

세계경제포럼의 조사결과에 따르면, 기업의 주요 인재 확보 전략으로 기존 인력의 재교육(65%), 직무이동이나 직무순환(39%), 산학협력형 교육(25%)이 상위 3가지 전략으로 되어 있다.[29] 원론적이지만 기존 인력이 가장 큰 인재 확보의 원천이 될 것으로 전망하는 이유는 단기간에 인력을 구조조정하기 어렵고, 사회 전반에 부정적인 영향을 미칠 가능성 때문이다. 4차 산업혁명이 진행되는 속도와 강도는 사회적 합의를 거치면서 감당할 수 있는 범위 안에서 진행되어야 실업에 의한 부정적 영향을 최소화할 수 있다. 무엇보다 기술혁신의 혜택을 누리는 한편으로, 고용친화적인 혁신이 가능하도록 하려면 시간이 필요하다.

신규 채용이나 인력 구조조정을 원활하게 할 수 있는 상황이 아니면 기업의 인재 경쟁력은 직무전환을 대비한 교육훈련 프로그램의 효과에 의존할 것이다. 기업 내 교육은 중장기적 교육보다 단기 교육 중심으로, 며칠에서 몇 개월 단위로 필요한 기술과 역량을 집중적으로 습득하는 방식이 효과적이다. 이에 비해 중장기적 교육은 외부에서 산학협력형 프로그램을 개발해서 접근하는 방식이 현실적이라 할 수 있다.

기술혁신에 따른 인재확보 전략으로 내부 인력 재교육 방침을 세운다면, 인재개발 방법은 크게 (1) 사내 재교육과 산학협력형 교육, (2) 직무이동과 직무순환으로 구분할 수 있다. 전자는 교육 프로그램 개발이 중요하고, 후자는 경력개발 시스템의 혁신이 중요하게 작용할 것이다.

직무전환은 단기적 수단이고, 경력개발은 보다 중장기적이고 큰 폭의

29 World Economic Forum (2016).

이동을 의미한다. 직무전환과 경력개발의 변화에 대비한 기업의 교육 프로그램을 보다 세분화하면 디지털화 교육, 직무전환 교육, 경력전환 교육이라는 3가지 유형으로 다시 나눌 수 있다.

(1) 디지털화 학습: 디지털 기술이 급속하게 도입되면, 근로자는 정보처리와 로봇과의 컬래버레이션이 가능하도록 추가 교육이 필요하다. 디지털화 교육은 온라인을 통해 자기주도식으로 진행될 가능성이 높으며, 공유형 학습을 통해 촉진될 수 있다.

디지털화 교육은 디지털 기기를 통한 작업 정보의 활용에 중점을 두고, 로봇 및 기계와의 협업능력을 체화시키는 것이다. 정보기기와 로봇의 사용으로 노동 생산성이 획기적으로 높아지거나 품질이 개선되는 효과를 기대할 수 있다.

(2) 직무전환 학습: 근로자가 연관 직무로 이동하면 필요한 직무역량을 학습해야 한다. 단기적으로 현장에서의 OJT(On the Job Training)와 지식 습득이 복합적으로 요구될 것이다.

(3) 경력전환 학습: 근로자가 비연관 직무로 이동하면 더 장기적인 교육이 필요하다. 때로는 산학협력형 교육에 참여해야 하고, 직무 내용이 이질적일수록 고용 계약의 수정이 필요해진다. 만약 해당 직무가 외부화될 경우 프리랜서 혹은 아웃소싱 업무로 전환될 수도 있다.

경력전환을 위해서는 정규직 중심의 인사관리보다는 다양한 고용형태와 경력설계를 제공해야 한다. 이를테면 일본전기는 생애경력지원제도를 도입해 중고령자의 고용을 연장하고 있다. 생애경력지원제도는 근로자가 한 회사 내에서 특정한 소수의 직무만 수행해 과도한 의존성을 갖지 않도록 하는 데 주안점을 둔다.

일본의 일부 회사들은 연령별로 10년에 한 번씩 대안적 경력을 고민해보는 기회를 제공하고 있다. 즉, 생애경력지원제도를 통해 30세, 40세, 50세 등 일정한 단계별로 연수 기회를 부여해, 대안적인 경력을 추구할 수 있도록 지원하고 있다. 또한 사내공모제도를 통해 현재와 다른 대안적 경력에 속하는 직무에 지원할 수 있도록 함으로써 정년 이후 재취업 범위를 확대하고 있다.

이들 이외에도 내재적 역량 및 태도에 대한 교육 역시 필요할 것이다. 이를테면 민첩성, 학습 지향성, 독창성과 같은 역량의 체화는 4차 산업혁명 시대에도 여전히 필요한 교육이다.

일의 레고화와 마이크로러닝의 증가

4차 산업혁명으로 로봇과 자동화기술이 광범위하게 활용되면, 기존의 일이 변화하기 시작할 것이다. 일은 작은 과업 단위로 구성되어 있는 묶음이라고 할 수 있는데, 만약 로봇과 자동화기술이 일부 과업을 대체할 경우—비록 일 자체가 송두리째 대체되지는 않는다 하더라도—사람이 하는 일의 상당 부분이 줄어들 것이다. 이를테면 간단한 사무는 인공지능이 대신하고, 작업자는 기존의 일이 줄어들면서 더 복잡한 일을 수행하는 구조가 될 것이다.

일이 과업의 묶음이라 생각하면 기존의 과업은 기술로 대체되는 부분과 작업자가 수행해야 할 더 높은 수준의 과업으로 구분될 것이다. 따라서 기술의 도입과 함께 작업자는 계속 새로운 과업을 추가하고 이를 수행하기 위한 역량 교육을 받아야 한다.

일의 레고화란 기존의 일이 점차 해체되면서 이를 구성하는 과업의 묶음이 계속 변화하는 현상을 말한다. 해체된 과업 중 일부는 외부의 프리랜서에 의해 수행되거나 아웃소싱될 수도 있다. 그리고 기업의 핵심 역량에 해당하는 과업만 내부에서 수행하는 이분화 구조가 심화될 가능성이 높다.

4차 산업혁명으로 기존의 직업 중 40% 이상이 기술로 대체될 것이라는 전망도 있지만, 사실 직업 자체가 완전히 없어지기보다는 일을 구성하는 과업 묶음의 일부가 없어지고 새롭게 추가되는 방향으로 변화가 일어날 것으로 보인다.

일의 레고화와 과업 묶음의 계속적인 변화는 기업 내 교육 체계에 영향을 줄 수 있다. 향후 기업 내 교육은 직무별, 개인별 맞춤형으로 설계되어야 한다. 최근 마이크로러닝(micro-learning)이 강조되는 추세이기 때문에, 교육 콘텐츠를 다양한 소스에서 수집해 개인의 필요에 따라 재설계하는 교육 디자인 컨설팅 기능이 사내에 필요하다. 이는 일의 해체에 따라 일부 추가되는 과업을 수행하기 위해 끊임없이 부분적 학습이 이루어지도록 돕기 위한 것이다.

기업의 인적자원 개발 기능은 내부 교육 프로그램 개발에서 교육 플랫폼 구축과 직무맞춤형 교육 컨설팅으로 진화할 것으로 보인다. 인적자원 개발 부서는 과거와 달리 직무 관련 학습 재료를 온라인과 오프라인에서 폭넓게 찾아 큐레이션해야 하며, 이를 교육 포털이나 플랫폼을 통해 내부 구성원들에게 전달해야 할 것이다. 즉, 기업은 교육과 학습 자료를 제공하고, 학습 여부와 일정은 개인이 진행하는 방식이 주류를 이룰 전망이다.

이미 GE는 브릴리언트 유(Brilliant U)라는 학습 플랫폼을 구축하고 다양한 소스에서 콘텐츠를 제공하고 있다. 근로자는 각자의 전문성을 활용해 학습 콘텐츠를 개발하거나 공유하고 있다. 이를 활용해 GE는 2015년부터 15만 명의 직원 교육을 목적으로 기술 커리큘럼을 개발해 교육 플랫폼에 올리고 있다. 그 외 4주 단위의 글로벌 온라인 코스를 개발해 모든 직원이 무크(MOOC)를 통해 린, 디지털 및 첨단기술의 핵심 요소를 학습하고 있다.

지멘스는 지멘스 소셜 네트워크(SSN: Siemens Social Network)를 통해 직원들이 서로 전문 영역별로 노하우를 전달하고 공유하도록 하는 학습 체계를 구축하고 있다. 전문 영역별로 수백 개의 커뮤니티가 생성되고 직원들이 서로 전문 지식을 교류하는 방식을 취한다.

IBM은 유어러닝(Your Learning)이라는 슬로건하에 개인별 학습 콘텐츠를 제공한다. 마치 넷플릭스처럼 개인 추천 학습자료를 제시하면, 이들 중에서 개인의 필요에 따라 학습 과정을 선택하는 방식이다. 모든 교육은 마이크로러닝 방식으로 20분 미만 분량이며 상호작용이 가능하도록 구성되어 있다.

결과적으로 미래에는 일의 레고화가 진행되면서 오프라인에서 집합 교육을 받는 과거의 획일적 방식보다는, 교육 플랫폼이나 직원 간 지식 공유 시스템을 통해 개인 맞춤형 마이크로러닝 방식이 증가할 것으로 예상된다.

기그 경제의 확산과 근로자 경력 개념의 확대

미래에는 경력개발 방식이 회사 주도보다는 개인 주도하에 유연하게 이루어질 전망이다. 최근 IBM은 '커리어 스마트(Career Smart)'라는 개념하에 직원 스스로 경력을 개발하도록 돕고 있다. 이를테면 MYCA(My Career Advisor) 프로그램은 왓슨을 활용해 직원이 자신의 직무와 주요 경력을 입력하면 인공지능이 내·외부 시장을 분석해 경력 로드맵을 설계하도록 도와준다. 또한 내부적으로는 사내 이동을 촉진하기 위한 직무 포털을 운영해 직원 누구든지 원하는 직무에 지원할 수 있도록 하고 있다.

아마존은 업무 선택제를 통해 동일 직무를 3년간 수행할 경우 직무전환을 독려하고 있다. 아마존은 새롭고 도전적인 업무 부여가 최고의 교육이라고 생각한다.

시스코 역시 직원이 사내 프로젝트에 자유롭게 지원해 참여할 수 있는 탤런트 클라우드 시스템을 도입해, 경력 개발을 위한 멘토와 교육, 커뮤니티를 소개하고 경력을 스스로 관리하도록 하고 있다.

이제 미래에는 경력개발 방식을 하나의 직무에서 전문성을 쌓아나가는 연속적 경력개발 모델로 보기 어려울 것이다. 오히려 직원은 여러 직무를 탐색하고 때로는 직무이동과 교육을 번갈아 거치는 단속적 경력개발 모델을 수용해야 한다.

회사 역시 한 직무에서 장기근속을 요구하기보다는 직무이동을 허용하고 재교육을 강화하며 교육 후 또 다른 직무로 이동하는 단속적 근무 모델에 익숙해져야 한다. 물론 이러한 과정에서 직무별 필요역량과 직무간 경력개발 경로를 가상으로 알려주는 사내 소통 프로그램을 제공한다면 직원들에게 큰 도움이 될 것이다.

최근 일부 회사가 실행하는 단속적이고 자기주도적인 유연 경력 개발 개념은 기그 작업자(gig worker)에게서 더욱 명확하게 나타난다. 기그 작업자란 온라인 플랫폼을 통해 노동과 지식을 제공하는 프리랜서를 말하는데, 기그 작업자는 독립 사업주라기보다 외주 업무를 수행하는 노동자에 가깝다. 이들은 우버(Uber), 에어비앤비(Airbnb) 같은 자산 공유형 프리랜서뿐만 아니라, 일을 대행해주는 업워크(Upwork)와 태스크래빗(TaskRabbit) 같은 지식형 혹은 사무 지원형 플랫폼 근로자들을 포함한다. 최근에는 기그 작업자의 범주가 과거의 단순근로 형태에서 벗어나 점차 전문적인 일로 발전하고 있다.

이들 기그 작업자가 기업 외부에서 노동을 제공하는 이유는 종속 근로를 싫어하고, 근무시간과 근무장소를 자유롭게 선택할 수 있기 때문이다. 실제로 기그 작업자의 69%가 밀레니얼 세대의 근로자인 것을 보면, 미래의 근로 형태가 현재와 같은 종속적 감시 노동 형태에서 멀어지고 있음을 알 수 있다.[30]

기그 작업자들의 확대로 경제구조가 점차 기그 경제화된다는 전망까지 있으나, 기그 경제가 어느 정도까지 현실화될지는 기업의 노동활용 전략에 따라 결정될 것으로 보인다. 그 대신 기그 작업자는 미래의 경력관을 추측할 수 있는 단서를 제공한다. 〈표 5〉는 기그 작업자와 정규 근로자의 일이 어떻게 다른지 비교한 것이다.

기그 작업자는 근무시간과 근무장소의 자기결정권을 선호해 근무 과정에 대한 자기통제를 확보하고 싶어 한다. 또한 선호하는 직무에 필요한 역량을 다양한 소스에서 학습하고, 때로는 기업 내로 들어가 해당 직무 경험을 쌓아 역량을 체화하기도 한다. 기그 작업자의 상당수가 정

30 Bloomberg (2016). "2016 Survey of 1,000 Gig Workers".

표 5 정규 근로자와 기그 작업자의 비교

	정규 근로자	기그 작업자
호칭	근로자	공급자
확보 방식	채용	온보딩
계약 방식	고용 계약	공급 계약
급여 방식	월급/연봉/시급	수수료
근무 방식	전속적 근무관계	단기적 근무관계

• 자료: SHRM (2017. 6). SHRM 2017 Annual Conference & Exposition.

규 직장과 기그 작업자의 동시적 경력을 수행한 경험을 볼 때, 기그 작업자의 역량 개발이 조직 내외에서 모두 이루어지고 있음을 알 수 있다.

전통적 의미의 근로자가 향후 모두 기그 작업자가 될 것이라 보기는 어렵지만, 적어도 미래의 직장은 밀레니얼 세대가 선호하는 유연한 근무 환경을 조성해주고, 경력의 자기주도성을 인정해줘야 할 것으로 보인다. 미래에는 회사가 근로자를 하나의 획일적 경력사다리에 묶어두기 어렵고, 조직 내외로 이동이 일어날 것이므로 단속적인 경력을 인정해줘야 할 것이다.

4

준비된 미래

미래를 정확히 예측할 수는 없지만, 적어도 혁신적 신기술의 보급은 작업자의 일을 해체하고, 새로운 일을 생성시키며, 일의 범주를 조직 외부로 확대시키는 변화를 동반할 전망이다. 특히 이러한 혁신기술에 의한 노동 대체가 일어나면, 기술에 따른 마찰적 실업이 발생할 위험까지 있다.

그러나 일의 변화에 따라 숙련도가 향상되고(upskilling), 혁신기술을 활용하는 능력이 개선되며, 기계와의 협업이 가능해진다면, 기술에 의한 노동 대체는 문제가 되지 않을 것이다. 오히려 기술혁신은 생산성을 높이고, 근로시간을 줄여 일과 삶의 균형을 회복시키고 생활수준을 향상시키는 긍정적 결과를 가져올 수 있다.

4차 산업혁명 시대를 맞아 노동의 미래를 비관적으로 보는 입장과 낙관적으로 보는 입장이 모두 존재하는 것이 사실이다. 그러나 어느 한쪽 입장만 옹호하는 것은 현명하지 못하다. 그 대신 4차 산업혁명에 따른 기술혁신을 최대한 고용 친화적으로 활용하고, 사회적 약자를 최소화하는 범위 내에서 활용해나가는 것이 필요하다. 이를 위해서는 무엇보다 기술혁신과 인간 역량의 개발을 동시에 추진하는 균형 있는 노력이 필요하다.

4차 산업혁명이 진행될 때, 근로자의 역량 개선은 우선 그들의 숙련이 사장되지 않도록 하면서, 수행 가능한 대안적 경력으로 이동시켜주는 데 초점을 맞춰야 한다. 특히 근로자에 대해서는 대안적 경력 관리, 직무전환에 대비한 평생학습 기회 확대, 숙련 활용을 위한 직무 재설계 등의 대책이 필요하다.

준비된 자에게는 미래가 오히려 기회일 수 있다고 여겨야 한다. 이를 위해 인재상을 바꾸고, 기존 교육 및 역량 체계를 개선하며, 채용 방식을 큰 틀에서 혁신하는 조치가 요구된다. 일하는 방식 또한 오픈 이노베이션이 가능한 협업 방식으로 바꾸어야 한다. 그리고 조직은 유능한 인력을 다양한 원천에서 획득하는 노력을 게을리하면 안 될 것이다.

| Chapter 5 |

일하는 방식과 문화, 리더십의 미래

기술혁신은
일에 대한 사람들의 생각과 태도를
어떻게 바꾸는가?

한준

1

데이터 기술의 비약적 발전을 바라보는 우리의 자세

진화생물학의 세계적 권위자 스티븐 제이 굴드(Stephen Jay Gould)는 생명체 진화 과정을 '단속적 균형(punctuated equilibrium)'으로 특징지을 수 있다고 했다.[1] 기나긴 진화 과정에서 대부분 시간은 별다른 변화 없이 균형 상태를 유지하지만 아주 짧은 기간 동안 집중적으로 엄청난 변화가 일어나 기존 생명체는 소멸하고 새로운 생명체들이 등장한다는 것이다. 이러한 과정은 인간 역사에서 사회적, 경제적, 정치적 혁명에 비유할 수 있다. 하지만 이러한 생각은 더 확장되어 기술의 발전 및 기업 패러다임의 발전에도 적용될 수 있다. 최근 많은 주목을 끌고 있는 4차 산업혁명은 그 용어가 정확하고 적절한가 하는 논란에도 불구하고 실제로 일어나는 데이터 기술(DT; Data Technology)의 단절적 변화와 그에 따른 사회적, 경제적 파급효과 면에서 매우 중요한 의미가 있다.

1 Gould, S. J. (2002). *The Structure of Evolutionary Theory*. Harvard University Press.

기업에서 대부분 업무는 경제적 가치를 갖는 재화와 서비스의 생산 및 판매를 통한 수익과 이윤 창출에 집중된다. 그리고 근대적 기업에서 생산은 전적으로 18~19세기 산업혁명의 결과 등장한 기계화된 생산 패러다임에 기초하고 있다. 하지만 자본주의 시장경제의 발전 과정에서 기업의 생산 패러다임은 계속 변화해왔다. 특히 몇 차례 집중적이고 단절적인 기술혁신으로, 현재 대부분 선진 자본주의 국가에서는 생산을 포함한 기업의 모든 비즈니스 업무가 전기에 기반을 둔 기계의 사용과 디지털 정보기술 활용을 중심으로 이루어진다. 과학기술의 발전으로 생산의 패러다임이 변할 때마다 일하는 사람들과 기계의 결합 방식은 바뀌었고, 사람과 사람의 관계, 조직과 사람의 관계에도 많은 변화가 있었다. 예컨대 최초의 기계적 생산방식의 도입은 노동을 단순화시켜 기업 인력의 기반을 성인 남성에서 여성과 아동까지 확대했다. 이후 아동을 노동현장에서 제외시키는 것에는 적극적인 사회운동과 제도적 개입이 필요했다. 한편, 전기의 도입과 대량생산 패러다임의 확립으로 대규모의 안정된 고용과 그에 기반을 둔 노사관계가 마련되었다.

그러나 현재 이루어지고 있는 데이터 기술의 비약적이고 단절적인 발전은 기업조직들에 어떤 변화를 가져올 것인가? 이 질문은 단지 학술적인 의미뿐 아니라 현실적으로도 매우 중요한 의미가 있다. 이때 현실적이라는 것은 기업을 경영하는 관리자 입장에서 변화 내용을 파악하고 대비할 필요가 높다는 의미다. 그 배경은 다음과 같다. 격심해지는 기업간 경쟁에서 살아남으려면 데이터 기술이 제공하는 새로운 경쟁우위의 가능성을 현실화시켜야만 하는데, 데이터 기술이 중심이 되어 기업의 업무과정과 경쟁 전략이 바뀌면 인적자원에 대한 수요 규모나 인적

자원의 역량 내용이 바뀔 뿐 아니라 기업 안에서 일하는 방식과 관계, 문화가 모두 바뀐다. 따라서 데이터 기술 자체에 대한 이해와 그에 따른 전략과 생산 패러다임의 변화도 이해하고 대비해야 하지만, 이러한 업무를 실제로 수행하는 사람들은 어떤 사람들이고, 이들이 기대하고 생활하는 직장 분위기와 일하는 방식은 어떻게 될지 관리자들이 미리 생각하고 준비해야만 변화에 뒤처지지 않고 앞서나갈 것이다.

이 글에서는 데이터 기술의 비약적인 발전이 기업 내에서 구성원들이 일하는 방식과 이들이 공유하는 문화에 어떤 변화를 가져오고, 나아가 더 좋은 성과를 위해 관리자들이 발휘해야 할 리더십 내용은 어떻게 바뀔지 살펴보고자 한다.

2

기업에서 일하는 방식과 문화는 왜 변하는가?

기업 경쟁우위의 기반이 바뀌다

미국 경영학의 대가인 앨프리드 챈들러(Alfred D. Chandler)는 20세기 초반 사회경제 전반에 걸쳐 전기가 도입되고 통신교통망이 급속히 발달한 이후 시장이 확대되면서 규모(scale)와 범위(scope)가 기업들의 경쟁력 기반이 되었다고 했다.[2] 미국과 유럽 전역으로 확장된 시장에서 규모의 경제에 기반을 둔 경쟁우위의 기업들이 대기업으로 성장하면서 미국, 영국, 독일의 자본주의 경제를 이끌게 된 것이다. 20세기를 주도한 듀폰이나 GM 등 대표적 대기업들이 이 시기에 급성장하면서 산업자본주의의 모형이 바뀌었다. 이와 비슷한 변화가 21세기 초반인 지금 진행되고 있다. 20세기 초반의 변화가 물질적 생산, 분배의 패러다임 변화와

2 Chandler, A. D. (1977). *The Visible Hand: The Managerial Revolution in American Business*. Cambridge, MA: Harvard University Press.

함께 이루어졌다면 21세기 초반인 현재의 변화는 정보와 물질의 생산 및 분배의 비약적 발전, 그리고 물질과 정보의 결합에 따른 패러다임 변화가 핵심 축이다.

20세기 초반 공급자 측면 규모의 경제에 대응하는 현재 경쟁우위의 핵심은 플랫폼이다.[3] 플랫폼은 수요자 측면에서 규모의 경제라고 할 수 있다. 데이터 기술의 발전으로 정보 처리와 복제, 소통이 쉬워짐으로써 복제 및 배포 비용을 낮추었다. 또한 정보는 다른 사람들이 이용한다고 해서 내가 이용하는 데 제약이 있는 것이 아니라 비경합성을 특징으로 하기 때문에 이용자 1명당 접근 비용이 매우 낮다. 따라서 온라인 디지털 환경에서는 정보 상품이나 서비스에 대한 접근과 복제, 배포의 한계 비용이 급격히 낮아진다. 그뿐만 아니라 더 많은 정보를 많은 사람이 이용할수록 다른 이용자들도 더 많은 이득을 얻는 긍정적 네트워크 외부 효과가 존재한다. 많은 사람이 이용하는 기술이나 소프트웨어, 서비스는 다른 이용자들의 편익에도 도움이 되기 때문이다. 그 결과 많은 사람이 특정 플랫폼에서 제공하는 소프트웨어나 콘텐츠, 서비스를 이용할수록 다른 이용자들도 이득이 커져 이를 제공하는 기업들이 수확체증적 경쟁우위를 누릴 수 있다. 이처럼 이용자가 늘어날수록 이용자의 편익과 기업의 경쟁우위가 높아지는 정보 서비스가 바로 플랫폼이다.

플랫폼의 대표적인 예가 스마트폰 OS 시장을 양분하고 있는 애플과 구글, 그리고 SNS 시장에서의 페이스북 등이다. 플랫폼은 온라인에서

3 McAfee, A. & Brynjolfsson, E. (2017). *Machine, Platform, Crowd: Harnessing Our Digital Future*. W. W. Norton & Company.

만 존재하는 것이 아니라 온라인과 오프라인의 결합, 즉 O2O(online-to-offline)에서도 존재한다. O2O 플랫폼은 시장에서의 수요와 공급 양 측면을 매개한다. 이때 공급이나 수요 어느 한편이 급격하게 증가하면 다른 한편에서도 급격한 증가를 유발해서 모두에게 이익을 제공하는 것이다. 에어비앤비(Airbnb)의 경우, 숙박을 원하는 여행자가 수요자이고 숙박을 제공하는 개인이 공급자인데, 그들을 맺어주어 수요와 공급이 동시에 증가한다. 수요와 공급의 동시 증가는 수요자의 욕구 충족과 공급자의 이윤을 보장한다. 이처럼 수요와 공급 양 측면에서 또한 상호교차 네트워크(two-sided network) 효과를 제공함으로써 플랫폼 경쟁우위를 누리는 기업들도 있는데, 대표적인 기업으로는 승객과 차량을 연결해주는 서비스를 제공하는 우버(Uber), 상품 거래를 중개하는 알리바바(Alibaba) 등을 들 수 있다.

데이터 기술의 발전으로 인한 기업 경쟁우위의 원천은 플랫폼 경쟁력이다. 그런데 플랫폼을 둘러싼 경쟁에서 어떤 기업이 궁극적으로 살아남아 시장을 지배하고 그에 따른 엄청난 이득을 누릴지는 미리 정해진 것이 아니다. 플랫폼을 지배하는 기업들은 단지 남들보다 빨리 시장을 선점해 경쟁우위를 장악한 것이 아니라, 수요자인 고객들의 관심과 요구를 정확히 파악하고 그에 대응하는 서비스를 시의적절하게 제공하는 알고리즘을 성공적으로 개발했기 때문에 플랫폼의 이점을 누리게 되었다. 20세기 규모의 경제에서는 경쟁우위가 대규모 생산시설, 대규모 유통망, 대규모 자금력, 브랜드의 지배력에 기반을 둔 데 반해, 21세기 플랫폼 경쟁 시대에는 시장의 변화를 빠르게 파악하고 대처해서 고객들이 원하는 서비스와 기술을 제공하는 민첩성과 창의성이 플랫폼의 성공을 좌우한다. 그렇기 때문에 미래 시장에서 플랫폼 경쟁우위를 누리려면 기업들은 고객의 요구와 관심을 면밀히 파악해 신속하고 창의적인 서비스와 솔루션을 제공해야 한다. 데이터 기술의 발전이 가져온 4차 산업혁명 시대에 기업에서 창의적이고 유연한 작업 방식, 고객과 밀착해서 긴밀하게 상호작용하는 민첩한 작업 방식이 중요해지는 이유는 바로 플랫폼의 성공과 실패가 고객과의 인터페이스를 통한 고객의 만족스러운 경험에 달려 있기 때문이다.

기업의 일자리와 인력이 양극화되다

데이터 기술이 비약적으로 발전하면서 제기된 중요한 문제는 인간의 일자리 혹은 일거리가 줄어들 것인가, 아니면 새로운 일자리와 일거리가 생겨날 것인가 하는 문제이다. 대체로 일자리가 줄어들 것이라는 점에는 의견이 크게 다르지 않지만, 새로운 일자리가 얼마나 생겨나 없어진 일자리를 대신할 수 있을지에 대해서는 의견이 다르다고 볼 수 있다. 그런데 일자리의 소멸과 생성이라는 문제와 더불어 또 다른 중요한 문제가 바로 일자리와 일에 대한 가치 평가에서의 양극화이다. 시장경제에서 일과 일자리의 경제적 가치는 상품이나 서비스의 부가가치 생산에 기여하는 정도와 시장에서의 희소성과 대체 가능성에 의존한다. 최근 경제학 문헌들에서는 숙련 편향적 기술진보(skill-biased technological change) 결과 일자리의 가치가 점점 더 양극화된다는 사실을 밝히고 있다.[4] 복잡한 고도의 지식이나 창의성을 요하는 일자리의 가치는 계속 높아지고, 반대로 단순하고 별다른 전문성을 요하지 않는 일자리의 가치는 대부분 낮아진 결과, 일에 대한 보상도 양극화된다.

지금까지 그리고 향후 예상되는 데이터 기술발전은 과거에는 공작기계나 컴퓨터 도입 결과, 나타난 단순 육체노동 및 단순 사무노동의 대체와 감소에서 더 나아가, 인간의 판단과 조작을 필요로 하는 보다 광범위한 업무들을 자율적으로 작동하거나 원격 조작되는 기계들로 대체할 가능성이 높다. 예를 들면, 자율주행 자동차의 도입으로 운전이 불필요해지거나, 스마트 공장에서 많은 작업자가 불필요해지고, 더 나아가 인공지능을 도입함으로써 상당수의 루틴화된 사무 업무나 일부 전문적 평가와 판단 업무가 불필요해질 것이다. 이 업무가 모두 기계에 의해 실제로 대체되지 않더라도 그 일자리들의 경제적 가치는 계속 하락할 것이다. 반대로 기계가 아직 대체하지 못하거나 인간의 고유한 창의성을 필요로 하는 업무 혹은 인간들의 잠재력을 자극하고 통솔하는 리더십을 발휘해야 하는 업무들의 일자리는 시장에서 경제적 가치가 더욱 높아질 것이다.

일자리 양극화 현상은 사회 전체뿐 아니라 기업조직 내부에서도 마찬가지로 심하게 나타난다. 불확실성이 높아지면서 기업들은 과거처럼 장기계획에 따라 안정적으로 운영하기 어려워진다. 결국 불확실성과 환경변화에 적응하고자 기업들은 장기 고용을 줄이고 단기 고용 비중을 늘리며, 외부 인력을 적극적으로 활용하고 내부 인력의 고용조건을 유연하게 바꾸고 있다. 그런데 외부화와 유연화는 업무와 일자리에 따라 차

---

4 Bekman, E., Bound, J. & Machin, S. (1998). "Implications of Skill-biased Technological Change: International Evidence." *The Quarterly Journal of Economics*. Vol. 113. No. 4. pp. 1245-1279.

별적으로 진행된다. 경제적 가치가 높은 핵심 일자리와 인력은 여전히, 아니 오히려 더 적극적으로 경쟁력 확보를 위해 고용하는 반면, 대체 가능하고 희소성이 낮은 일자리와 인력은 더욱더 외부화하는 것이다.

플랫폼 기업의 예를 들어보자. 우버나 에어비앤비 등 플랫폼 기업에서 일하는 사람들 중 우버의 운전자나 에어비앤비의 임대자들은 모두 기업에 고용되지 않고 시장에서 계약에 의해 독립적으로 일한다. 이들이 자신의 자동차나 집을 가지고 일한 결과 우버나 에어비앤비가 빠른 속도로 확장할 수 있었고, 또한 그것이 독립 운전자나 임대자에게도 이득이 되었다. 하지만 시장 변화에 따른 불확실성은 독립 사업자 각자가 부담해야 할 몫이다. 독립 사업자들과 달리 서비스와 비즈니스를 개발하고 계획하며 알고리즘을 만드는 인력들은 고용의 안정성과 높은 보수를 누리며 일한다. 데이터 기술의 발전에 따라 플랫폼 기업뿐 아니라 점점 더 많은 기업에서 크라우드(crowd) 혹은 기그(gig) 작업자 형태로 수시로 인력을 고용할 것이다. 기업의 주요 전략적 판단과 의사결정 혹은 기술 및 서비스 개발 업무는 소수의 정규직이 수행하는 반면, 일상적이거나 일시적인 필요를 충족시키는 일은 필요에 따라 수시로 고용하는 다수의 사람이 맡는다. 그 결과 경제적 보상이나 일자리 안정성에서 격차가 더욱 벌어진다.

일자리와 일에 대한 가치 평가의 양극화로 인해 가치를 인정받는 일을 하는 사람들은 기업 내부에서 안정적으로 일하는 반면, 가치를 인정받지 못하는 일을 하는 사람들은 기업의 필요에 따라 잠시 일할 수밖에 없는 상황이 벌어져 양극화가 나타나는 것이다. 일자리의 안정성과 일의 가치 평가가 일하는 사람들에게 가장 호의적이었던 시절은 아마도 20세기 중반일 것이다. 이 당시에는 기업에서 일하는 사람들이 다양했다. 육체노동을 하는 블루칼라 사람들과 사무노동을 하는 화이트칼라 사람들, 관리직과 전문개발직에서 일하는 사람들이 작업 공간에는 약간의 차이가 있지만 기업의 경계 안에 모두 포함되어 있었다. 서로 다른 종류의 일에 종사하기에 문화나 일하는 방식에는 다소 차이가 있었지만, 한 기업에 속해 안정적으로 일한다는 이유로 이들은 '조직인(organization man)'이라는 정체성을 공유하며 기업조직의 관료적이고 위계적인 통제구조에서 생활했다.[5] 대규모 조직에서 이질적인 일을 하는 사람들에게 관료적, 위계적 구조와 명령과 통제의 체계는 질서와 안정을 유지하는 중요한 수단이었기 때문이다.

하지만 위에서 살펴본 것처럼 일자리와 일의 가치가 양극화된 기업조직에서는 소수의 창의적이고 전략적인 업무를 수행하는 사람들만 안정적으로 일하도록 보장된다. 수시로 채용되어 일하는 다수의 사람들은 언제 어느 기업에서 일할지 모르기 때문이다. 소수의 안정적 일자리에서 업무를 보는 사람들이 조직에 대해 갖는 태도는 과거처럼 높은 소속감과 애착에 기반을 둔 것이 아니지만, 이해관계의 일치와 경력 전망에 의해 자발적으로 몰입하는 경우가 많다. 이들의 자발적 몰입을 높이려면 과거처럼 타율적으로 명령과 통제 체계에 의존하기보다는 자율적이고 자기주도적으로 일하면서 협력과 조정을 이룰 수 있도록 해주어야 한다. 업무의 내용도 루틴화되지 않고 창의적 혁신과 전략적 판단을 요하는 경우가 많기 때문에 획일적인 규칙이나 위계적인 방식이 적용되기

---

5 Whyte, W. H. (2013). *The Organization Man*. University of Pennsylvania Press.

그림 1 데이터 기술 발전에 따른 인간과 조직의 변화

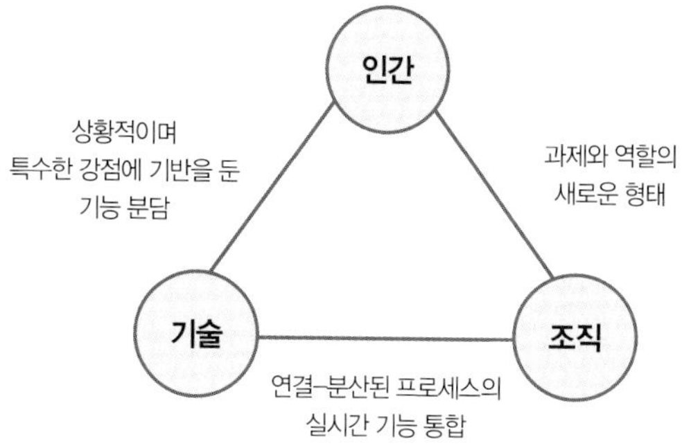

• 자료: Wetzler, D. (2015). Arbeit 4.0–Was Beschäftigte und Unternehmen verändern müssen.

어렵다. 이처럼 기업에 속해 일하는 사람들의 수가 줄어들고 구성이 바뀐 결과, 동기부여 면에서 그리고 업무의 성격 면에서 자율적이고 자기주도적으로 일할 필요성이 더욱 높아진다.

〈그림 1〉은 데이터 기술 변화로 인해 기업들이 경험한 혹은 경험하게 될 변화에 대해 위에서 살펴본 내용을 요약해서 보여준다. 데이터 기술이 비약적으로 발전하면서 기업조직에서 업무의 연결과 통합이 빠르게 이루어졌다. 그 결과, 첫째로 기업 간 경쟁에서 경쟁우위가 플랫폼으로 바뀌었으며, 둘째로 기업 내부와 외부의 분업이 바뀌어 기계 혹은 정보 시스템의 통제가 가능한 업무는 상당수 외부화되는 반면 이러한 통제가 적용되기 어려운 업무는 내부에서 자율적이고 자기주도적으로 수행되었다. 전자의 결과로 기업은 업무를 보다 창의적이고 혁신적으로 바

꿔 고객 밀착형 운영의 필요성이 높아졌고, 후자의 결과로 기업의 일하는 방식이 자율권과 자기주도성을 강조하는 방향으로 변했다.

사람들의 생각과 가치가 변하다

18~19세기 산업혁명은 기계와 인공동력을 이용해 생산력을 비약적으로 높이는 동시에 도구를 활용해 작업하던 인간을 기계와 함께 작업하도록 함으로써 작업과정에서 인간의 주도권을 약화시켰다. 20세기에 이루어진 자동화 도입은 기계와 인간 분업에서 기계의 몫을 늘리는 동시에 인간 생활의 편리와 물질적 풍요를 가져왔다. 인간은 이런 광범위한 기계 활용에 대응해서 보다 많은 교육과 훈련을 받음으로써 전문직, 관리 및 사무직과 서비스직에 더 많이 취업했다. 20세기 후반 컴퓨터와 인터넷의 보급은 바로 이 분야에서 인간과 기계의 분업에 변화를 가져왔다. 컴퓨터와 인터넷의 활용으로 서로 분리되었던 각종 업무의 처리과정이 하나로 일관되게 통합된 것이다. 이러한 정보처리와 통신 체계의 활용은 기업들이 일관된 시스템, 예컨대 전사적 자원관리(ERP; Enterprise Resource Planning)를 통해 업무를 처리할 수 있게 만들었다.

최근 인공지능의 비약적 발전과 활용은 더 급격한 변화를 예고한다. 금융과 보험에서 위험에 대한 판단, 주식 투자에 대한 판단, 의료 분야에서의 진단, 인사평가 및 채용에서의 판단 등 다양한 분야에서 인공지능 활용이 인간의 판단보다 더 신뢰할 만한 결과를 얻을 수 있다는 연구 결과들이 속속 발표되고 있다. 그렇다면 머지않아 인간이 정보를 수집하고 처리하는 업무뿐 아니라 이를 토대로 의사결정을 내리는 업무까지 기계가 대신할 가능성이 높다. 1990년대까지 관리자들의 의사결정을 보조하는 기능을 담당했던 컴퓨터가 이제는 의사결정 자체를 대신하게 된 것이다.

인간이 담당해왔던 일에서 기계의 활용도가 높아짐으로써 한편에서는 인간의 설 자리가 없어지는 것 아닌가 하는 우려도 제기되지만, 인간을 필요로 하는 새로운 일거리가 생겨날 것이라는 낙관론도 있다. 이 문제와 별도로 기계의 활용도가 높아지면서, 인간의 일하는 시간 자체는 줄어들었다. 역사적으로 대부분의 사회에서 기술의 발전과 함께 인간의 일하는 시간도 줄어들었다. 그만큼 인간이 일 이외의 삶, 즉 가족과 함께 보내는 시간 혹은 자신의 즐거움을 위한 여가시간이 늘었다. 이러한 변화는 인간의 일과 삶에 대한 태도에서 근본적인 변화를 예고한다. 물론 경제적으로 곤궁한 사람들 입장에서는 여가를 포기하고 일을 더 하려는 경우나 하나의 일자리가 아닌 추가적 일자리를 원하는 경우도 있을 것이다. 하지만 사회가 발전할수록 일하는 시간이 줄어드는 것은 반대로 여가시간을 잘 활용함으로써 삶의 질을 높이려는 관심이 높아진다고 볼 수도 있다. 일과 삶의 균형에 대한 사람들의 관심이 높아지는 것도 이러한 변화와 관련이 깊다.

인간의 여가시간이 늘고 여가에 대한 관심이 높아지는 것과 함께 여가시간을 만족스럽고 의미 있게 보내기 위한 욕구와 노력도 늘어난다. 여가시간이 적을 때 사람들은 기본적인 삶의 욕구 충족에 대부분의 시간을 보낸다. 하지만 여가시간이 늘면 이 시간을 보다 잘 보내기 위해 노력한다. 이러한 변화는 사람들의 교육 수준 및 정보력과 맞물려 문화적 취향의 세련화와 여가활동에 대한 인지적 투자를 가져온다. 여가시간을 위한 경제적 비용도 증가하지만 비슷한 지출을 하더라도 보다 만족스러운 여가를 보내기 위해 사람들은 문화적 취향과 자신의 능력개발에 더 많은 관심과 노력을 기울인다. 그 결과, 세련되고 능력을 갖춘 아마추어가 크게 늘어날 가능성이 있다. 문화와 예술, 스포츠 그리고 기술과 학문 분야에 이르기까지 일이 아닌 여가를 통해 전문가에 가까운 능력을 갖춘 사람이 다수 등장하는 것이다. 이러한 현상을 사회문화비평가인 클레이 서키(Clay Shirky)는 '인지 잉여(cognitive surplus)'라고 부른다. 여유 시간을 통해 개발되고 등장한 집합적 능력이라는 의미일 것이다.[6]

세대 교체 또한 변화를 거들고 있다. 요즘 기업에서 인력의 주축을 이루는 이른바 밀레니얼 세대는 이전 세대에 비해 더 많은 교육을 받았을 뿐 아니라 보다 풍요한 성장 경험을 했다. 밀레니얼 세대는 자신의 삶에 대한 만족에서 일을 통한 성취와 보람에만 전적으로 의존하지 않는다. 일을 통해 얼마나 많은 소득을 벌어들이는가, 얼마나 성공적 경력을 쌓는가도 중요하지만, 벌어들인 소득을 얼마나 만족스럽게 소비하고 여가를 즐기는가, 경력에 걸맞게 어떤 라이프스타일을 누리는가에 관심이 높다. 이러한 관심과 욕구를 가진 밀레니얼 세대에게는 일과 삶의 균형이 중요할 수밖에 없다.

사람들의 시공간적 경험이 바뀌다

서구와 한국의 밀레니얼 세대 간에 어느 정도 사고와 가치의 차이는 있

6 Shirky, C. (2008). *Here Comes Everybody: The Power of Organizing without Organizations*. Penguin.

겠지만, 세계적으로 밀레니얼 세대는 데이터 기술의 시작과 함께 태어나 그 비약적 발전을 누구보다 빨리 따라가며 성장한 세대라는 점이 매우 중요하다. 데이터 기술의 활용 경험은 이들의 시공간에 대한 경험을 이전과 판이한 것으로 만들어가고 있다.

4차 산업혁명을 이끌어가고 있는 데이터 기술 발전의 중요한 특징은 정보, 즉 비트에 기반을 둔 영역과 물질, 즉 아톰에 기반을 둔 영역 간에 연결이 긴밀해지고 서로 융합되는 경향이 높아진다는 것이다. 그리고 이러한 초연결과 융복합의 결과 인간의 활동과 경험을 제약하는 시공간의 의미가 변화하기 시작했다. 19세기 후반과 20세기 초반에 전기, 전신, 전화의 도입과 전기, 통신, 교통망의 비약적 보급 및 발전은 인간의 경험과 활동의 급속한 시공간적 확장을 가져왔다. 하지만 21세기에 접어들어 디지털 미디어와 데이터 기술의 발전은 또 하나의 단절적이고 비약적인 변화를 낳고 있다.

이미 20세기 후반 데이터 기술이 발전하면서 현실 혹은 실재(reality)에 대한 모사, 반영의 정확도가 비약적으로 높아졌으며, 디지털 미디어를 통한 가상현실(virtual reality) 혹은 증강현실(augmented reality) 기술이 발달하면서 가상세계의 경험이 실재세계에서의 경험과 구분하기 어려울 정도가 되었다. 그 결과 가상현실의 경험을 통해 인간들이 실재세계에서 경험하는 것들을 대리 경험할 수 있도록 다양한 영역에서 변화가 일어났다. 더욱 생생한 경험을 통한 교육과 훈련이 가능해지고, 상상도 못했던 세계를 경험하는 오락과 즐거움이 늘어나며, 많은 비용이 필요한 연구와 개발에서 실재를 대신하는 가상현실이 활용되면서 이러한 기술의 중요성이 더욱 높아졌다.[7]

하지만 데이터 기술의 발전은 현실과 가상의 연결 혹은 경계의 약화에만 그치지 않는다. 최근 들어 사물인터넷 기술이 발전하면서 물질적 현실에 대한 정보의 획득과 통제가 인간의 개입이나 참여 없이도 자율적으로 가능해졌다. 인간의 뇌와 컴퓨터를 곧바로 연결하려는 시도도 이루어지고 있다. 또한 3D 프린터의 활용이 높아지면서 정보의 복제만이 아니라 이전에는 생각지도 못했던 사물의 복제도 가능해지고 있다. 3D 프린터의 활용은 정밀한 제도 등 산업뿐 아니라 연구 및 장기 제조를 통한 의료 영역 등까지 그 범위가 빠르게 확장되고 있다. 물질로부터 정보가 생성되어 소통되고, 또한 정보가 물질로 전환되어 생산이 이루어지는 놀라운 변화가 일어나고 있는 것이다.

정보와 물질 간의 연결과 전환이 보다 활발해지고 자유로워짐으로써 시공간의 제약이나 경계는 더욱 의미가 없어지게 되었다. 사물인터넷과 3D 프린터 및 로봇의 활용은 원격에서 인간의 개입 없이 생산현장을 통제할 가능성을 열었고, 드론의 광범위한 보급과 자율주행 자동차의 상용화가 이루어지면 더욱 빠르고 편리한 인간 이동과 물품 배송이 가능해질 것이다. 또한 스마트폰의 빠른 보급과 성능 개선으로 데이터 기술을 이용한 다양한 활동—예컨대, 데이터 통신과 파일, 방송 시청과 오락, 사진 및 동영상 촬영, SNS를 통한 교류, 금융 거래 등—을 언제, 어디서든 큰 비용 들이지 않고 손쉽게 할 수 있게 되었다. 이제 시공간이라고 하는 물리적 조건은 더 이상 인간의 활동과 인간들 간의 관계에 절대적인 제약으로 작용하지 않게 된 것이다. 사람들은 언제 어디서

7 McAfee, A. & Brynjolfsson, E. (2017).

나 정보의 영역뿐 아니라 물질의 영역에서도 자신이 하고자 하는 활동을 할 가능성에 점점 더 가까워지고 있다.

결국 시공간적 경험이 과거와 완전히 다른 사람들이 일하는 기업에서는 일의 시공간적 조건이 더 이상 제약이나 구속이 될 수 없다. 어디서 언제 일하는가보다 어떤 일을 얼마나 잘하는가가 훨씬 중요한 것이다.

3

기업에서 일하는 방식과 문화는 어떻게 변하는가?

고객에게 밀착해서 일하고 창조적으로 학습하다

데이터 기술이 빠르게 발전하면서 기업에서 일하는 방식에도 변화가 일어나고 있다. 데이터 기술이 기업에 제시하는 새로운 가능성은 보다 유연하고 빠르게 고객과 상호작용하며 고객의 요구를 잘 파악하는 것이다. 이러한 가능성은 고객의 필요와 의견을 중시하는 연구 및 개발작업에 영향을 미쳐, 미리 정해진 계획에 따라 일하지 않고 유연하게 고객과 상호작용하는 방식으로 변화하고 있다.

대표적인 예가 소프트웨어 개발에서 널리 알려진 민첩 개발(agile development) 방식이다.[8] 민첩 개발 방식에서는 소프트웨어를 개발할 때 최소한의 기능을 갖춘 베타 버전의 제품을 우선 만들어 사용자들

8 Plattform Industrie 4.0. (2017. 3). "Shaping the Digital Transformation Within Companies–Examples and Recommendations for Action Regarding Basic and Further Training". Federal Ministry for Economic Affairs and Energy. Germany.

에게 배포하고 사용자들의 의견을 널리 수집한 다음, 이를 바탕으로 문제점을 개선하는 작업을 반복함으로써 개발 주기를 짧고 빠르게 한다. 이 방식은 그동안 규모도 작고 특화된 첨단 IT 분야의 스타트업 기업들에서 주로 활용되었지만 그 밖의 분야나 대기업들에서는 별로 시도되지 않았다. 소프트웨어에서는 문제점을 개선하는 추가 작업이 별로 어렵지 않지만 다른 분야에서는 시제품 개선 과정이 복잡할 수 있기 때문이다. 또한 스타트업 기업의 베타 버전에서 발견된 버그와 달리 대기업 시제품의 결함은 명성에 흠이 될 수 있기 때문에 완제품이 나올 때까지 외부에 노출하기를 꺼렸다.

그런데 최근 들어 미국의 대표적 기업인 GE에서 민첩 개발 방식을 과감히 도입했다. 패스트웍스(FastWorks)는 GE가 《린 스타트업(*Lean Start-up*)》의 저자 에릭 리스(Eric Ries)의 자문을 받아 자체적으로 만든 혁신적인 작업 방식이다. 그 내용을 보면 다음과 같다. 먼저 고객의 요구사항을 조사한 뒤 이를 바탕으로 실현 가능한 최소 제품(MVP: minimum viable products)을 신속하게 만든다. 고객이 이 시제품을 시험 삼아 사용한 뒤 내놓은 그 피드백을 반영해 제품을 개선한다. 그런 다음 다시 고객이 시험 사용하고 의견을 반영하는 과정을 여러 차례 빠르게 반복한다. GE는 이 과정을 개발(build)-평가(measure)-학습(learn) 3단계의 반복으로 요약해서 설명한다.

민첩 개발 방식은 GE뿐 아니라 독일 기업인 KUKA에서도 적극 활용된다.[9] 1898년 설립된 KUKA는 현재 1만 2,300명이 일하는 글로벌 자

9 Plattform Industrie 4.0. (2017. 3).

GE의 민첩 개발 활용 사례

GE는 민첩 개발을 여러 사업 부문에 적용했다. 예를 들어, 일본 GE에서 요양시설의 보행 재활훈련을 받는 사람들과 치료사를 위해 개발한 '아유미 아이(AYUMI EYE)' 프로젝트에서는 센서를 이용해 걸음걸이의 균형 등 움직임 전반을 데이터화하고 이 데이터를 모바일 장치와 연동해 걸음걸이 상태를 시각화했다. 이 과정에서 프로그램을 실제 이용하는 고객에게 프로그램 사양의 세부사항을 공개하고 그에 대한 피드백을 받아 수정과 개선을 반복한 결과 개발에서 출시까지 통상 1년 이상 걸리던 과정이 3개월로 단축되었다. 그 밖에 대형 발전용 가스 엔진 개발에도 이 방식을 적용해 고객의 의견을 반영해서 수정하고, 고객의 시험 사용을 반복한 결과 개발 기간 단축뿐 아니라 비용 감축과 에너지 효율성을 향상시키는 효과도 얻을 수 있었다.

동화 선도 기업이다. 이 기업의 주력 분야는 여러 산업 분야에 걸쳐 자동화를 위한 원스톱 솔루션을 제공하는 것이다. 글로벌 기업인 KUKA는 전 세계 고객들의 요구에 부응하기 위해 지역마다 직원들을 고용하고 있는데, 이들은 디지털 작업 플랫폼을 기반으로 고객의 수요에 최적화된 첨단기술 제품을 협력적으로 개발해야 하는 도전에 직면하고 있다. KUKA에서도 GE와 마찬가지로 제품 개발 주기를 단축하고 고객의 수요를 효과적으로 반영하는 방안으로, 민첩 개발 방식의 일종인 스크럼(Scrum)을 적극 활용한다. 스크럼 방식은 지식경영의 대가 노나카 이

KUKA의 민첩 개발 활용 사례

KUKA의 스크럼도 GE의 패스트웍스와 마찬가지로 처음부터 포괄적인 제품 설계를 하는 대신 기본 중심의 시제품을 개발해 시범 고객들이 시험적으로 사용하게 한 뒤 피드백을 받아 오류를 바로잡고 수정하는 과정을 반복한다. 이때 각각의 사이클은 2~4주가량 걸리며 이를 스프린트(Sprints)라고 부른다. 이처럼 부분적 개발과 고객 피드백 및 오류 수정이 반복되는 스크럼 방식을 통해 KUKA가 얻고자 하는 바는 개발에서 나타날 수 있는 문제점들을 조기에 발견해 해결함으로써 고객의 요구에 초점을 맞춘 고성능 제품을 적은 비용으로 빠르게 개발하는 것이다. KUKA의 스크럼 방식에서 특징적인 것은 개발과 계획이 소규모 단계별로 자기조직화된 팀들에 의해 이루어지며, 이 팀들은 매일 10~20분간 작업 미팅을 통해 서로 정보를 교환하고 외부로부터 필요한 지원을 얻기도 한다.

쿠지로(野中 郁次郎)가 다케우치 히로타카(竹內 弘高)와 함께 1986년 《하버드 비즈니스 리뷰》에 게재한 신제품 개발에 대한 논문에서 처음 제안한 이후, 1990년대 소프트웨어 개발에 본격적으로 적용되기 시작했다.

창조적이고 유연한 방식으로 작업하는 또 다른 독일 기업으로 소프트웨어 AG(Software AG)가 있다. 1969년 독일 다름슈타트에 설립된 소프트웨어 AG는 전 세계에 걸쳐 5,000여 명의 직원이 일하며 SAP와 함께 독일을 대표하는 소프트웨어 기업이다. 소프트웨어 AG는 주력 사업 분야인 디지털 비즈니스 플랫폼(DBP) 개발에서 끊임없이 학습하고 개선하는 학습 조직을 실현하기 위해 디자인 싱킹(design thinking)을 적극적으로 활용한다. 디자인 싱킹은 미국 캘리포니아 팰로앨토에 있는 유명한 디자인 및 창의성 컨설팅 기업인 IDEO에서 시작되었다.

디자인 싱킹의 핵심 내용은 다음과 같다. 우선 사람들을 관찰하고 소통하며 공감함으로써 소비자를 이해하고 영감(inspiration)을 얻는다. 그런 다음 다양한 대안을 모색하는 확산적 사고와 주어진 상황에서 최선을 찾는 수렴적 사고를 반복해 통합된 아이디어 창출(ideation)을 시도한다. 마지막으로 실험적 시도와 오류 수정 과정을 반복해 혁신적 결과를 얻는 창의적 문제해결 방안을 실행(implementation)한다. 이 과정에서 핵심적인 사항은 문제를 이해하기 위해 끊임없이 관찰하고 고객의 요구를 파악하기 위해 계속 노력하는 한편, 새로운 아이디어 창출을 위해 이질적 배경을 가진 사람들이 많이 참여해 다양한 관점을 반영할 수 있도록 해야 한다. 최종적으로 시제품(Prototype)을 만들고 다듬어갈 때도 그동안 제안된 다양한 아이디어를 종합하고 고객들의 피드백을 최대한 활용하고자 노력한다.

GE나 KUKA처럼 고객과 밀접하게 상호작용하며 작업하거나 소프트웨어 AG처럼 디자인 싱킹을 활용해 창의적으로 문제를 해결하고자 하는 기업에서는 새로운 작업 방식에 걸맞은 기업문화가 요구된다. 무엇보다 다양하고 이질적인 사람들의 참여를 보장할 수 있는 개방적인 기업문화가 필요하고, 협력적 작업에 요구되는 신뢰와 팀워크를 위해 작업팀의 자율성 보장 및 민주적 리더십이 필요하며 오류와 실수에 대한 관용이 허용되어야 한다.

직원들의 자율성을 보장하고 자기주도적 팀을 강화하다

작업 방식이 유연해지고 창의적 학습이 가능하려면 조직구조와 문화 역시 획일적이고 경직되거나 명령과 통제 위주로 이루어져서는 곤란하다. 명령과 통제 중심의 하향적 조직과, 반대로 자율적이고 자기주도적인 팀의 활동이 보장되어야 한다. 일정에 따른 작업 진행과 엄격한 기한 준수가 요구되는 경우에는 명령과 통제가 중요하겠지만, 유연하고 상호작용적이며 개방적으로 작업해야 하는 경우에는 명령과 통제가 오히려 방해가 되기 때문이다. 실리콘밸리 첨단기업들은 대부분 자율성이 보장되고 자기주도적 팀의 활용을 많이 하는 편이다. 데이터 기술 발전으로 4차 산업혁명이 본격화되는 상황에서, 실리콘밸리 첨단기업들의 이러한 특징들이 다른 분야와 다른 지역의 많은 기업으로 확산될 것으로 예상된다.

직원의 자율성을 최대한 보장하는 데 그치지 않고 자율권을 실제로 익히고 활용할 수 있는 조건을 마련해주고자 고심하는 대표적 기업이 페이스북(Facebook)이다.[10] 페이스북에는 직원들의 자율적 팀 지원제도인 부트 캠프(boot camp)와 해커톤(hackathon)이 있다. 일종의 훈련 프로그램이라고 할 수 있는 부트 캠프와 해커톤을 통해 실제 페이스북에 도움이 될 좋은 서비스를 개발할 수도 있지만 그보다 더 중요한 목적은 직원들이 이를 통해 자율권을 갖고 업무를 자기주도적으로 수행하는 경험을 쌓도록 하는 데 있다. 이러한 경험을 발판으로 더 큰 프로젝트를

10 정권택, 예지은 외 (2017). 《실리콘밸리 사람들은 어떻게 일할까?: 그들이 더 즐겁게, 마음껏 일하는 5가지 비밀》. 삼성경제연구소.

페이스북의 자율성 및 자기주도 팀 훈련

부트 캠프는 신입 엔지니어들을 대상으로 하는 6주에 걸친 교육 프로그램이다. 부트 캠프에서 신입 엔지니어들은 실제 웹사이트의 버그를 해결하는 프로젝트를 처음부터 끝까지 독자적으로 수행함으로써 페이스북에서 일하는 방식, 즉 자율적 업무수행을 체험하게 된다. 해커톤 역시 직원들이 자기주도적으로 과제를 수행하는 프로그램이다. 해커톤은 부트 캠프에 비해 단기간의 프로그램이다. 해커톤에 참여한 직원들은 8~48시간 동안 스스로 팀을 조직하고 협업을 통해 기획, 프로그래밍, 프로토타입 제작을 수행한다. 여기에서 개발된 서비스는 단지 프로토타입에 머물지 않고 직원들의 호응 정도에 따라 정식 과제로 채택되기도 한다. 그 대표적인 예가 2013년 해커톤에서 큰 호응을 얻은 후 정식 서비스로 발전한 '공유 앨범' 서비스이다. 이것은 친구들끼리 사진을 통해 추억을 공유할 수 있도록 한 서비스이다.

• 자료: 정권택, 예지은 외 (2017). 《실리콘밸리 사람들은 어떻게 일할까?: 그들이 더 즐겁게, 마음껏 일하는 5가지 비밀》. 삼성경제연구소.

수행할 수 있는 자질과 능력을 키우는 것이다. 프로젝트의 시작에서 최종 성과물에 이르는 전 과정에서 경험과 훈련을 통해 직원들은 실제 업무에서도 자율권을 갖고 자기주도적으로 업무에 임하는 자세와 태도를 내면화하게 되는 것이다.

자율성이 강조되는 기업에서는 자신에게 주어진 업무를 잘 수행하는 것만으로 좋은 평가를 받기 어렵다. 스스로 아이디어를 제안하고 실행을 주도하며 동료들과 협업을 통해 성과를 냈을 때 좋은 평가를 받는 경우가 많다. 이러한 자기주도적 업무 스타일이 제도화되어 있는 다른 기업들의 사례도 있다. 예컨대 구글에서는 직원들이 업무에서 주도권을 갖도록 장려할 뿐 아니라 상사가 자신의 능력 발휘에 도움이 되지 않는다고 판단할 경우 12개월 주기로 상사의 교체를 요청할 수도 있다. 업무에서뿐만 아니라 자신의 성장발전과 경력관리에서도 자율권과 자기주도성을 인정하는 것이다.

직무 전환과 배치 과정에서 직원들의 자율적 선택권을 존중하는 것도 업무에서의 자율권 인정과 같은 맥락에서 중요하다. 자율적 부트 캠프와 해커톤을 실시하는 페이스북에서는 직원들이 한 직무에 머물지 않고 2년마다 새로운 직무에 도전할 수 있도록 권장하는 '직무전환제'를 실시하는데, 직무 선택과 이동에 대한 판단은 전적으로 직원 자신의 몫이며 관리자는 이러한 결정을 거부할 수 없다. 상사의 승인 없이도 자신이 원하는 직무로 전환이 가능한 것은 구글도 마찬가지이다.

업무에서 직원들의 자율권에 대한 존중을 조직구조로 체계화하고 제도로서 보장한 대표적인 예는 미디어 콘텐츠의 스트리밍 서비스를 처음 시작해 성공으로 이끈 넷플릭스(Netflix)이다. 넷플릭스의 CEO 리드 헤이스팅스(Reed Hastings)는 2009년 자신의 기업운영 방침과 기업문화에 대한 입장을 정리해 124개의 슬라이드로 공개했다. '자율과 책임(Freedom and Responsibility)'이라는 제목의 이 문서에서 헤이스팅스는 성공한 스타트업 회사가 대기업으로 성장하면서 직면하는 대표적인 문제로 2가지를 꼽았다. 하나는 도전과 창의적 정신이 약해지고 직원들이

넷플릭스의 자율과 책임 문화

넷플릭스의 창업자이자 CEO인 리드 헤이스팅스는 넷플릭스의 기업문화와 가치를 선포한 '자율과 책임'이라는 제목의 문서에서 다음 사항들을 강조했다. 상사나 관리자는 부하나 직원의 업무를 통제(control)하려 해서는 절대 안 된다. 자율성을 해치고 명령에 복종하는 관료화된 문화가 기업에 퍼지기 때문이다. 관리자들이 해야 하는 일은 업무의 지시와 명령, 그리고 통제가 아니라 업무의 배경과 맥락(context)을 전달함으로써 직원들의 업무를 유도하는 것이다. 실제 업무를 어떻게 수행해나갈지에 대한 판단은 팀원들이 자율권을 갖고 협의해서 스스로 정하고 실행할 수 있어야 한다. 업무에 대한 자율적 결정과 수행을 보장하기 위해서는 조직의 구조 또한 중요하다. 조직구조는 업무에 필요한 협조가 원활하게 이루어질 수 있도록 잘 연결되어 있되(high align) 업무에서의 자율성을 보장하고 과도한 통제가 되지 않도록 느슨하게 맞물려야 한다(loose coupling).

• 자료: 〈http://www.netflix.com/〉.

관료화되는 것이고, 또 하나는 기업의 성장을 주도한 핵심 인재의 비중이 줄어들면서 초심이 약해지는 것이다. 헤이스팅스는 이 문제들에 대한 해법으로 복잡한 절차나 규정이 아닌 자율과 책임을 강조했다.

실리콘밸리의 대표적인 첨단기업들은 직원들의 자율권을 최대한 보장하고 자기주도적으로 팀을 구성해 협력적으로 업무를 수행하도록 해서 창의적이고 유연한 작업이 원활히 이루어지게 한다. 그런데 데이터 기술이 빠르게 발전하고 기존 사업 영역 간의 경계가 소멸되며 기계와 인간의 결합이 새로운 단계에서 이루어지는 상황에서 직원들의 자율권과 자기주도성을 강조하는 실리콘밸리의 분위기와 문화는 대부분의 기업에 꼭 필요할 가능성이 높다. 경쟁이 심화되고 단절적 변화가 일상화된 상황에서 제임스 마치(James March)가 주장한 대로 기업이 기존 경쟁력 활용(exploitation)에 안주하지 않고 새로운 가능성과 기회 탐색(exploration)을 활성화하려면 엄격한 하향적 통제와 지시가 아닌 유연한 상향적 자율과 협력이 필수적이기 때문이다.[11]

정보를 모두에게 공개해서 신뢰와 투명성을 높이다

직원들의 자율성과 자기주도적 팀을 강조하는 분위기는 기업과 직원 관계에서 신뢰와 투명성에 대한 강조로 이어진다. 위계적이며 명령과 통제 중심의 기업에서는 의사결정 권한이 기업경영진에 집중되고, 정보에 대한 접근 기회도 직급에 따라 엄격히 서열화된다. 하지만 반대로 수평적이고 자율과 책임이 강조되는 기업에서는 기업에 속한 모든 사람이 자율권을 발휘하고 주도적으로 프로젝트를 진행할 수 있도록 의사결정 권한이 분산될 뿐 아니라 의사결정에 필요한 정보가 투명하게 공개된다.[12]

11 March, J. G. (1991). "Exploration and Exploitation in Organizational Learning." *Organization Science*. Vol. 2. No. 1. pp. 71-87.

12 정권택, 예지은 외 (2017).

실리콘밸리 기업들의 투명한 정보공개 사례

숙박 관련 대표적 플랫폼 기업인 에어비앤비의 CEO 브라이언 체스키(Brian Chesky)는 매주 일요일 저녁 지난 한 주 동안 업무상 취득한 정보 가운데 중요한 내용을 요약해서 '선데이 나이트 시리즈'라는 제목으로 직원들에게 발송한다. 모든 직원에게 그 내용이 관련된다고 볼 수는 없지만 한번 읽고 회사 전체 상황을 전략적으로 판단해보고, 큰 그림을 그리는 것은 물론, 자신이 맡은 업무에 대해서도 회사 전체의 관점에서 생각하고 업무수행을 정확하고 신속하게 할 수 있도록 도움을 주려는 의도라고 할 수 있다.

구글 역시 기업 내 모든 주요 정보를 전 직원에게 공개한다. 매주 목요일 오후 구글은 본사에서 CEO와 직원들이 함께 모여 정보를 공유하고 토론하는 TGIF(Thanks God It's Friday)라는 미팅을 갖는데, 본사 직원들은 오프라인으로, 해외 직원들은 온라인 실시간 동영상으로 참여한다. 이 모임에서는 정보에 대한 공개만이 아니라 누구라도 국가, 직급, 업무에 상관없이 경영진에게 묻고 싶은 것이 있으면 '도리(Dory)'라는 시스템을 이용해 미리 등록하고 답변을 듣는다. 이 모임에서는 그 밖에도 새로운 제품이나 서비스를 직원들 대상으로 시연하는 기회를 갖기도 한다. 이때 새로운 서비스에 대해 문제점을 제기하기도 하고 해결책을 함께 모색하기도 하는 등 자신의 업무를 넘어 기업 전체의 관점에서 생각해보는 기회도 갖는다.

다른 기업들도 마찬가지이다. 페이스북은 'Q&A with Mark'라는 이름의 회사 업무 현황을 묻고 토론하는 모임을 매주 갖고, 테슬라(Tesla) 역시 일론 머스크와 직원들이 매주 대화 자리를 갖는다.

회사 내에서 진정한 협력은 정보의 불균형을 없애야 가능하다는 것을 잘 이해하고 있는 페이스북의 CEO 마크 저커버그(Mark Zuckerberg)는 직원들이 자율적이고 주도적으로 일하려면 모든 정보를 공유해야 한다고 강조한다. 정보의 자유로운 소통은 기업에 대한 직원들의 높은 신뢰와 직결된다. 신뢰를 저해하는 의심은 대부분 상대방이 나에게 무언가 숨기고 있다는 생각에서 출발한다. 이처럼 정보의 불균형과 접근권의 제약이 불신을 낳기 때문에 정보의 투명한 공유는 자발적 협력과 신뢰감 형성에 필수적이다. 실리콘밸리에서는 정보의 투명성과 자유로운 소통을 강조하는 기업을 많이 볼 수 있다.

정보 공개와 면대면 토론을 통해 생각을 공유하면 자율권을 가지고 주도적으로 일하는 전제조건이 되지만, 동시에 관리자의 통제 없이 각자 자율적으로 일하다 보면 목표와 가치의 공유를 통한 조율과 조정이 필요하다. 결국 자율적이고 자기주도적인 업무 방식은 정보의 공개, 가치 및 생각의 공유, 그리고 서로 보완하며 강화하는 관계에 있다고 할 수 있다.

일하는 시간과 공간을 과감히 개방하고 유연하게 만들다

데이터 기술의 발전으로 일하는 방식과 조직 문화가 명령과 통제에서 자율과 유연으로, 위계와 제약에서 참여와 개방으로 바뀌면서 일하는 시공간적 조건에서도 자율과 개방이 강조되고 있다. 칸막이로 분리된 좁은 공간에서 각자 정해진 책상에 앉아 꼼짝 않고 9시부터 5시까지 일하는 것은 이미 옛날이야기가 되고 있다. 더욱이 데이터 기술의 비약적 발전으로 일상생활에서도 이미 시공간적 제약이 의미를 잃어가고 있

시간과 공간을 초월한 시스코의 유연근무

기업의 업무 지원을 위한 정보 시스템 개발 선두기업인 시스코에서 차이가 나는 점은 공간 배치만이 아니라 시간과 공간 모두 자유로운 선택이 가능하다는 점이다. 시스코의 근무환경 정책에서 중요한 것은 "대학에서 어떤 교수도 '이 과제를 도서관에서 9시부터 6시까지 끝마칠 것'을 요구하지 않는다"는 점이다. 요컨대 어디에서 일하는가가 아니라 어떤 일을 얼마나 잘 하는가가 중요하다는 것이다. 1993년 시스코는 실리콘밸리 최초로 재택근무제를 도입했다. 파격적인 유연근무를 가능케 하고자 시스코는 화상회의(Tele-Presence), 원격회의(WebEx)를 위한 시스템을 개발하고, 이를 통해 업무공간을 확장한 '연결된 일터(Connected Workplace)'를 구현했다. 원격회의의 비중은 지난 7년간 6배 넘게 늘어나고 263개 도시에 1,097개의 화상회의 공간이 갖추어져 있어 회의 대상자 중 회의실에 앉아 있는 비율은 20%에 불과하다.

지 않은가?

이동과 교통의 대표적 플랫폼 기업인 우버는 작업 공간의 개방적 변화를 잘 보여준다. 우버의 직원들이 일하는 사무실은 높은 천장에 칸막이가 없는 개방형 구조로 되어 있다. 대신 각층 중앙에는 넓은 카페테리아 공간을 두어 직원들이 협업과 소통에 활용할 수 있게 했다. 직원들은 쾌적하고 개방된 공간에서 높낮이 조절이 자유로운 자신의 책상이나 사무실 중간의 소파 혹은 층마다 있는 카페테리아 그 어디서든 자유롭고 편하게 일할 수 있다. 미팅룸 또한 누구나 볼 수 있도록 유리벽으로 투명하게 되어 있다. 이러한 공간 배치에서 핵심적 원칙은 유연성과 개방성이다. 다른 실리콘밸리 기업들도 대체로 비슷하다. 대부분의 기업이 개방적인 공간에서 자유롭게 일할 수 있도록 되어 있다.

4차 산업혁명 시대에 근무시간과 근무공간의 제약에서 일을 해방시키려는 시도는 미국의 실리콘밸리 기업들만이 아니다. 독일 대기업 지멘스(Siemens)와 보쉬(Bosch)에서도 우버나 시스코(Cisco)와 유사한 변화를 발견할 수 있다. 지멘스에서는 제조 라인 등 필수적인 경우를 제외하고는 시간적·공간적 유연근무가 가능하다. 모바일 워크를 통해 언제 어디서든 일하기에 가장 적절한 장소와 시간을 선택할 수 있도록 허용한다. 모바일 워크를 허용하는 것은 회사의 제도와 정책이지만, 근본적으로 보다 더 중요한 것은 기업 및 상사와 직원 간의 상호 신뢰이다. 자기주도로 일하는 환경을 선택할 수 있도록 하되 일의 성과와 진행에 대해 늘 관리자와 소통하고 이를 위한 IT 지원 기반을 확충하는 것이 지멘스의 근무환경 정책이다.

보쉬도 비슷한 변화를 시도하고 있다. 보쉬의 CEO 역시 대기업과 스타트업의 일하는 방식을 적절히 섞어야 한다는 믿음을 갖고 변화를 추진했다. 대기업의 장점인 체계적 프로세스를 살리되 스타트업의 강점인 자율성 높은 업무수행을 강조함으로써 통제가 아닌 신뢰에 기반한 업무 방식이 정착할 수 있도록 해야 한다는 것이다. 변화의 배경에 대해 보쉬의 CEO는 기술의 변화가 사람의 변화를 가져오기 때문에 그에 따라 일하는 환경과 방식 또한 바뀌어야 한다고 설명한다. 구체적인 변화

그림 2 4차 산업혁명에 따른 기업의 일하는 방식과 문화의 변화

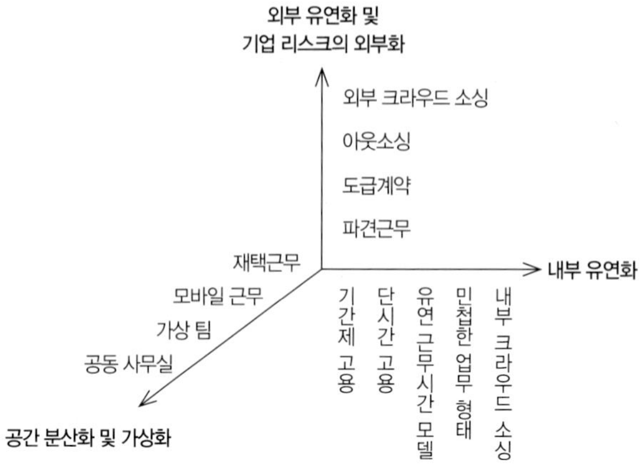

• 자료: Wetzler, D. (2015). Arbeit 4.0–Was Beschäftigte und Unternehmen verändern müssen.

내용은 시간 면에서 요일별로 출퇴근 시간 및 일하는 시간을 고르고, 공간 면에서 다양한 근무장소를 골라 이들을 결합한 100개 넘는 다양한 근무시간·공간 중에서 개인이 자유롭게 선택하는 것이다.

기업에서 일하는 방식과 문화가 4차 산업혁명으로 어떻게 변화할 것인가에 대해 위에서 간략히 살펴본 내용을 정리한 것이 독일 정부의 '노동 4.0' 관련 자료에서 제시한 〈그림 2〉라고 할 수 있다.

데이터 기술의 비약적 발전은 기업들을 둘러싼 기술 환경의 변화를 매우 빠르고 단절적으로 만들었다. 일반적으로 기업들은 연속적인 기술 변화에 대해서는 예측과 대비를 통해 대응하지만 단절적 기술 변화에 대한 이러한 대응 방식은 효과적이지 못하다. 기업들이 기존 경쟁력 기반을 활용해 환경 및 직원들에 대한 통제력을 강화하려 할수록 기업들의 적응력은 더욱 약해질 우려가 높다. 급격하고 빠르게 변화하는 환경에 대한 적응은 다양한 대안을 탐색할 수 있도록 개방성과 유연함을 높일 때 성공 확률이 높아진다. 그 결과 과학자들의 연구실을 닮거나 첨단기술을 개발하는 스타트업 기업을 닮은 기업의 모습이 등장한 것이다. 기존 기업조직, 특히 대기업이 이러한 변화를 성공적으로 이루기는 결코 쉽지 않다. 20세기 초반에 전기가 도입되고 통신과 교통 체계가 비약적으로 발전한 이후 많은 기업이 변화를 따라가지 못하고 사라진 것은 곧 변화가 얼마나 중요한지를 보여준다. 지금도 상황은 비슷하다. 유형, 무형 자원을 충분히 갖추지 못한 중소기업 입장에서는 변화의 비용과 위험에 따른 어려움이 있겠지만, 조직의 규모가 크고 구조가 복잡한 대기업들 역시 불확실성과 모호함 때문에 변화를 주저하고 변화의 방향이 자신들과 맞지 않는다고 생각할 가능성이 높다.

4

새로운 일하는 방식과 문화에서 리더십은 무엇을 해야 하는가?

데이터 기술의 비약적 발전은 사람도 바꾸고 기업조직도 바꾼다. 그런데 사람도 바뀌고 기업조직도 바뀌면 리더십 또한 바뀌지 않을 수 없다. 기업조직에서 리더십은 높은 성과와 지속가능한 발전을 위해 기업조직에 속한 사람들에게 동기부여를 하는 동시에 조직 내 협력을 높이고 갈등과 긴장을 줄이는 지도자로서의 기능이다. 20세기 전반에 걸쳐 리더십의 중요한 역할은 보다 열심히 일하도록 통제(control)하고 중복되거나 상충되는 업무들을 조정(coordination)하는 것이었다. 기업조직 대부분이 위계적이고 대량생산을 위한 표준화된 작업 방식에 의존했으며, 기업에서 일하는 사람들은 대부분 엄격한 분업에 의해 일상화된 업무에 종사했기 때문이다. 그런데 20세기 후반으로 오면서 기업 리더십의 역할에서 기업조직의 발전 방향을 제시하고 기업조직에서 일하는 사람들에게 일의 의미를 부여하며 그들의 삶의 질을 높이는 것이 중요해졌다. 기업을 둘러싼 환경이 빠르게 변하고 불확실성이 높아졌을 뿐 아니라 일하는 사람들의 수준과 일의 내용도 복잡해졌기 때문이다. 그러면 데이터 기술의 비약적 발전으로 바뀐 기업조직과 사람들을 이끌어갈 리더십의 역할은 무엇인지 앞서 살펴본 내용을 바탕으로 생각해보자.

목표 달성에서 가치 제시와 공유로

리더십의 가장 기본적인 역할의 하나는 기업조직에 속해 일하는 사람들이 자신의 업무에 최선을 다하도록 하는 동시에 업무가 서로 충돌하거나 어긋나지 않으며 조화롭고 협력적으로 이루어지도록 하는 것이다. 기업에서 하는 일들은 대부분 목적 달성을 위한 수단적 성격을 지닌다. 따라서 업무 성과를 높이고 업무 간 조정에서 기본이 되는 것은 목표 달성에 기여할 수 있도록 업무를 지휘하고 조정하는 것이다. 요컨대, 기업이 달성하고자 하는 목표를 정하고 그에 적합한 전략과 수단을 동원해 목표를 달성하도록 전체 업무를 지휘하는 것이다.

기업에서 각 부서 및 개인의 업무는 기업 전체의 목표 달성을 위한 수단적 성격을 지닌다. 기업의 전체 목표가 정해지면 그에 따라 부서별, 기능별로 하위 목표가 설정되는 것이다. 생산 부서, 마케팅 부서, 연구개발 부서 및 관리 부서의 목표 등이 바로 기업 전체의 목표 달성을 위한 하위 목표가 된다. 그런데 기업의 다양한 기능과 업무가 데이터 기술의 발전과 함께 단일한 시스템으로 통합되면서 이러한 하위 목표 설정과 달성은 관리자가 아닌 기계 시스템에 의해 관리되는 경향이 늘어날 가능성이 높다. 업무지시와 업무수행 보고를 통해 이루어지는 상사와 부하직원의 상호작용 또한 상당 부분 각 개인에 대한 기계 시스템의 관리 및 지시로 대체되는 것이다. 따라서 리더십의 역할 중 업무 진행 점검과 목표 달성 여부 혹은 달성 정도 관리는 이제 기계 시스템이 담당하게 된다.

하위 목표 및 개인의 목표가 기계적 관리의 대상이 된다면 기업 전체의 목표는 어떤가? 그것은 궁극적으로 이윤의 극대화이고 경쟁 기업들을 앞지르는 것이다. 그런데 변화 속도가 점점 빨라지고 단절적 변화가 끊임없이 일어나는 상황에서는 기업 전체의 목표인 이윤과 성장 가능성에 대한 불확실성 및 모호성이 높아진다. 이러한 상황에서는 수단적 측면으로서 목표 달성을 위한 기업 구성원들의 동원과 노력만이 아니라 목표 자체에 대한 구성원들의 합의와 공유가 중요해진다. 또한 과거에는 기업의 목표를 경제적 이윤의 극대화로 좁게 해석했는데, 기업의 사회적 영향력이 커지면서 기업의 공유가치 실현이라는 보다 확장된 목표의 중요성이 부각되고 있다. 변화하는 환경에서 기업 전체의 목표를 뚜렷하게 제시하고 그에 대한 구성원들의 합의와 공유를 이끌어내려면 기업이 공유하는 가치를 분명히 하고 이를 기반으로 설득하는 것이 중요하다. 따라서 기업 전체 차원에서 목표의 변화와 함께 기존의 협의적 목표로서 이윤은 기계적 시스템에 맡겨 관리하도록 하고 리더십을 발휘해야 할 위치에 있는 사람들은 기업이 공유하는 가치를 제시하고 이를 기반으로 설득함으로써 구성원들의 협력을 이끌어내는 것이 더욱 중요해질 것이다.

명령과 통제에서 자율과 소통으로

데이터 기술을 중심으로 한 4차 산업혁명이 빠른 속도로 이루어지면서 향후 기업에서 단순하거나 반복적인 업무의 상당 부분은 육체 생산

노동이건 사무 정신노동이건 기계에 의해 대체되고, 단순하면서 반복적이지 않은 업무들은 필요가 발생할 때마다 일시적으로 고용된 사람들이 담당할 가능성이 높다. 이것은 리더십을 발휘해서 업무에 대한 지시를 내리거나 지속적으로 성과를 관리하고 통제할 필요가 줄어든다는 것을 의미한다. 그나마 기업 내부에서 기계로 대체되지 않고 이루어지는 비교적 단순하고 반복적인 업무의 경우에도 일하는 사람들의 명령과 통제를 사람보다는 기계, 즉 인공지능이 맡을 가능성이 훨씬 높다. 언제 어디에서 무슨 일을 해야 하고 주어진 업무가 잘 수행되었는지 기계적으로 확인할 수 있기 때문이다. 똑똑한 기계와 함께 일하면서 인간들은 기계가 시키는 대로 일하고 기계의 도움을 받을 것이기 때문이다. 그 결과, 중간관리자가 업무에 대한 명령이나 지시 및 통제를 할 필요와 이유가 모두 줄어들 것이다.

과거 중간관리자의 핵심 업무였던 명령과 통제가 줄어들면 중간관리자의 필요성도 줄어들고, 더 나아가서는 아예 없어지게 될까? 중간관리자의 업무 중에서 업무에 대한 명령과 통제는 줄어들지만 그 밖의 업무에 대한 필요성이 모두 줄어드는 것은 아니다. 따라서 중간관리자의 존재 자체가 필요 없어질 것으로 보기는 어렵다. 중간관리자의 업무 중에서 명령과 통제의 필요성이 줄어드는 대신 기업 내에서 자율적으로 수행되어야 할 업무에 맥락(context)을 부여하고 자율적 업무수행을 지원하고 자극하는 업무는 늘어날 것이다. 기계가 대체하거나 통제하게 될 업무들을 제외하고 기술 및 비즈니스 개발과 전략적 기획 업무 등은 인간의 업무로 남을 것이다. 앞에서도 살펴본 것처럼 이 업무들의 중요성과 가치는 더욱 높아질 것이 분명하다. 새로운 기술 및 서비스의 연구개발, 전략적 의사결정과 판단은 기계가 시키는 대로 할 수 없는 영역이기도 하지만 관리자의 명령과 통제 대상이 되기도 어렵다. 명령과 통제에 의존할 경우 업무를 담당하는 사람들의 자발적 동기부여가 낮아지는 것만 문제는 아니다. 이러한 업무 전반에 대해 관리자들의 전망과 지식이 충분하지 못할 가능성도 높기 때문이다.

창의성과 자율성이 강조되는 업무에 대해 명령과 통제를 적용하기는 어렵지만 그렇다고 전적으로 방임할 수도 없다. 자율과 방임은 다르기 때문이다. 창의성과 자율성이 강조되는 개발과 기획 업무에서 내재적 만족과 동료 효과(peer effect)가 동기부여에 중요한 요소로 작용한다. 자기 일에 대한 만족과 자부심, 그리고 동료들의 인정이나 동료들과의 선의의 경쟁이 중요한 자극이 되는 것이다. 4차 산업혁명 시대에 기업의 중간관리자가 해야 할 중요한 역할은 창의성과 자율성이 필요한 업무에 대해 내재적 만족을 어떻게 높일지 또한 동료들의 인정이나 선의의 경쟁이 어떻게 효과적으로 작동하게 할지에 대한 해결책을 찾는 것이다. 이러한 해결책의 모색과 발견은 연역적으로 일반적 원칙의 적용에 의해 가능한 것이 아니다. 오히려 기업 내 분위기나 업무의 맥락, 그리고 사람들 간 관계를 잘 이해할 때 귀납적으로 해결할 수 있다. 이를 위해서는 무엇보다 업무를 담당하는 사람들과의 지속적이고 효과적인 소통을 통해 이들을 제대로 이해할 필요가 있다. 따라서 데이터 기술의 발전으로 중간관리자의 주된 역할은 수직적 명령과 통제에서 수평적 대화와 소통 중심으로 변화할 것이다.

평가에서 피드백과 코칭으로

기업에서 관리자는 부하직원들의 업무수행 성과를 평가하고 그에 기반을 두고 업무를 수행한 직원들을 평가한다. 업무수행 및 성과의 평가 결과는 직원들의 인사 기초 자료로 널리 활용된다. 그런데 앞서 보았듯이 데이터 기술의 급속한 발전과 함께 향후 기업에서 업무와 성과 간의 관계가 뚜렷하고 분명한 일상화된 업무는 상당 부분 기계에 의해 대체되거나 기계와 함께 수행하고, 그렇지 않으면 기업 외부에서 충원한 사람들이 수행할 가능성이 높다. 이러한 업무들에 대한 평가와 그에 기반을 둔 조치는 관리자들보다 인공지능에 기반을 둔 기계들이 수행할 것이다. 평가 결과에 따라 작업자는 보수가 늘거나 줄 수도 있고, 때로는 앞으로 작업을 계속할지 아니면 어떤 작업을 할지도 기계적으로 판단되기 때문에, 이 경우 관리자들은 평가 및 관련 업무를 기계에 위임해야만 할 것이다. 많은 분야에서 업무수행에 대한 명령과 통제가 인간에서 기계의 영역으로 바뀌었듯이, 업무수행에 대한 평가와 그에 따른 후속 조치 또한 인간에서 기계의 영역이 되는 것이다.

그렇다면 업무와 성과의 관계가 분명하지 못한 영역에서 일하는 경우에는 어떨까? 앞서 살펴본 바와 같이 기술 및 서비스 개발, 비즈니스의 기획, 전략 수립 등은 기계에 의해 대체되거나 기계의 지시와 통제를 받지 않는다. 이러한 업무는 대부분 업무 성과에 대한 평가도 쉽지 않지만, 평가가 이루어진다고 해도 그것이 과연 업무수행과 어떻게 관련되는지 판단하기도 쉽지 않은 경우가 많다. 업무성과에 대한 평가만으로 업무수행자에 대한 긍정적, 부정적 보상이나 인사 결정을 내릴 경우 향후 업무수행이 개선될 가능성은 높지 않다. 앞으로 기업에서 중요성이 더 높아질 팀 중심의 창의적이고 유연한 업무에서 더욱 그러하다. 이 경우 관리자는 업무수행 과정을 함께 검토하면서 피드백을 주거나 코칭을 함으로써 업무수행자가 문제를 찾아 해결할 수 있도록 도움을 주는 것이 더 효과적이다.

기업 내부의 일자리와 인력이 양극화되고 그에 따라 기계에 의해 대체되거나 외부화되지 않는 업무를 담당하는 인력 수준과 중요성이 높아지는 경향은 이러한 추세를 더욱 강화시킨다. 수직적이기보다 수평적인 조직에 익숙하고, 명령과 통제를 따르기보다 자율적으로 일하는 데 친숙한 핵심 인력들은 평가와 그에 따른 보상에 대해 이전보다 영향을 덜 받는다. 기계적이고 수치화된 평가보다 인간적 격려와 배려에 보다 적극적으로 반응하며, 평균이나 그 밖의 기준에 따른 획일화된 비교보다 개별화되고 개인화된 피드백을 더욱 원할 것이기 때문이다. 따라서 리더들이 상대하고 이끌어야 할 인력의 수는 줄어들지만 신경 쓰고 도움과 지원을 제공해야 하는 요구는 더욱 늘어날 것이다.

의사결정에서 비전 제시로

기업에서 관리자의 리더십이 중요하게 발휘되는 것이 바로 현명하고 시의적절한 의사결정이다. 의사결정은 해당 시점에서 얻을 수 있는 모든 정보를 바탕으로 장단기적 이해득실을 따져 기업에 무엇이 필요하고 무엇이 불필요한지 판단을 내리는 것이다. 새로운 사업 분야로 진출할 것인가, 아니면 이미 참여하고 있는 사업 분야에서 철수할 것인가? 신규 투자를 할 것인가 말 것인가? 한다면 어느 정도 규모로 할 것인가? 다른 기업들과 전략적으로 손잡을 것인가? 만약 그렇다면 누구와 손잡을 것인가? 이런 다양한 질문에 최종적으로 결정을 내리는 것은 리더의 고유하고 핵심적인 업무이다. 특히 기업이 외부의 도전에 직면하거나 내부적 위기 상황에 처했을 때 리더의 의사결정은 더욱 중요해진다. 제때 필요한 의사결정을 내리고 올바른 방향으로 기업의 변화를 이끄는 것은 리더의 중대한 임무이다. 바로 이러한 의사결정의 중요성 때문에 기업에서 리더에게 더 많은 권한과 엄청난 보상을 제공하는 것이다.

과거 20세기 후반 데이터 기술의 발전은 의사결정에 필요한 정보 처리와 소통을 손쉽게 만들어 기업에서의 중요한 의사결정이 보다 신속하고 정확하며 근거를 갖도록 했다. 당시 데이터 기술의 주된 역할은 리더의 의사결정을 지원하는 시스템을 제공하는 것이었다. 그런데 이제는 데이터 기술이 의사결정을 보조할 정보를 제공하고 인간이 이를 바탕으로 의사결정을 내리는 기계와 인간의 분업에서 데이터 기술이 의사결정 자체를 수행하는 것으로 바뀌고 있다. 그 결과 인간의 의사결정이 축소되고 있다. 그동안 많은 연구가 인간과 기계의 투자, 선별과 선택 등 의사결정에서 성과를 비교한 결과, 인간의 의사결정보다 인공지능의 의사결정이 더 정확하고 높은 성과를 낳는 것으로 판명돼 이러한 추세는 더욱 증가할 것으로 보인다.[13]

그런데 모든 분야에서 동일하게 리더의 의사결정이 축소되는 것은 아니다. 기업의 의사결정은 조작적(operational) 의사결정과 전략적(strategic) 의사결정으로 나뉜다. 향후 기업에서 조작적 의사결정은 점점 더 똑똑한 기계에 의해 시스템적으로 이루어질 가능성이 높다. 이미

13 McAfee, A. & Brynjolfsson, E. (2017).

전사적 자원관리 시스템 등을 통해 구매, 재고관리, 재무 등에서 조작적 의사결정은 사람들의 개입이 줄어드는 방향으로 변하고 있다. 똑똑한 기계들이 능력을 발휘해 인간이 이제까지 수행하던 의사결정을 대신할 영역이 계속 늘어날 것이다. 그 결과 조작적 의사결정에 대해서는 그동안 많은 기업에서 담당자들에게 폭넓게 권한의 위임이 이루어졌지만, 의사결정에 대한 평가와 판단 역시 관리자보다는 기계가 담당할 가능성이 높다.

그렇다면 전략적 의사결정은 어떨까? 전략적 의사결정의 중요성은 점점 더 높아질 것이다. 빠르고 단절적인 환경 변화 속에서 불확실성과 모호성이 높아지면 전략적으로 어떤 선택을 하는가에 따라 기업의 운명이 엄청나게 달라질 수 있기 때문이다. 그것은 최고 속도로 달리는 자동차 경주 혹은 마하의 속도로 나는 비행기에서 방향을 조금만 잘못 설정해도 큰 사고를 야기하는 것과 유사하다.

이전보다 훨씬 복잡하고 어려워진 경영 환경에서는 기업경영진의 의사결정이 점점 더 중요해지고 있다. 이제 기업경영진의 의사결정 대상은 기업의 최종 목표를 달성하는 전략만이 아니라 기업의 궁극적인 목표에 영향을 미치는 사회적 가치까지 포함한다. 그만큼 거대 기업들이 영향력이 사회적으로 커졌을 뿐 아니라 사회적 가치와 반응이 기업에 미치는 영향도 커졌다. 그렇기 때문에 전략적 의사결정이 인간이 아닌 기계에 의해 이루어질 가능성은 높지 않다. 오히려 인간적 가치판단과 직관을 기반으로 해서 기업의 구성원들이 공감할 수 있는 비전을 제시하고, 이를 바탕으로 똑똑한 기계가 제공하는 각종 자료와 증거를 토대로 의사결정을 내려야 한다. 인간도 기계도 아닌, 인간과 결합된 기계가 앞으로 기업의 최종적 의사결정을 좌우하게 될 것이다.

단합과 일치에서 다양성의 공존으로

명령과 통제 중심의 기업조직에서는 가능하면 보다 많은 사람이 개성을 내세우기보다는 전체의 목표와 방법, 문화를 수용하는 것이 중요하다. 그렇기 때문에 개성과 다양성을 억제하고 단합과 일치를 강조하는 경향이 일반화되어 있다. 근무규칙이 강조되고, 복장이나 언어도 통일되며, 작업 일정도 일치해야 하는 등 통일과 복종이 중요하다. 규칙을 어기거나 전체의 단합을 해치는 사람에게는 제재를 가해 다른 사람들이 규칙과 표준, 일정과 일의 통일성에 대한 가치와 중요성을 새삼 깨닫게 한다. 관리자가 해야 할 일은 모두가 따라야 할 규칙과 표준이 확실히 지켜지도록 하는 동시에, 각자 맡은 역할을 성실히 수행하도록 하는 것이다.

20세기에 걸쳐 이루어진 사회문화적 발전은 기업에서 획일적 규칙이나 문화에 기반을 둔 단합과 일치의 중요성에 변화를 가져왔다. 기업을 포함한 조직들에서 전적으로 업무에만 중점을 두던 기존 관점이 인간적 가치를 중시하는 관점들의 도전을 받으면서, 개성과 다양성의 가치를 존중해야 한다는 주장이 규범적으로 제기되었기 때문이다. 하지만 그것은 정도의 문제일 뿐 본질적인 것까지 바뀐 것은 아니다. 특히 단합과 일치의 가치는 경영 환경이 악화되거나 위기가 닥칠 때면 언제나 강조되는 경향이 있었다. 그런데 데이터 기술의 비약적 발전으로 이것이 일반화되면 대부분의 기업조직에는 이러한 변화가 단지 규범적인 문제가 아닌 현실의 문제가 될 가능성이 높다. 이를 2가지 측면에서 볼 수 있다. 하나는 기업조직의 업무 자체가 앞서 살펴본 대로 바뀌어 단순하고 반복적인 업무는 기계화 혹은 외부화되고 창의적이고 자율적인 업무 중심으로 재편될 것이기 때문이다. 그리고 또 하나는 이러한 업무를 수행하기 위해 기업에 남는 인력이 대개 개성과 다양성을 중시할 것이기 때문이다.

명령과 통제가 아닌 협력과 자율에 기반을 두고 창의적으로 일해야 하는 조직에서는 관리자의 역할이 달라진다. 비슷하게 생각하고 행동함으로써 일사불란하게 업무를 진행하는 것은 이제 더는 중요하지 않다. 당면 문제를 해결하고 새로운 가능성을 찾아내 발전시켜가는 것이 최우선 과제가 되는 시스템에서는 관리자의 리더십도 전혀 다른 방향에서 발휘되어야 한다. 자발적 참여와 유연한 사고, 자율적 협력이 중요하며 다양한 시각을 바탕으로 최선의 해결책이나 생각하지 못했던 대안을 찾아내는 것이 중요해진다. 이 경우에는 주어진 규칙에 대한 복종보다 공유된 가치에 대한 존중이, 표준적 사고의 수용보다 다양한 접근의 포용이 더 중요해진다. 이를 위해 관리자는 유연한 태도로 다양성을 용인하되 다양한 시각이나 관점이 서로 존중하며 활발한 소통을 통해 창의적 아이디어로 연결될 수 있는 조건을 만들어주는 것이 무엇보다 필요하다.

5

이미 시작된 변화

데이터 기술의 비약적 발전으로 기업은 과거와 전혀 다른 모습으로 탈바꿈하고 있다. 그 변화 내용을 제대로 이해해야만 기업이 살아남아 발전할 수 있다. 누가 기업에 남아 어떤 일을 할 것인가? 어떻게 일하고 어떤 관계를 맺으며 어떻게 상호작용할 것인가? 관리자는 어떤 역할을 맡을 것인가? 이 글에서는 이 질문들에 대한 해답을 찾아보고자 했다.

우선, 데이터 기술의 비약적 발전은 기업의 비즈니스 전략의 기반을 제품이나 서비스 경쟁력에서 플랫폼 경쟁력으로 바꾸었다. 그 결과 기업들은 시장 점유율을 가장 중요시하던 기존의 관점에서 벗어나 사람들의 일상생활 시간 전체와 경험에 대한 접근도를 경쟁력의 발판으로 삼게 되었다. 사람들의 생활과 경험에 어떻게 밀착할 것인가는 기술적 혁신에 의존하지만, 또 다른 한편으로는 사람들과의 상호작용을 통해 얼마나 깊이 이해할 수 있는가에 달려 있다. 이러한 이유에서 기업의 업무도 일방적인 것에서 쌍방향적인 것으로 바뀌고 있다. 따라서 쌍방향적 상호작용을 매개하는 데이터 기술의 역할이 더욱 중요해진다. 결국 기업의 일하는 방식에서 데이터 기술 및 기계와 함께 일하는 것이 중요해지는 동시에 사람들의 생각과 관심을 이해하는 것 또한 중요해진다.

데이터 기술의 발전은 기업의 업무 내용을 바꿔놓을 뿐 아니라 업무를 보는 사람들의 구성이나 관계에도 큰 변화를 일으켰다. 기업 내부에 남아서 일하는 소수의 사람들은 대부분 개발과 기획 업무에 집중하고, 나머지 다수의 업무는 기계로 대체되거나 필요에 따라 임시 고용된 사람들이 담당한다. 일자리 및 일의 가치에서 양극화가 심해지는 만큼 일하는 방식도 양극화된다. 임시로 고용된 사람들은 기계의 지휘에 따라 정해진 일을 완수하는 데 치중하고, 개발과 기획을 담당하는 사람들은 자율적이고 창의적으로 일하며 새로운 가치창출에 전념한다. 관리자의 역할도 명령과 통제를 뛰어넘어 이들이 창의력과 자율성을 최대한 발휘하도록 도와주는 것으로 바뀐다.

기업에서 일하는 사람들의 일과 기업에 대한 생각, 일하는 시간과 공간에 대한 태도 역시 엄청난 변화를 겪는다. 데이터 기술의 발전이 시공간의 제약을 크게 약화시키기 때문이기도 하지만, 기업의 업무가 자율성과 창의성에 전적으로 의존하기 때문이다. 기업은 이제 장소나 시간에 의한 물리적 개념이 아니라 인간과 기계의 협력을 통해 이루어지는 활동의 내용과 그 결과로 추상화된다. 일의 물리적 조건이나 형식이 아니라 일의 내용과 의미가 중요해지는 것이다. 따라서 관리자의 리더십 역시 얼마만큼 일하고 어떤 즉각적 성과를 얻었는가를 외적으로 평가하기보다는 어떤 일을 누구와 어떻게 할 것인가를 정하는 데 도움이 될 비전과 방향을 제시하는 것이 더 중요해지고 있다.

| Chapter 6 |

달라지는 일의 세계, 달라지는 인사관리

기술혁명이 초래할 인사혁명, 무엇을 준비할 것인가?

박우성

1

기술혁명과 인사혁명

바야흐로 새로운 산업혁명의 시대이다. 동력, 전기 그리고 정보통신기술을 기반으로 했던 과거의 혁명들과 달리 4차 산업혁명은 데이터가 핵심이다. 네트워크에 연결되어 있는 모든 사람에 대한 데이터, 사물인터넷을 이용한 사물 간 데이터, 그리고 수많은 센서가 클라우드로 연결된 사이버-물리 시스템(cyber-physical system)이 긴밀하게 연결되면서 상상할 수 없을 정도의 규모로 빅데이터가 생성되고, 이것을 분석하기 위해 각종 분석도구와 인공지능이 활용되는 세계가 펼쳐지고 있다. 과거의 기술은 사람이 할 수 있는 것을 컴퓨터가 하는 것이었다면, 이제는 사람이 도저히 할 수 없는 것을 기계와 인공지능이 수행한다.

기술혁명은 일하는 방식과 조직을 크게 바꾼다. 1차 산업혁명이 공장제를 출현시켰고, 포드 시스템이 자동화된 컨베이어 방식을 만들어냈던 것을 기억하자. 플랫폼에 기초한 새로운 사업 모델은 그에 상응하는 조직과 업무 방식을 필요로 한다. 머지않아 우리는 과거와 전혀 다른 조직 속에서 이전에 경험하지 못했던 방식으로 일하는 인류를 보게 될 것이다. 그런 의미에서 기술혁명은 또한 인사혁명이다. 프랑스 대혁명, 볼셰비키 혁명 같은 사회체제의 혁명은 시작점이 분명한 반면, 기술혁명과 인사혁명은 시발점을 특정하기 어렵다. 돌이켜보면 그것이 새로운 시대의 시작이었다는 것을 알 수 있을 뿐이다. 모든 혁명은, 변화 과정에서는 변화가 만들어낼 모습을 구체적으로 알 수 없다는 특징을 가진다. 단지 상상할 뿐이다. 그러나 그러한 상상이 전혀 무의미한 것은 아니다. 상상을 현실로 만드는 것이야말로 기술혁명이기 때문이다.

지금 우리에게 익숙한 인사제도가 기술혁명 시대에도 그대로 유지될 것이라고 믿는 사람은 없을 것이다. 몇 가지 질문을 던져보자. 미래에도 직급이 필요할까? 직급은 직원들을 개별적으로 관리하기 어렵기 때문에 필요했던 인사관리의 중요한 틀이자 도구이다. 그러나 대부분 사람이 복수의 조직에서 다수의 프로젝트에 참여하는 방식으로 일하는 세상에서도 여전히 직급이 필요할까? 개인의 스킬과 프로젝트 경험, 일에 대한 시장의 임금이 실시간으로 파악되는 상황에서, 직급은 어떤 효용이 있을까? 이미 빅데이터 분석을 통해 조직 내에서 누가 이직할 것인지까지 알아내는 세상에 직급을 가지고 더 이상 고민할 필요가 있을까?

평가제도는 또 어떻게 변할 것인가? 우리는 상사에 의한 평가에 익숙해 있다. 그래서 모든 샐러리맨은 상사에게 잘 보이려고 노력한다. 많은 기업에서 다면평가제도를 도입했지만 상사의 권력은 여전히 막강하다. 일하는 방식이 바뀌어 직접 관찰할 기회가 자꾸 줄어드는데 평가를 해야만 하니 상사는 힘들고 부하는 불만이다. 그렇다면 차라리 상사보다 인공지능이나 알고리즘이 더 나은 평가자 역할을 하지 않을까? 하지만 로봇이나 인공지능이 내린 평가를 사람들이 쉽게 받아들일 수 있을까? 그 평가에 불만족한 사람은 누구에게 이의를 제기해야 할까? 그래도 불합리한 인간 상사가 공평무사한 인공지능보다 더 낫다고 느끼지는 않을까?

그렇다면 보상제도는 어떻게 바뀔까? 미래에도 한 달에 한 번 급여를 주는 것이 필요할까? 사람에 따라 매주 급여를 필요로 하는 사람도 있고, 프로젝트가 끝날 때마다 받는 것이 좋은 사람도 있지 않을까? 많은 시간이 필요한 대부분 일을 인공지능을 장착한 기계가 담당할 미래에도 여전히 일하는 시간에 따라 급여를 주는 것이 필요할까? 기계에도 세금이 부과되고 인간에게는 기본소득이 지급되는 사회에서 임금은 어떤 의미를 가질까? 여러 조직에 걸쳐 프리랜서와 비슷하게 일하는 사람들에게 기본급이라는 것이 어떤 의미가 있을까? 금전적 보상 이외에 미래에는 어떤 보상이 중요해질까?

질문은 많지만 대답은 궁하다. 기술혁명이 가져올 미래를 그려야 하는 모든 이가 겪는 어려움이자 딜레마이기도 하다. 해답을 찾는 데는 사실(fact)보다 상상력이 더 필요할지 모른다. 그런 점에서 우리가 지금부터 다룰 미래 인사관리의 모습은 예측이라기보다 우리의 기대가 가미된 상상에 가까울지도 모른다. 그렇다고 과거와 현재를 무시할 수는 없다. 모든 제도는 과거의 역사적 유산이고 미래로의 여정에 중요한 영향을 미칠 수밖에 없다.

이하에서는 먼저 기술혁명이 초래하는 일 혹은 직업세계의 변화를 간단히 정리하기로 한다. 인사혁명을 이해하려면 일의 세계에서 어떤 놀라운 변화들이 전개될 것인지 알아야 하기 때문이다. 다만 앞서 다루어진 이야기들이기 때문에 가능한 한 간단하게 확인하고 정리했다. 다음으로 기술혁명에 의해 변화될 먼 미래의 인사 시스템을 그려보기로 한다. 불확실한 미래에 대한 전망이라는 점에서 정확한 그림이라기보다는 변화의 중요한 방향이라고 이해하는 것이 좋을 것이다. 그런 다음 가까운 미래의 인사 시스템은 어떤 모습일지 살펴보기로 한다. 전자가 앞으로 다가올 새로운 미래라면 후자는 이미 우리 앞으로 다가온 미래라고 할 수 있을 것이다.

2

기술혁명과 일의 세계

기술혁명은 일의 세계를 크게 변화시킨다. 일의 세계에서 발생하는 변화는 곧바로 인사 시스템에 충격을 가한다. 일과 사람을 관리하는 기존 방식과 제도가 한계에 부딪히기 때문이다. 인사 시스템의 변화를 예측하기 위해서는 일의 세계에서 어떤 변화가 발생하는지 먼저 이해해야 한다. 모든 변화를 나열하기보다는 가장 영향이 클 것으로 생각되는 중요한 요인들만 간단히 정리하기로 하자.

가속화된 일자리의 소멸과 탄생

기술발전은 기존 일자리를 없애고 새로운 일자리를 창출한다. 4차 산업혁명 시대에는 그 속도가 더욱 빨라질 것이다. 전반적으로 비관적인 전망이 우세하다. 현재 존재하는 많은 일자리가 사라진다는 것이다. 그러나 일자리가 반드시 줄어들 것이라고 예단하기는 어렵다. 사라질 것들은 눈에 잘 보이지만 새롭게 만들어질 일자리의 내용과 규모를 미리 알기는 어렵기 때문이다. 가보지 않은 길은 늘 두려운 법이다. 중요한 것은 일자리가 사라지고 만들어지는 속도다. 이전과 비교할 수 없을 정도로 빠르게 변화하는 일자리의 소멸과 생성은 경영과 인사관리 모두에 유연성과 스피드를 요구한다. 안정적인 환경에서 만들어졌던 경영 방식과 인사 방식으로는 미래의 거센 파고를 넘기 어렵다.

일의 재구조화

일자리 수의 증감보다 더 주목해야 할 것은 일의 재구조화다. 빅데이터와 인공지능은 현재 직무 자체의 내용을 바꾼다. 한 사람이 처리하던 업무의 일부를 로봇이 처리하고 나머지 일부를 사람이 수행하는 경우가 적지 않게 발생할 것이다. 일의 재구조화는 일자리의 소멸과 생성 문제보다 더 힘들고 까다로운 과제를 던진다. 조직의 업무 전체를 합리화하는 개편작업을 하는 한편, 일과 로봇이 공존하고 협력할 수 있는 체계를 만들어야 한다. 특히 그러한 과정이 일회성으로 그치지 않는다는 데 어려움이 있다. 기술의 진보와 새로운 인공지능의 보급에 맞춰 업무 체계와 작업 체계에 지속적인 개편과 변화가 불가피하기 때문이다. 이러한 상황에서 종업원들이 변화를 자연스럽게 받아들이고 협력할 수 있게 만드는 것 역시 중요하고 어려운 과제라고 할 수 있다.

시장 혹은 자율적 조직구조

4차 산업혁명은 조직의 구조를 소수의 핵심 인력과 나머지 인력으로 구분하면서, 조직을 전체적으로 매우 평탄한(flat) 형태로 만들 것이다. CEO로 대표되는 경영층, 가치사슬의 각 영역을 담당하는 소수의 전문

그림 1 조직구조의 변화

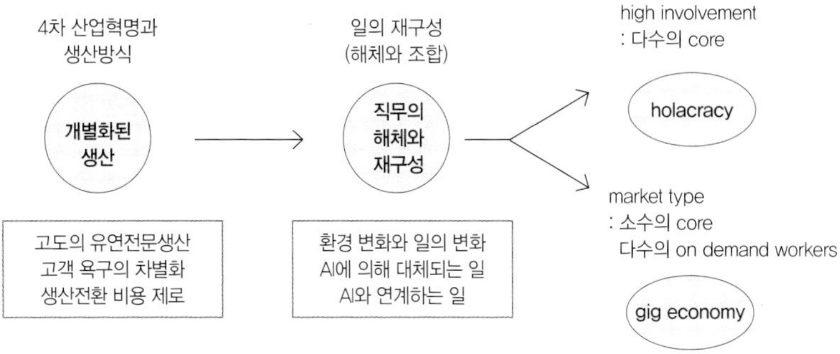

가들이 핵심 인력을 이룰 것이다. 그리고 AI로 무장한 로봇들이 중요한 자원이 되어 매출은 많지만 인력은 별로 필요하지 않은 조직들이 빠르게 등장할 것이다. 이미 플랫폼을 무기로 등장한 IT 기업들은 그러한 모습을 현실에서 보여주고 있다. 사업 방식과 조직구조의 변화는 인사관리에서도 다양한 변화를 촉발시킨다. 그러나 변화는 일률적이지 않다. 극도로 시장 중심적인 조직구조가 지배적이겠지만 일부 기업들은 개인의 자율과 참여를 강조하는 고몰입 조직을 선택할 수도 있을 것이다. 이와 관련해서 최근 자포스(Zappos)의 실험이 주목을 받고 있다. 그것은 바로 스스로 진화하는 자율경영, 이른바 홀라크라시(holacracy) 조직이다.[1]

1 브라이언 J. 로버트슨 (2017). 《홀라크라시: 4차 산업혁명 시대, 스스로 진화하는 자율경영 시스템》. 홍승현 역. 흐름출판.

프로젝트 중심의 인력운영

환경 변화가 가속화되고 기술의 급속한 발전은 한 치 앞을 내다보기 힘들 정도로 빨라지고 있다. 생존하기 위해서는 유연성과 스피드가 핵심이다. 이에 맞춰 조직 내부의 인력운영에서도 신속하고 유연한 배치 및 역할 배분이 중요하다. 고정적이고 경직적인 직무(job)가 유동적인 역할(role)로 바뀌고, 유연한 프로젝트 중심의 운영이 필수적이다. 내부 인력 풀에서 프로젝트에 필요한 인력을 뽑아 활용하는 방식이다. 내부 인력을 시장 관점에서 접근하는 것이다. 이를 위해서는 개인의 역량과 조직이 필요로 하는 역할을 신속하게 연결시키는 시스템이 중요하다. 빅데이터에 기초한 인공지능이 그 중요한 해결책이 될 것이다.

시간과 공간, 인지적 제약의 소멸

기술혁명은 시공간의 제약, 인지적 한계를 크게 줄인다. 실시간으로 수집되고 분석되는 데이터는 시간적 제약을 없애는 한편, 장소를 통해 분리된 공간을 뛰어넘는다. 클라우드로 연결된 지능 로봇은 인지적 한계나 오류를 뛰어넘는다. 이러한 제약조건의 소멸은 일하는 방식을 크게 변화시킨다. 제한적으로만 활용되었던 재택근무가 지배적인 근무형태가 될 가능성이 없지 않다. 인사제도에서도 근본적인 변화가 일어날 것이다. 시간과 장소를 통해 이루어지던 통제나 관리 방식이 더는 효과적이지 않기 때문이다. 평가나 보상 역시 일정한 시기를 정해 이루어지던 방식에서 탈피해 실시간으로 이루어지는 시대가 오고 있다.

배우고 협동하는 로봇

리싱크 로보틱스(Rethink Robotics)는 공학자가 아니라 공장 노동자가 작업 방식을 가르칠 수 있는 로봇 '백스터'를 만들어 공급한다. 두 개의 팔에 집게가 달려 있는 백스터를 훈련시키려면 집게를 잡고 작업 과정을 반복해서 재현하면 된다. 매우 안전해 작업자를 다치게 하는 일도 없다. 가격도 저렴하다. 최근에는 소여라는 신제품이 출시되었다. 기계와 협력하는 공장이 우리 앞으로 성큼 다가온 셈이다.

인간과 기계의 협업

기술혁명으로 인해 앞으로는 일터에서 로봇이 지금보다 더 일반화될 것이다. 지금도 우리나라의 로봇 활용률은 세계 1등이다. 그러나 앞으로는 사람과의 협력이 가능한 로봇이 등장할 것이다. 언젠가는 일터에서 사람이 전혀 필요하지 않을지도 모른다. 그러나 적어도 현재 우리가 그리는 미래는 인간과 로봇이 소통하며 작업하는 세상이다. 로봇에는 사람과 협업이 가능하도록 알고리즘이 장착되고 사람에게는 로봇을 이해하고 소통할 수 있는 디지털 리터러시가 필요하다. 입사 시험에서 영어 성적을 요구하듯이, 미래에는 기계와의 소통능력이나 적성을 요구하게 될 것이다. 그리고 그런 능력을 어떻게 규정하고 평가할 것인가가 인사부서의 중요한 과제가 될 것이다.

미래 세계에서의 인성

기술혁명 세계에서도 인성은 여전히 소중하다. 그렇다고 사람이 가진 모든 특성이 필요한 것은 아니다. 그중 상당 부분은 이미 인공지능에 의해 대체되고 있으니까. 인간의 오감과 지능을 대체하는 것이 바로 인공지능의 역할 아니던가. 그러나 가치판단능력은 미래에도 여전히 꼭 필요하다. 아무리 기술이 발전해도 선악을 가름하는 기준을 제공하지는 못한다. 미추를 판단하는 것 역시 사람의 역할이다. 가치판단이 기계와 인공지능에 의해 대체되는 순간, 인류의 종말이 시작되는 것이다. 기술이 발전할수록 인문학이 필요한 것도 바로 이 때문이다. 효율성이 모든 것을 판단하는 유일한 기준이 될 때 사회와 조직은 미션과 사명을 잃고 도구로 전락한다.

창의적 사고와 융합적 관점

미래 환경에서는 연결성과 접속이 중요하다. 4차 산업혁명 시대는 초연결성의 시대다. 많이 아는 인재보다는 기존 지식에 접속해 새로운 관점에서 이를 활용할 수 있는 인재가 더 중요하다. 지식이 얼마나 많은가보다는 조직의 내·외부에 광범위하게 존재하는 지식을 어떻게 새로운 관점에서 결합할 수 있는가가 우수한 인재의 기준이다. 그런 점에서 문제를 해결하는 역량보다 문제를 제기할 수 있는 역량이 매우 중요해진다. 복잡하고 빠르게 변화하는 환경에서 미래에 대한 예측은 날이 갈수록 더 어려워지고 있다. 이러한 상황에서는 개인적으로 논리적 분석을 통해 대안을 도출하기가 거의 불가능하다. 발상의 전환이 필요하다. 문제를 해결하는 것보다 오히려 문제를 정확하게 제기하는 것이 더 중요하

융합의 힘

캐리 멀리스(Kary Mullis)는 중합효소연쇄반응을 발명한 업적으로 1993년 노벨화학상을 받았다. 이것은 DNA의 원하는 부분을 복제·증폭시키는 분자생물학적인 기술로, 지극히 미량의 DNA 용액에서 연구자가 원하는 특정 DNA 단편만을 선택적으로 증폭시킬 수 있다. 이 기술은 분자생물학, 의료, 범죄 수사, 생물의 분류 등 DNA를 취급하는 작업 전반에서 매우 중요한 역할을 하고 있다. 이 기술은 멀리스가 캘리포니아에서 야간 운전을 하던 중에 떠오른 단순한 것이었다. 처음에는 그 자신도 단순한 발상의 전환으로 문제가 해결될 수 있다는 것을 믿기 힘들었다고 한다. 그가 한 일은 생화학에서 이미 잘 알려져 있던 기술들을 재조합한 것뿐이었기 때문이다. 이것이 바로 융합의 힘이다.

• 자료: 에릭 브린욜프슨, 앤드루 맥아피 (2014), 《제2의 기계시대: 인간과 기계의 공생이 시작된다》. 이한음 역. 청림출판.

다. 문제를 정확히 제기하면 그에 대한 대안이나 해답은 빅데이터와 인공지능의 도움을 받아 해결할 수 있기 때문이다.

미래 세계와 일의 의미

4차 산업혁명이 이끄는 미래에 일의 의미는 어떻게 변화할까? 가장 중요하지만 가장 어려운 질문이다. 사람들이 생각하는 일의 의미에 따라 이들을 관리해야 하는 시스템과 제도는 달라질 수밖에 없다. 일이 생계 수단이라는 점은 크게 변하지 않을 것이다. 미래에도 소득은 필요하고 먹고 살아야 하니까. 그러나 사회적 관계의 중심점으로서 일과 직장의 의미는 크게 달라질 것이다. 가상현실과 SNS 공간이 사회적 관계의 중요한 대안을 제공하기 때문이다. 성취감과 보람을 느끼는 수단으로서 일의 의미는 어떻게 될까? 자아실현으로서 일의 의미는 더욱 중요해질 것이다. 그러나 그 과정에서 조직이나 직장의 의미는 크게 줄어들 것이다. 어떤 일이나 역할을 맡는가가 중요하지 어떤 조직에서 일하는가는 큰 의미를 가지지 못하는 시대가 오고 있다.

3

HR의 변화 방향

먼 미래의 인사 시스템 변화를 예측하기는 어렵다. 경험해보지 못한 신세계이기 때문이다. 그러나 바람이 어느 방향으로 불고 있는지 정도는 추측할 수 있다. 그리고 그러한 변화는 전통적인 인사관리나 시스템의 전면적인 변신을 요구한다. 사장과 소수 전문가를 제외하면, 서비스나 제조가 로봇에 의해 이루어지는 조직에서 인사관리라는 말은 과연 어떤 의미일까? 이하에서는 실체를 명확하게 특정하기 어려운, 그러나 먼 미래에 도래할 인사관리의 모습을 그려보기로 하자.

인적자원관리에서 자원관리로

기술혁명이 이끄는 미래에는 인사관리 부서의 역할이나 명칭이 인사관리에서 자원관리로 바뀔 것이다. 인공지능을 장착한 로봇이 생산현장의 중요한 파트너 혹은 주역이 될 것이기 때문이다. 전통적인 사람관리 관점만으로는 확대되는 역할을 감당하기 어렵다. 새로운 시대에 인간과

디지털 리터러시(digital literacy)

독일연방노동사회부에서 발간한 《노동 4.0 백서》에 따르면 새로운 모바일 기기나 인터넷 미디어를 포함한 인터넷 정보원을 어려움 없이 다룰 수 있는 능력은 이제 모든 인력이 갖추어야 하는 기본적인 역량이 되었다. 이를 위해서는 광범위한 IT 역량 개발이 중요하다. 학교에서도 학생들의 수학, 정보통신, 자연과학, 기술 관련 역량을 집중적으로 개발해야 한다.

기계는 모두 소중한 자원이며 이 두 자원이 효과적으로 결합될 때 생산성과 효율을 극대화할 수 있다. 이를 위해서는 로봇과 같이 일할 수 있는 사람이 필요하고 사람과 같이 일할 수 있는 로봇이 중요하다.

우리나라 생산현장에서 로봇의 사용은 그리 낯선 이야기가 아니다. 2015년을 기준으로 제조업 현장에서 로봇 밀집도가 531로, 3위인 일본(305), 2위인 싱가포르(398)를 크게 앞서 세계 1위를 차지하고 있기 때문이다.[2] 지금까지 로봇은 사람이 할 수 있는 일을 대체했으나, 앞으로는 사람이 할 수 없는 일을 할 것으로 예상한다면, 인공지능을 장착한 로봇의 활용은 더욱 확산될 것이다. 독일 정부가 발간한 《노동 4.0 백서》에서 디지털 리터러시를 근로자가 기본적으로 갖추어야 할 역량으로 전망하는 것도 바로 이런 이유에서이다.

---

2 이재원 (2017). "글로벌 로봇산업의 현황과 과제". 《국제경제리뷰》. 제2017-27호. 한국은행.

인공지능이 결정하는 인사관리

인사 관련 결정을 인사관리자가 아닌 인공지능이 대체하는 시대가 다가오고 있다. 기업경영을 위한 다양한 기능 중에서 주관성이 가장 강하게 작용하는 영역이 바로 인사관리이다. 인사 결정이란 명확한 수치나 근거를 제시하기가 힘들기 때문이다. 각종 인·적성 검사도구들이 개발되어 사용되고 있지만 직원 채용 문제에서는 여전히 실무 면접과 임원 면접을 통해 사람이 최종 결정을 내리는 것이 일반적이다. 직원들의 평가 역시 계량화된 업적고과와 관찰 가능한 행동 기반의 역량고과 체계를 운영하고 있지만, 여전히 판단과 결정은 사람의 몫이다. 보상과 육성, 해고 역시 사람이 판단하고 결정한다.

그러나 빅데이터를 활용한 인공지능이 사람의 결정을 대신할 날이 머지않았다. 이미 HR 어낼리틱스(analytics)가 다양한 기업에서 실무적으로 활용되고 있다. 가장 잘 알려진 것이 구글의 산소(Oxygen) 프로젝트이다. 이 프로젝트는 부서와 구성원들의 성과에 중요한 영향을 미치는 관리자의 자질을 규명함으로써 리더십 개발에 큰 기여를 한 것으로 알려져 있다.[3] IBM에서는 사람이 개입하지 않은 채 순수하게 인공지능 시스템에 기초해서 이직 가능성이 높은 인력을 가려내고 해당 관리자에게 이에 대응하기 위한 지침을 제공하고 있다. 기술발전에 힘입어 이러한 시도들이 더욱 확산될 것이고, 머지않아 인공지능 시스템을 이용해 중요한 인사 결정을 내리는 일들이 일상화될 것이다.

3 라즐로 복 (2015). 《구글의 아침은 자유가 시작된다: 구글 인사 책임자가 직접 공개하는 인재 등용의 비밀》. 이경식 역. 알에치코리아.

인간 상사와 로봇 상사

인간 상사가 주관적이기 때문에 비판이나 불만을 초래하기도 하지만 그렇다고 사람들이 로봇을 상사로 선뜻 모실 수 있을까? 다양한 정보를 빠르게 처리하고 정확한 방향이나 대안을 제시하는 능력에는 문제가 없겠지만 기계 상사에게 의견을 제시하거나 자신의 문제를 상의하고 피드백을 받는 것은 전혀 다른 문제일 수 있다. 그러나 연구결과에 따르면 기계 로봇이기 때문에 오히려 사람들은 편견 없이 공정하다고 느끼며 자신을 부정적으로 판단하지 않을 것이라 생각한다고 한다. 로봇 상사가 사람 상사를 대체할 수도 있다는 이야기다.

• 자료: Frick, W. (2015. 6). "When Your Boss Wears Metal Pants". *Harvard Business Review*, pp. 84-89.

한편 이러한 변화는 '인사 부서가 여전히 필요한가?'라는 근본적인 질문을 제기한다. 인공지능이 판단하고 결정하는 상황에서는 굳이 인사 부서가 필요하지 않을 수 있기 때문이다. 인사 부서가 없어지지는 않더라도 역할과 기능에는 근본적인 변화가 발생할 것이다. 인사 부서의 역할은 인사관리의 주요 어젠다를 발굴하고 질문을 제기하는 것이 될 것이고, 인공지능은 그에 대한 해답을 제공하는 방식으로 역할이 분화될 것이다.

개별화된 인사제도와 시스템

인사관리에서 직급 및 평가제도, 임금제도 등 집단적인 틀을 필요로 했던 근거들이 빠르게 사라지고 있다. 4차 산업혁명은 생산의 자동화, 제품의 개별화를 가능하게 만든다. 표준화된 집단적 생산방식이 해체되고 있으며 인공지능 기반의 기술적 진보는 복잡한 조정을 합리적으로 처리하도록 만든다. 4차 산업혁명은 생산과정에서 보다 많은 자유와 유연성을 제공한다. 그 결과 비교적 낮은 생산원가로 일대일 고객 맞춤형 제품 생산이 가능해진다.[4]

개별화는 4차 산업혁명을 관통하는 중요한 흐름이다. 앞으로의 사회가 그렇게 조직화되고 움직일 것이기 때문이다. 초연결 지능사회에서는 필연적으로 개인화 서비스가 증폭된다.[5] 언론, 금융, 법률, 교육, 자문, 의료 등 모든 분야에서 개인화된 새로운 시장이 등장할 것이다.

인사제도 역시 예외가 아니다. 맞춤형 생산이 가능한 것처럼 맞춤형 인사도 얼마든지 가능하다. 사실 하나의 제도에 모든 직원을 맞춘다는 것이 오히려 이상하지 않은가? 각자 맡은 역할과 책임이 다르다면 동일한 평가 잣대에 의해 평가받을 필요가 있을까? 오히려 그러한 특성이나 차이점을 고려해서 평가해야 하지 않을까? 보상 방법과 내용 역시 일률적인 제도적 규칙이 아니라 개인의 욕구나 특성을 고려해서 판단해야 효과적이지 않을까?

집단적 인사제도가 운영된 것은 그것을 활용해서 많은 인력을 비용

4 롤랜드 버거 (2017). 《4차 산업혁명 이미 와 있는 미래》. 김정희, 조원영 역. 다산3.0. p. 28.
5 이민화 (2016). 《4차 산업혁명으로 가는 길》. 창조경제연구회. p. 36.

효율적으로 관리할 수 있었기 때문이다. 그러나 그러한 효율성은 기술발전으로 인해 점차 사라지고 있다. 이와 반대로 개인의 특성을 고려한 차별화된 인사제도가 주는 이점이 점차 더 커지고 있다. 핵심 인재 확보와 유지의 경우에 더욱 그렇다. 표준화된 대량생산이 주문형 개별생산에 자리를 내주는 것과 마찬가지로 이제 인사제도도 맞춤형으로 변화하고 있다. 개인의 역량이나 역할, 책임의 크기, 성과에 대한 기여도를 고려해 직원 개인별 특성에 따른 맞춤형 평가와 보상이 이루어지는 시대가 오고 있다.

실시간 인사 결정

4차 산업혁명이 초래할 인사관리의 중요한 변화는 인사관리와 관련된 판단이나 결정이 실시간으로 이루어진다는 것이다. 이러한 변화가 선뜻 가슴에 다가오지 않을 수도 있다. 전사적 자원관리(ERP)를 생각해보자. 기업경영에 관한 정보를 실시간으로 공유하고 의사결정에 활용하도록 하는 것이 전사적 자원관리의 목적이다. 대부분의 선진기업들은 이미 도입해서 운영하고 있다. 인사관리에서도 이와 유사한 일이 일어날 것이다. 빅데이터와 인공지능은 네이버의 시대 속도를 긴밀한 이미의 실시간으로 단축시키고 필요한 판단과 결정을 즉각적으로 내릴 수 있도록 지원한다.

예를 들어 하나의 역할이나 포스트에 공석이 생길 경우, 미래에는 그 자리에 적합한 사내 인재를 실시간으로 분석해 결과를 내놓을 것이다. 내보내야 할 사람을 정하는 문제도 마찬가지이다. 근무성과와 잠재역량, 향후 필요한 스킬 세트 등이 종합적으로 고려되어 실시간으로 리스트가 작성된다. 구성원들의 성과 역시 굳이 1년을 기다리지 않아도 현재까지의 성과에 더해 과거에 보여주었던 성과 패턴 등 다양한 정보를 활용해 즉각적으로 판단할 수 있다. 인공지능을 활용해 미래의 이직이나 성과에 대한 예측도 얼마든지 할 수 있다. 경영층으로선 바라 마지않던 좋은 소식이겠지만 직원들 입장에선 부담스럽거나 두려운 일일 수도 있다.

4

HR 제도의 진화

먼 미래의 이야기는 흥미롭긴 하지만 절실하지 않다. 매일매일 치열한 경쟁에 허덕이는 기업경영진으로선 더욱 그렇다. 그래서 가까운 미래에 벌어질 인사관리의 변화에 더 많은 관심이 갈 수밖에 없다. 변화의 단초들은 이미 현실세계에 그 모습을 드러내고 있다. 이미 와 있는 미래이기도 하고 우리가 만들어가야 하는 미래이기도 하다. 이하에서는 모든 HR의 변화를 검토하기보다는 전통적인 인사관리에서 가장 중요한 골격을 제공해왔던 직급 체계, 평가제도 그리고 보상에 초점을 맞추기로 한다.

직급 체계

직급 체계의 변화를 이해하기 위해서는 먼저 직급 체계가 수행하는 역할을 알아야 한다. 우리가 아는 대부분 기업은 명칭은 달라도 나름대로 직급 체계를 가지고 있다. 직급은 모든 직원을 개별적으로 관리하기 어럽거나 집단으로 관리하는 것을 통해 조직이 얻고자 하는 목적이 있기 때문에 만들어진다. 예를 들어 모든 직원의 임금을 개별적으로 정해서 주기란 결코 쉽지 않다. 미리 기대되는 역량 수준이나 역할 수준, 업무 가치 등에 기초해 등급을 만들어서 운영하는 것이 효과적이다. 직급이 있으면 직급별로 기대되는 역량이나 역할을 정의할 수 있고, 임금 수준에 대해서도 임금 밴드를 통해 적절한 관리가 가능하다.

그러나 그런 직급 체계가 오히려 유연하고 신속한 대응을 방해하는 장애물이 되기도 한다. 안정적인 환경에서 내부 육성을 통해 인재를 만드는 경우 직급 체계가 효과적이다. 그러나 환경이 빠르게 변화하고 외부인재의 활용이 크게 증가하면서 조직의 경계 자체가 모호해지는 4차 산업혁명 시대에 직급 체계의 효용성은 크게 떨어질 수밖에 없다.

더욱이 우리나라 기업들의 직급 체계는 직급 간 차이를 결정하는 근거나 이유가 모호해지면서 의미를 잃고 껍질만 남은 모습이 되어버렸다. 대리와 과장 직급의 차이가 무엇인지, 3급과 4급은 하는 일이나 역량에 어떤 차이가 있는지 등이 명확히 구분되지 않은 채 직급은 그저 승진 또는 경력단계라는 제도적 등급의 형식적 의미만 가지게 되었다. 4차 산업혁명 시대에는 이러한 직급이 더는 존재 의의를 가지기 힘들다.

단순하고 유연한 직급 체계로

4차 산업혁명 시대의 직급은 단순하고 유연해야 한다. 단순하다는 것은 직급 단계가 적어야 한다는 의미이고, 유연하다는 것은 직급의 배정이나 변경이 경직되지 않아야 한다는 의미이다. 빠르게 변화하는 환경과 비즈니스 모델은 유연한 인력운영을 필요로 한다. 이미 일부 기업

표 1 2단계 직급 체계

	직급 1	직급 2
해당되는 기존 직급	신입사원~대리	과장~차장~부장
기대되는 역할	역량 개발 다양한 경험 경력 탐색 전문성 확보	역량 발휘 성과 실현 리더십 개발 전문성 강화
체류 기간	직무에 따라 5~10년	기간 없음

은 직급 체계를 단축하는 방향으로 해법을 찾기 시작했다. 삼성전자의 경우 기존 7단계의 직급 체계를 직무가치나 역할을 기초로 4단계의 경력단계(career level)로 축소 개편했고, LG전자도 기존 5단계 직급을 3단계로 축소한다는 방침을 발표한 바 있다.

그러나 이것으로는 부족하다. 4차 산업혁명 시대에 대비하기 위해서는 이보다 한걸음 더 나아가 단순하고 유연한 2단계 직급 체계로 변화할 필요가 있다. 새로운 기술혁명 시대에는 근속연수나 조직 내 서열을 대표하는 직급이 설 자리가 없다. 직급이 단순할수록 개인의 역량과 기대되는 역할에 따라 필요한 권한이나 일을 주기가 훨씬 유연해지는 장점이 있다. 또한 직급이 아니라 실력과 성과로 평가받고 보상받기가 더 쉬워진다.

직급 1이 역량을 개발하고 경력을 탐색하는 단계라면, 직급 2는 역량을 발휘하면서 성과를 실현하는 역할이 부여되는 단계다. 2단계 직급 체계를 운영하기 위해서는 직원 개인에 대한 개별적 관리 역량이 중요하다. 직급이 세분화되어 있는 경우에 비해 하나의 직급에 많은 직무나 역할이 포함되기 때문에 개인의 특성과 잠재력, 활용 용도에 대한 정밀한 파악이 필요하다.

2단계 직급 체계가 효과적으로 운영되기 위해서는 직급 1에서는 사원의 적성과 역량을 파악해 경력을 탐색한 후 신속하게 전문성을 갖추도록 만드는 것이 중요하며, 이를 위해 개인 주도적 경력 탐색과 역량 개발 노력이 필요하다. 직급 2에서는 주도적으로 프로젝트를 제안하고 이끌면서 성과를 실현하도록 만드는 한편, 성과에 따른 보상과 그에 비례하는 중요한 역할과 책임을 제공하는 것이 중요하다.

직급 폐지도 가능

직급을 없애는 것도 가능하다. 전통적으로 직급이 필요한 이유 중 하나는 직원의 역량 개발이다. 직급에 해당하는 역량 수준을 설정하고 그에 맞는 능력을 개발하도록 만들기 위해서는 등급 구분이 필요하다. 그러나 최소한의 역량 수준이 표준화된 전문가 조직에서는 굳이 직급이 필요하지 않다. 예를 들어 법무법인, 프로선수, 컨설팅 회사, 대학교수 등은 한두 단계의 직급 구분이 있지만, 실제로 직급이 큰 의미는 없다. 신입사원을 뽑지 않고 경력사원을 중심으로 인력을 운영하는 기업이라면 굳이 직급 체계를 유지할 필요가 없다. 혹은 직군별로 인사관리를 하면서 전문직 성격이 강한 직군에서는 직급 체계 없이 유연하게 인력을 활용하는 것이 더 효과적일 수 있다.

직급을 없앤다는 것은 직급이 포함하고 있는 정보들을 개인별로 관리한다는 의미이다. 직급은 근속 혹은 경험 연수, 역량 수준, 맡고 있는 역할이나 일의 수준을 의미한다. 그러한 정보는 직급에 속한 모든 인력에

상사가 없는 회사들

밸브 소프트웨어의 직원들은 상사에게 지시를 받을 필요가 없다. 지시를 내려줄 상사가 없기 때문이다. 이 회사는 관리자가 따로 있을 필요가 없다고 생각하며 딱히 정해진 직책도 필요하지 않다고 생각한다. 직원이 입사하면 다양한 프로젝트를 순환하며 여러 사람을 만나보고, 그다음 어떤 프로젝트에 전념할 것인지 결정한다. 원할 경우 여러 개의 프로젝트에 합류할 수도 있다. 밸브 소프트웨어가 상사가 없는 유일한 회사는 아니다. 모닝스타 컴퍼니 역시 관리자 없이 자율적인 직원들에 의해 운영된다. 2015년 자포스도 관리자를 없애는 실험을 시작했다. 직급이나 직책이 없는 조직은 이미 우리 앞에 다가와 있다.

• 자료: 데이비드 버커스 (2016). 《경영의 이동: 지금까지 세상에 없던 성공의 방식》. 장진원 역. 한국경제신문사.

대한 평균적인 정보일 뿐 개인별 세부적인 정보는 다를 수밖에 없다. 따라서 직급 대신 개인 수준에서 사람을 관리하는 것이 더 효과적이다. 그러기 위해서는 개인별 역량과 경험, 현 직무의 가치와 향후 잠재력 등을 세밀하게 파악하고 관리할 수 있어야 한다. 직급을 폐지하는 대신 개인별 역량관리, 성과관리, 경력관리가 더욱 정교하게 이루어져야 한다.

직급의 축소나 폐지는 수평적 소통과 유연한 인력 활용이라는 장점이 있지만 2가지 측면에서 반발이나 장애가 있을 수 있다. 첫째, 역량 개발이 자칫 부실해질 수 있다는 우려다. 직급이 없어지면 직급별 교육 체계의 틀이 사라질 텐데, 그것을 무엇으로 대체할 수 있는가 하는 것이다. 이를 해결하기 위해서 경영층은 주요 역할이나 포스트별로 필요한 스킬 세트나 역량 수준을 정리해서 제공해야 하고, 구성원 개인은 자기주도형 역량 개발을 할 수 있어야 한다.

둘째, 승격이나 승진을 통한 동기부여가 사라지는 것에 대한 반발이다. 샐러리맨의 낙(樂)이 승진이라는 전통적인 인식이 유지되는 한 직급의 축소나 폐지는 매우 큰 저항이나 심각한 사기저하를 불러올 수 있다. 따라서 그 대안으로 승격이나 승진 대신 역할이나 권한의 증가에서 성취감을 느낄 수 있어야 하고 그에 대한 보상이 뒤따라야 한다. 4차 산업혁명 시대에는 그에 걸맞은 의식과 문화의 변화가 필요한 이유이다.

평가제도

4차 산업혁명 시대에는 평가제도 역시 커다란 변화를 겪을 것이다. 무엇보다 새로운 시대에 필요한 인재상이 바뀌는 만큼 평가 내용 역시 그에 따라 달라져야 한다. 상사 중심의 평가에서 탈피해 진정한 의미의 360도 평가가 가능해질 것이다. 평가 주기도 사전에 정해진 시기가 아니라 실시간 평가가 가능한 방향으로 변화할 것이다. 상대평가 방식 역시 절대평가 방식으로 이행할 것이다. 〈표 2〉는 4차 산업혁명 시대에 발생할 것으로 예견되는 평가제도의 중요한 변화들을 정리한 것이다. 이러한 변화는 이미 외국 선진기업들에 의해 일부 도입되고 있으며 우리나라 기업에도 점차 확산될 것이다.

표 2 4차 산업혁명 시대의 평가제도

	현행 평가제도	4차 산업혁명 시대의 평가제도
역량 평가	도전, 열정, 전문성	창의성, 디지털 리터러시
평가자	상사 중심 평가 (동료 및 부하 평가 참고)	종합적 복수 평가 (상사, 동료, 부하, 내·외부 고객, 시장)
평가 방식	상대평가 중심	절대평가 중심
평가 초점	결과	결과와 과정
평가 주기와 피드백	월별, 분기별, 1년	실시간 평가 및 피드백

창의성과 디지털 리터러시가 중요

우리나라 기업들이 중요하게 생각했던 인재상이나 역량 평가 요소 중에서 도전, 열정, 전문성 등은 새로운 시대에도 여전히 필요한 역량이다. 그러나 4차 산업혁명 시대에는 창의성과 디지털 리터러시가 중요하다. 이것은 기계가 대체할 수 없는 능력이거나 기계를 이해하고 협력하기 위한 역량이다.

빅데이터와 인공지능은 문제해결능력을 극대화시키지만 무엇이 해결해야 할 문제인지 설정하는 것은 여전히 사람의 몫이다. 그런 의미에서 새로운 시각이나 융합적 관점에서 문제를 정의하고 질문하는 능력이야말로 기계와의 경쟁에서 인간이 차별화할 수 있는 핵심적인 역량이며 기계와 같이 공존할 수 있는 힘이기도 하다.

한편 로봇과의 협업이 가능하려면 로봇의 작동 방식이나 로봇이 할 수 있는 것과 없는 것에 대한 이해가 중요하다. 이를 위해서는 0과 1로 구성되는 디지털 논리와 언어에 대한 이해가 필요하다. 달리 말하자면,

창의성도 측정과 평가가 가능하다!

우리나라 일부 기업도 채용 과정에서 창의성을 측정한다. 삼성전자는 2년 전부터 입사 지원자들을 대상으로 창의성 면접을 실시하고 있다. 그러나 기술발전은 사람이 필요 없는 창의성 측정을 가능하게 만든다. 샌프란시스코의 스팔시트(Sparcit)라는 벤처 기업은 빅데이터를 활용해 8가지 간단한 게임 어세스먼트 툴을 개발해 개인, 팀, 조직의 독창성 및 혁신력을 측정하는 테스트를 제공한다. 유창성, 융통성, 독창성, 정교성이라는 4가지 요소를 측정하며, 10~25분 만에 창의력과 혁신력을 측정한다. 스팔시트에서는 심리학자, 자연언어처리 전문가, 기계학습 전문가, 통계 전문가가 서비스의 연구개발을 담당하고 있다. 인공지능과 빅데이터 기술을 통해 창의성까지 측정하는 시대가 이미 우리 앞에 와 있다.

• 자료: 후쿠하라 마사히로, 도쿠오카 고이치로 (2016). 《4차 산업혁명 인공지능 빅데이터: 세계 최고의 인재를 키우는 기업경영과 관리 시스템》. 이현욱 역. 경향BP.

기본적인 컴퓨터 언어와 코딩, 프로그래밍 역량이 필수적이다. 이러한 역량을 중시해야 하는 이유는 그것이 곧 로봇과의 소통과 협력을 결정하며 그 결과 사람과 로봇이 함께 만들어내는 성과에 직접적인 영향을 미치기 때문이다.

진정한 360도 평가의 실현

이미 오래전부터 미국 기업들을 중심으로 '360도 피드백'이라는 평가가 실시되고 있다. 피평가자 본인을 중심으로 위로는 상사, 아래에서는 부하, 옆으로는 동료와 고객 등 전방위적으로 평가한다는 의미에서 이런 이름이 붙었다. 상사만의 평가로는 부하의 역량과 성과를 정확하게 파악하기 어렵다는 문제인식이 바탕에 깔려 있다. 우리나라에서는 다면평가라는 이름으로 도입되어 운영되고 있다. 그러나 좋은 취지에도 불구하고 여전히 상사 중심의 평가가 이루어지고 있는 것이 현실이다. 권한과 책임을 가진 상사가 평가의 중심이 되어야 한다는 인식이 강하기 때문이다.

그러나 4차 산업혁명 시대에는 바야흐로 진정한 360도 평가가 가능해진다. 빅데이터의 힘은 수많은 소스에서 얻은 대규모 자료이다. 기존의 평가가 상사의 평가를 중심으로 동료 및 부하의 평가가 리더십 개발을 위해 보조적으로 활용되는 반면, 미래의 평가는 개인을 관찰하는 사람들, 그리고 그 개인의 행동에 의해 영향을 받는 모든 이해관계자가 평가자가 된다. 상사, 동료, 부하, 조직 내외의 고객, 시장의 반응 등 자료를 얻을 수 있는 모든 소스가 평가자이다. 이들로부터 얻은 정보가 특정 개인을 평가하는 중요한 근거가 되기 때문이다. 이들이 반드시 조직 내에서 공식적인 평가자의 권한이나 역할을 가지는 것은 아니다. 자신이 평가자 역할을 하는지도 모르는 상태에서 결과적으로 평가자가 되는 일이 얼마든지 가능하다.

물론 모든 평가자가 동일한 가중치를 가질 필요는 없으며 업적평가냐 역량평가냐에 따라 가중치가 달라질 수 있다. 중요한 것은 활용 가능한

그림 2　4차 산업혁명 시대의 다면평가

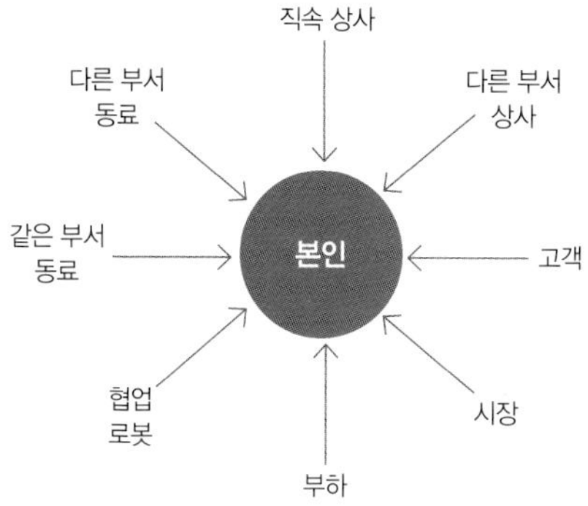

모든 정보를 수집해 성과관리에 적용하며, 그 과정에서 상사를 포함한 많은 협력자와 협업 로봇이 주요 정보 제공자이면서 평가자 역할을 담당한다는 점이다.

상대평가에서 절대평가로

상대평가는 평가의 공정성과 수용성, 동기부여 측면에서 심각한 결함을 안고 있는 제도이다. 그럼에도 불구하고 거의 모든 기업에서 이를 사용하는 이유는 재원에 한계가 있고 상사의 평가역량이 부족하기 때문이다. 절대평가를 해도 승진기회나 임금인상 재원이 한정되어 있기 때문에 차별화하기 위해서는 상대평가를 할 수밖에 없고, 절대평가를 하는 경우 관리자들의 관대화나 가혹화 경향을 막을 수 없기 때문이다. 상대평가는 현실적 제약조건에서 선택하는 일종의 고육지책인 셈이다. 그러나 그에 따른 부작용이 적지 않다. 오죽하면 품질관리의 아버지

상대평가제에 대한 사망선고

매킨지가 기업의 현행 상대 성과평가제에 사망선고를 내렸다. 기업들이 연말마다 직원의 업무성과를 평가해 보수와 승진 등을 결정하는 성과관리 상대평가제가 "시간만 잡아먹고, 지나치게 주관적이며, 동기를 부여하기보다는 동기를 잃게 하고, 궁극적으로 도움이 안 된다"는 것이다. 전 세계적으로 여전히 열에 아홉은 기존의 성과평가제를 실시하고 있지만, 현행 제도는 직원 성과를 향상시키는 데 거의 기여하는 바가 없는 것은 물론, 직원들로 하여금 등급 평점과 보수에 대해 전전긍긍하고 평가 결과를 납득하지 못하게 함으로써 도리어 업무수행을 해칠 수도 있다는 것이 이 회사가 실시한 연구 조사의 결론이다.

• 자료: "매킨지 '직원 상대평가제는 엉터리' 사망선고… '기업 대안모색'" (2016. 5. 17). 《연합뉴스》.

에드워즈 데밍(Edwards Deming)이 단기성과주의와 목표관리를 가리켜 조직을 죽일 수 있는 질병이라고 했을까.

기술발전은 예산이 제한되어 있다는 한계에도 불구하고 절대평가가 가능하도록 하는 중요한 계기를 만들어낸다. 이것은 평가의 목적이 보상뿐 아니라 역량 개발이라는 인식의 전환과 궤를 같이한다. 설령 재원 부족으로 실질적인 보상의 차등화가 어렵다고 해도 직원들은 누구나 자신이 얼마나 실적을 올렸는지, 잘한 점은 무엇이고 개선이 필요한 점은 무엇인지 알고 싶어 한다. 그리고 이것은 절대평가가 아니면 해결하

기 어렵다

빅데이터와 인공지능의 발달은 절대평가를 가능하게 하는 중요한 인에이블러(enabler)이다. 다양한 정보에 입각해서 평가하는 경우 정확한 평가가 가능하고 피드백의 내용이 매우 풍부해지는 장점이 있다. 상사의 제한된 관찰에 기초한 평가가 아니기 때문에 수용성이 높다는 점을 고려하면, 상대평가의 장점보다는 절대평가의 장점이 더 크다.

실시간 평가와 피드백

새로운 기술을 통한 평가제도의 가장 큰 변화는 실시간 평가와 피드백이 가능하다는 점이다. 전통적으로 평가는 6개월마다 혹은 1년에 한 번 실시하는 것이 일반적이다. 평가 주기가 이렇게 넓어진 이유는 현재 진행하는 업무의 성과가 나타나려면 시간이 필요하고, 평가자가 평가하는 데도 상당한 시간이 필요하기 때문이다. 그러나 평가 주기가 길수록 업무수행 과정에서 발견되는 개발 포인트가 사라지거나 성과를 높일 시기를 놓칠 수 있다. 다양한 자료를 활용한 빅데이터, 인공지능 평가는 실시간 피드백을 가능하게 함으로써 이러한 문제점을 개선할 수 있다.

일부 선진기업을 중심으로 이러한 변화가 이미 시작되고 있다. 어도비(Adobe)는 2012년에 기존 업무 평가관리 시스템을 완전히 뜯어고쳤다. 연례 평가를 없애고, 체크인(Check-in) 프로세스로 대체한 것이다. 이것은 실시간 솔루션으로, 관리자와 직원이 분기마다 한 번 이상 만나 체크인 미팅을 실시하며, 때로는 매달 진행하거나 프로젝트 완료 뒤에 일정을 잡기도 한다. 이러한 미팅은 별도의 서류나 형식에 구애받지 않으며, 기대목표, 피드백, 성장과 개발이라는 세 가지 주제로 진행된다.[6] 〈표 3〉

확산되는 실시간 피드백 애플리케이션

실시간 피드백이 대세로 자리 잡고 있는 기업들에서는 실시간 피드백을 위한 애플리케이션이 빠르게 개발되어 보급되고 있다. 이러한 앱들은 동료가 잘한 것에 대한 인정이나 칭찬, 개선이 필요하거나 기대하는 부분 등에 대해 회의가 끝나거나 그때그때 관찰되었던 것을 입력하면 그 내용이 공유되고 저장되고 요약 정리되는 것이 공통적인 특징이다. 이를 통해 관리자가 별도로 내용을 기록할 필요가 없으며 필요한 피드백은 이미 앱을 통해 실시간으로 서로 주고받음으로써 피드백 효과를 높일 수 있게 된다. 대기업은 자체 앱을 개발해서 사용하는 경우가 많다. 어도비의 Check-in, IBM의 Ace, GE의 PD@GE 등이 대표적이다. 그러나 자체 개발이 어려운 회사들을 위해 앱을 개발해서 판매하는 솔루션 회사도 적지 않다.

은 어도비 평가제도의 변화를 정리한 것이다.

어도비가 유일한 사례는 아니다. 최근 몇 년간 해외 선진기업들의 평가제도는 어도비와 유사한 방향으로 변화하고 있다. IBM 역시 연말 평가중심의 성과관리제도를 버리고 실시간 피드백을 중시하는 체크 포인트(Check-point)제도를 도입했다. 엄격한 상대평가와 강제적 퇴출로 유

6 데이비드 버커스 (2016). 《경영의 이동: 지금까지 세상에 없던 성공의 방식》. 장진원 역. 한국경제신문사.

표 3 어도비의 평가제도 변화

	변경 전	변경 후
평가 방식	상대평가	절대평가
보상 연계	평가등급에 따른 보상	목표 기여도에 따른 보상
평가 주기	연 1회	수시 (분기별 1회)
평가의 초점	결과 중시	과정 중시

명했던 GE도 성과의 관점을 관리 대상이 아닌 역량 개발로 바꾸면서 상사와 동료들의 피드백을 적극적으로 활용하고 있다. 이 기업들에서 실시간 피드백이 강조되긴 하지만, 사실은 수시 혹은 분기별 피드백이라고 말하는 것이 더 정확하다. 그러나 앞으로 인공지능과 빅데이터가 결합된 기술적 발전을 통해 진정한 실시간 피드백이 가능해질 것으로 기대된다.

보상제도

4차 산업혁명 시대에는 보상제도에도 중요한 변화가 일어날 것이다. 먼저, 어떤 보상을 받을지 개인이 선택할 가능성이 확대된다. 개인별로 서로 다른 보상 욕구를 고려하는 방향으로 변화가 일어날 것이다. 또한 직급 체계가 단순해지거나 폐지되면서 개인의 역량과 역할에 따라 임금이 결정되는 유연한 보상이 가능해진다. 그리고 성과에 대해 보상이 실시간으로 이루어지는 방향으로 바뀔 것이다.

직원이 선택하는 보상

회사가 직원에게 주는 보상의 종류는 다양하다. 현금 급여뿐 아니라 복리후생, 고용안정, 성장 기회, 흥미로운 일 등이 모두 보상이다. 그러나 지금까지는 회사와 직원 모두 현금 급여에만 관심을 기울이는 경향이 강했다. 그렇게 된 이유 중 하나는 비금전적 보상의 가치나 크기를 객관화, 계량화하기 어려웠기 때문이다. 또 다른 이유는 집단주의 문화에서 모두에게 동일하게 적용되는 제도가 더 바람직한 것으로 간주되었기 때문이다. 4차 산업혁명 시대에는 집단적 가치나 형평성보다는 개인별 선호나 가치가 더 중시되며 기술적으로도 서로 다른 내용의 보상을 계량화할 수 있다. 각 보상 유형에 대한 종업원 개인의 선호나 가치를 고려해서 보상을 결정하는 방식이 얼마든지 가능하기 때문이다.

〈그림 3〉은 선택적 보상 패키지의 한 예이다. 이론적으로는 총 보상에 포함되는 모든 요인을 선택할 수 있으나 이해를 돕기 위해 금전적 가치 비교가 쉬운 현금 급여와 복리후생, 휴가, 주식만 예로 든 것이다. 직원들은 개인별로 자신에게 정해지는 보상 수준의 틀 안에서 4가지 보상 요소의 수준을 선택할 수 있다. 예시는 현금 급여는 평균적인 수준으로 하되 개인과 가정을 위한 시간을 위해 휴가 일수를 늘리는 선택을 표시하고 있다. 이와 반대로 휴가나 복리후생을 최소로 하고 모든 보상을 현금 급여로 받는 경우도 가능하다.

이러한 방식은 복리후생제도의 틀 안에서 선택적 복리후생제도 혹은 카페테리아 복리후생이라는 이름으로 이미 실현되고 있다. 그러한 틀을 보상 전체에 확대해서 적용하는 것이다. 다만 급여를 선택적으로 운영하는 경우 복리후생에 비해 제도 설계나 운영이 더 어려울 수 있

그림 3 선택적 보상 패키지(예시)

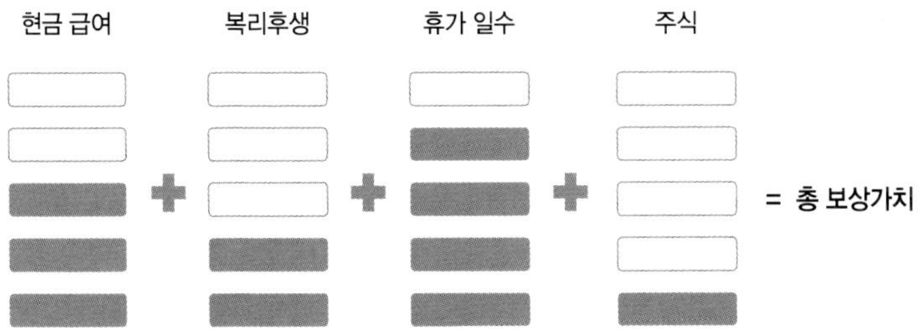

다. 그러나 바로 그러한 어려움을 빅데이터와 인공지능이 해결해줄 것이다. 이러한 선택적 보상은 동일한 보상 재원을 사용하면서도 그것이 주는 보상효과가 훨씬 더 커지는 기회를 제공한다. 개인이 느끼는 유의도(valence)에 맞춘 보상이 이루어질 수 있기 때문이다.

개인별로 이루어지는 유연한 보상

빅데이터와 인공지능을 잘 활용하면 직급 없이도 각 개인의 일과 역량을 고려해서 개별적으로 임금 수준과 인상률을 결정할 수 있다. 회사 내부적으로는 개인별 업무와 역할, 성과 등을 정확히 파악하고, 그러한 정보를 외부 시장에서의 직종별, 직무별, 스킬별 시장가치와 연결할 경우, 개인별로 최적화된 보상 수준을 파악해서 결정할 수 있다. 따라서 보상에서 직급이 큰 의미를 가지지 않게 되어 직급별 임금 밴드의 설계와 관리가 사라진다. 그 대신 각자 자기가 맡은 역할과 성과, 보유한 역량, 시장가치 등을 종합적으로 고려해 그에 상응하는 기본급과 임금인

그림 4 개별화된 임금 결정

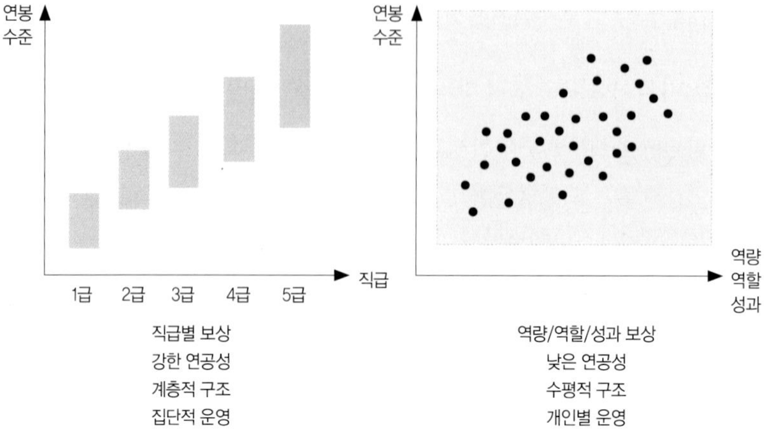

상을 적용받는다.

먼 이야기가 아니다. 직급에 얽매이지 않고 개인별 역량이나 기대되는 역할에 따른 보상 수준 및 패키지 결정은 지금도 핵심 인재나 외부 전문가를 영입할 때 일반적으로 사용되고 있다. 이런 경우에는 시장 임금 수준과 평판, 조직 내 역할이나 기대 성과를 종합적으로 고려해 임금 수준이나 기타 부대조건들을 결정한다. 이러한 방식을 전체 종업원에게 적용한다고 보면 이해하기 쉬울 것이다. 그것이 가능하려면 각 개인에 대해, 핵심 인재의 경우와 마찬가지로 역량과 기대되는 성과 수준 및 기여도 등 필요한 주요 정보들을 확보해야 한다. 이미 사내에 존재하는 인사 정보들을 빅데이터화해서 인공지능을 활용할 경우 얼마든지 개인별로 유연한 보상이 가능하다.

실시간으로 이루어지는 보상

전통적인 보상의 문제점 중 하나는 보상이 1년에 한 번 임금인상이나 인센티브, 승진 등의 형태로 이루어진다는 것이다. 그러다 보니 보상을 통한 자극이나 동기부여 효과가 매우 제한적인 단점이 있다. 강화이론에 따르면, 어떤 행위가 발생하는 즉시 보상이 주어져야 동기부여 효과가 높다. 그런 점에서 보면 1년에 한 번 실시하는 보상이 직원들의 노력이나 열정을 자극하는 데 커다란 한계가 있는 것은 당연하다.

실시간 보상이 주는 몰입이나 동기부여 효과는 게임을 통해 쉽게 이해할 수 있다. 게임은 그 행위 자체도 재미있지만 게임이 끝나자마자 즉각적인 보상이 이루어진다는 점도 커다란 매력이다. 게임의 결과가 즉시 판명되고 그에 따라 자신의 평판이나 순위가 올라가며 중요한 아이템을 얻거나 이를 판매하기도 한다. 일에 중독되기는 어려워도 게임에 중독되기는 쉬운 이유다.

4차 산업혁명 시대의 중요한 특징은 실시간 분석과 피드백이 가능하다는 점이며, 이는 보상관리에도 그대로 적용된다. 현재의 업무성과나 진척도를 인사정보 시스템을 통해 실시간으로 파악할 수 있으며, 이에 대해 인정과 격려, 포상금, 임금인상 등의 결정이 즉각적으로 이루어질 수 있다. 개인에게 적합한 보상 내용과 시기를 정교하게 포착해 보상을 제공함으로써 일에 대한 의욕이나 성취감을 크게 높일 수 있다.

임금을 주급으로 주는 경우가 많고 임금인상 시기 역시 연중에도 수시로 실시하는 미국 기업들의 경우, 이러한 방향으로 쉽게 변화할 수 있을 것이다. 그러나 임금이 매달 지급되는 월급으로 획일화되어 있는 우리나라에서는 그러한 변화가 쉽지 않을 것이다. 각종 공과금이 매달 부

실시간 보상의 효과

자녀들의 게임 중독으로 골머리를 썩은 경험이 있는 부모가 적지 않다. 아무리 잔소리해도 공부를 하지 않는 아이들이 왜 게임에는 그렇게 쉽게 빠져드는 것일까? 일단 게임은 자극적이다. 현란한 화상과 강력한 음향이 감각을 사로잡는다. 승패도 빨리 결정된다. 반면 아무리 열심히 공부해도 시험을 치르기 전에는 그 결과를 확인하기 어렵다. 그러나 게임은 끝나는 즉시 전적이 수정되고 랭킹이 오른다. 새로운 아이템을 얻기도 한다. 이러니 게임에 몰두하지 않을 수 있겠는가. 이것이 실시간 보상의 효과다.

과되기 때문에 더욱 그렇다. 그렇더라도 실시간 보상으로의 변화는 계속 진행될 것이다. 즉각적인 보상이 주는 자극이나 동기부여 효과가 그만큼 크기 때문이다. 기본급을 실시간으로 지급하긴 어렵지만 칭찬, 격려, 포상, 성과 인센티브 등은 얼마든지 가능하다.

5

무엇을 준비할 것인가?

미래는 예측한 대로만 흘러가지는 않는다. 역사는 계획과 우연이 겹쳐 만들어진다. 기술이 사람과 조직에 일으키는 변화는 사람들의 저항과 반대에 부딪히면 그 궤도를 수정한다. 디지털 기술의 확산에 대한 저항이 이미 시작되고 있다.[7] 아날로그의 반격이라고 할까. 스트리밍이 대세인 시대에 다시 LP 레코드판이 인기를 얻고, 몰스킨(Moleskine) 노트는 디지털의 세계가 주지 못하는 감성과 아날로그의 추억에 힘입어 유명한 브랜드로 부각되고 있다. 물론 이러한 현상이 디지털 혁명이라는 대세를 거스르기는 어려울지 모른다. 대양에 떠 있는 조그만 섬들과 같은 형국이라고 할 수도 있으니 말이다. 그럼에도 불구하고 기술혁신이 하나의 효율적인 궤도를 향해 직진하는 것만은 아니라는 사실을 일깨워

7 데이비드 색스 (2017). 《아날로그의 반격: 디지털, 그 바깥의 세계를 발견하다》. 박상현, 이승연 역. 어크로스.

주기에 충분하다.

그보다 더 중요한 것은 조직에서 열정을 바쳐 일하는 구성원들의 반응이다. 단순히 기술적 필요나 효율성을 가치 삼아 이루어지는 모든 변화를 이들이 아무런 반발 없이 그대로 수용할 수 있을까. 인공지능에 의한 채용이나 평가 결정이 아무리 타당도가 높다고 한들 실제로 평가당하는 사람이 이를 이해하고 받아들이지 않는 한 긍정적인 효과를 기대하기는 어렵다. 설령 힘이나 위계로 이들의 반발을 억누를 수 있다 해도 그 비용이 너무 크다. 조직에 대한 몰입과 일에 대한 의욕에 커다란 구멍이 생기는 일을 피할 수 없기 때문이다.

그런 점에서 기술혁신은 반드시 구성원들의 이해와 협력, 파트너십에 기초해서 이루어져야 한다. 4차 산업혁명의 시대를 아날로그적 사고를 가진 인력과 함께 헤쳐 나가기는 어렵다. 독일의 인더스트리 4.0이 노동 4.0과 하나의 짝으로 동시에 추진되는 이유이기도 하다. 인사혁명을 이루기 위해서는 경영층뿐만 아니라 구성원들의 사고와 시야가 넓어져야 한다. 그러한 의식 변화는 한순간에 이루어지지 않는다. 시간과 노력이 많이 필요한 일이다. 그러나 꼭 해야 하는 일이기도 하다. 우리에게 다른 선택은 없기 때문이다.

| Chapter 7 |

새로운 시대, 새롭게 설정해야 할 노사관계

4차 산업혁명 시대에도 지속가능한 노사관계는 무엇인가?

노용진

1

4차 산업혁명과 노사관계의 조화로운 발전은 불가능한가?

2016년 세계경제포럼(WEF)에서 4차 산업혁명의 가능성이 제기된 이후, 그것이 노동과 고용의 세계에 어떤 영향을 미칠지 관심이 뜨겁다. 그 변화의 방향이나 정도를 정확하게 예측하기는 힘들지만, 의사나 변호사들을 포함한 전문직들도 대상이 되는 일자리의 감소, 고용 형태의 다양화, 근로시간과 근무 형태의 다양화, 노동시장 이중구조의 심화 등 상당히 우울한 전망들이 제시되고 있다. 노동과 고용의 세계를 이루는 한 구성요소로서 노사관계도 예외는 아니어서, 신기술 발전의 영향권 밖에 있을 수는 없다.

반대로 기술발전의 시각에서 노사관계는 4차 산업혁명이 도래하는데 가장 큰 걸림돌 중 하나로 여겨질 수 있다. 4차 산업혁명이 인간의 노동에 무자비한 영향을 미칠 것으로 예상된다면, 그 기술의 발전에 따라 1차적 피해를 볼 위험에 처하는 근로자들이 노동조합을 통해 자신들을 보호하려 할 것이기 때문이다. 그러한 움직임은 자칫 기술의 발전에 적합하지 않은 작업조직과 고용관계 등을 강제할 수도 있고, 기술의 도입을 직접적으로 억제할 수도 있다. 이처럼 노동조합 등의 근로자 조직들이 기술의 발전과 확산에 수수방관하지 않고 적극 개입해 반대하는 경우에는 기술의 발전과 노사관계 간에 극심한 대립과 갈등이 예상된다.

이런 전망들은 우리에게 4차 산업혁명 시대에 지속가능한 노사관계 모형은 무엇일까 하는 의문을 제기하게 만든다. 지속가능한 노사관계 모형이 되기 위해서는 그것이 기업의 지속가능한 경쟁력을 확보해주어야 하고, 동시에 근로자들에게 양질의 일자리를 계속 제공한다는 조건을 충족해야 한다고 요구되고 있음을 감안하면,[1] 근로자들에 대한 피해를 최소화하고 노사가 공생할 수 있는 노동 친화적 기술개발 방안은 없는지, 역으로 기술의 발전을 촉진하고 그 과실을 공유하는 기술 친화적인 노사관계 모형은 없는지 등이 제기할 수 있는 중요한 이슈이다. 이런 문제의식들과 관련해 본 장에서는 기술의 발전에 부합하는 노사관계의 성격, 근로자들의 삶의 질 개선과 노사관계의 안정적 발전에 부합하는 기술개발 방안, 기술의 발전과 노사관계의 상호작용 등에 관해 살펴보고자 한다.

4차 산업혁명의 도래에 따른 노사관계의 전개 방향에 대해 분석하기 위해서는 최근의 기술발전이 근로자들의 근로생활에 어떤 영향을 미치는지 먼저 살펴볼 필요가 있다. 그것은 기술의 발전이 노사관계에 미치는 영향이 주로 기술의 발전에 따른 직무구조와 숙련요건의 변화, 개별적 고용관계의 변화 등을 매개로 해서 작용하기 때문이다. 고용관계 체

1 Marsden, D. (1999). *A Theory of Employment Systems*. N.Y.: Oxford University Press.

계의 구성요소들은 기술적 요인의 영향을 받는 정도가 서로 다른데, 기술의 발전에 의해 직접적인 영향을 받는 직무구조나 숙련구조 등과 달리 노사관계는 기술적 변화의 직접적 영향을 상대적으로 적게 받는 곳에 위치하고 있기 때문이다. 이런 점을 감안해 이 글에서는 먼저, 기술의 발전이 근로자들의 직무구조와 숙련요건 변화 등에 미치는 영향을 살펴보고자 한다. 이 분석을 통해 기술의 발전과 노사관계 사이에 발생하는 긴장관계를 확인할 것이다. 다만 4차 산업혁명과 관련된 기술들의 산업적 응용이 본격화된 단계는 아니기 때문에 그것이 인간의 노동에 어떤 영향을 미칠지 확인하기 어렵다는 점을 감안해, 기존의 자동화기술과 정보통신기술 등이 인간의 노동에 어떤 영향을 미치는지 살펴봄으로써 간접적으로 확인하고자 한다. 그런 다음 최근의 기술발전이 노사관계 체제에 어떤 영향을 미칠지, 그리고 노사관계는 그에 대해 어떻게 대응할지, 기술의 발전과 인간의 노동을 조화롭게 발전시킬 방안은 없는지, 그것을 위한 노사관계의 역할은 무엇인지 등을 살펴보고자 한다.

2

기술의 발전과 노동세계의 변화

노동의 눈으로 본 4차 산업혁명의 기술적 특성

4차 산업혁명과 관련해서 최근 주목받고 있는 인공지능, 사물인터넷, 빅데이터, 3D 프린팅 등 데이터 기술의 발전은 그동안 발전해왔던 미시전자 기술과 인터넷 기술을 기반으로, 그 연장선상에서 더욱 발전하고 있다. 이제까지 작업현장에 미시전자기술의 응용을 통해 자동화기술이 꾸준히 발전해왔고, 다른 한편으로 스마트폰까지 등장한 정보통신기술의 발전으로 언제 어디서나(anytime anywhere) 소통이 가능한 초연결사회의 기반이 창출되었다. 초연결사회는 다양한 형태의 사이버 활동을 기록한 빅데이터의 탄생을 촉진했는데, 이러한 빅데이터의 탄생과 컴퓨터의 전산능력 증대는 이미 개발되어 있던 인공지능을 통한 기계학습의 수준을 새로운 경지로 끌어올렸다. 기계학습을 기반으로 한 사물인터넷과 센서의 발전, 인공지능을 통한 영상인식과 자연어처리능력 등의 확대 발전은 사람들의 일상생활까지 자동적으로 컴퓨터 언어로 전환해 초연결사회에 편입할 수 있는 기술적 조건을 충족해주고, 동시에 지금보다 훨씬 더 많은 종류의 빅데이터를 구축할 수 있게 해줄 것으로 전망된다. 그런 시대가 오면, 이제는 사이버 세계만이 아니라 인간의 일상생활 전반이 전면적인 기계학습 대상이 될 수 있고, 인공지능을 장착한 자동화기계들이 인간 사이에서 인간과 함께 활동할 것으로 예상된다. 이처럼 기술혁신은 또 다른 기술혁신을 낳고, 그 위에 또 다른 기술혁신이 창출되면서 기술의 발전이 무한히 확대되는 과정을 밟기 때문에 언젠가는 인간의 노동이 기계에 의해 대부분 대체될 것이라는 주장도 상당한 설득력을 갖게 되었다. 그렇지만 먼 훗날 있을 극단적 상황을 전제로 해서 현재의 대응방안을 마련하는 것은 매우 비현실적일 뿐 아니라 위험하기 때문에 여기에서는 해당 기술들의 동태적 변화 과정을 따라가면서 고용과 노동의 세계에 미치는 영향을 살펴보고자 한다.

데이터 기술의 발전이 갖는 노동적 의미를 살펴보면, 먼저 최근의 신기술들이 인간의 인지기능까지 모방해 재현하고 있다는 점을 주목할 수 있다. 얼마 전 알파고가 최고 기사들을 능가하는 바둑 실력을 보임으로써 세상을 놀라게 했는데, 앞으로는 그런 현상을 일상생활 곳곳에서 발견하게 될 것이다. 그것이 산업현장에 본격적으로 활용되면, 그 위력은 가공할 수준에 도달할 것으로 전망된다. 가령 기계학습을 기반으로 한 인공지능은 많은 정보를 인지·가공해 판단을 내릴 수 있기 때문에 인간의 두뇌 기능인 판단과 의사결정까지도 대체할 수 있다. 이제까지의 자동화기술이 인간에 의해 프로그래밍된 규칙에 따라 기계적으로 작동했다면, 인공지능을 장착한 자동화기계는 자신의 학습된 내용에 따라 상황 판단을 내리고 그것에 근거해서 최적의 작업 방식을 찾아 유연하게 움직일 것이다. 그 결과 명문화가 어려워 인간만이 할 수 있다고 여겼던 암묵지들도 그에 관한 빅데이터가 형성된다면 인공지능에 의해 학습되어 대체될 수 있다. 가령, 자동화기계에 의해 대체되기 어려운 대표적인 공정 중 하나로 알려졌던 금형의 마무리 공정도 최근에는 인공지능 기반 디자인과 제작과정을 통해 점차 기계로 대체되고 있다. 더구나 컴퓨터의 정보처리 용량이 인간의 두뇌를 압도하고 기계는 지치는 법이 없어서 야간이나 휴일도 없이 계속 학습할 수 있기 때문에 기계학습이 가능한 분야의 경우에는 인간의 두뇌가 인공지능과 경쟁을 벌이는 것이 사실상 무의미할 공산이 크다. 이런 특성으로 인해 인공지능은 생산업무와 같은 단순반복적인 과업뿐 아니라 서비스직 근로자, 나아가 의사나 변호사, 펀드매니저 등 전문직 근로자들의 지식노동에도 활용될 수 있기 때문에 그것이 대체할 인간 노동의 범위가 어디까지 확대될지 현재로서는 가늠하기 어려운 상황이다.

최근의 데이터 기술 발전이 주는 또 다른 노동적 의미는 그것이 사이버세계와 물질세계를 포괄하는 초연결사회를 만들고 있다는 점이다. 인터넷이 인간들의 소통 공간을 넘어 사물들까지도 언제 어디서나 즉각적으로 통하게 하고, 다양한 기계와 인간이 서로 공존하면서 우리의 일상생활이 항상 인터넷 공간에 접속되어 있는 상황이 될 것이다. 이러한 초연결 공간에서는 집적된 정보와 지식의 효과가 엄청날 것으로 보이는데, 그것을 어떻게 활용할 것인가가 기업들의 경쟁력 창출에서 중요한 의미를 가질 것으로 보인다. 가령 공간적으로 떨어져 있는 사람들 사이의 소통과 상호조정이 가능해졌기 때문에 기업 내 작업공정을 조직하는 방식이 다양해졌다.

초연결사회에서는 우선 근로자들의 원격근무와 재량근로 등 다양한 변형 근무 형태의 가능성을 열어주고, 관리적 측면에서 조직 구성원 간 조정과 통합, 그리고 개별 근로자들과의 직접적 의사소통 등이 훨씬 더 용이해진다. 조직구조 측면에서 조직 구성원들의 직무뿐 아니라 기계와 제품, 외부 원자재 공급업자와 부품 공급업자, 고객까지도 서로 유기적으로 연결해 실시간으로 상호작용하는 하나의 생태계를 구성하는 초연결 조직을 창출하는 토대를 제공한다. 기능적 측면에서 그러한 초연결 조직구조는 제품의 디자인과 생산, 영업과 마케팅, 유통, 물류, 회계 등 제반 경영활동이 유기적으로 결합되어 체계화됨을 의미한다. 이상의 기업모형은 최근 우리나라에서 스마트 공장이라는 개념으로 표현되고 있는데, 공장 내 작업공정과 자원뿐 아니라 부품 공급망, 유통, 물류, 고객 등 외부적 조건까지 고려한 종합적인 최적화를 추구함을 의미한다. 이런 점에서 새로운 기술적 상황들의 변화를 얼마나 잘 활용하는가가 조직의 효율성을 좌우하는 중요한 요인이 될 것이다.

4차 산업혁명 시대와 노사관계 불안요인들

기술의 발전과 일자리 잠식

기술의 발전이 인간의 노동에 미치는 부정적 영향 중 가장 크게 제기되는 우려는 일자리 잠식 가능성이다. 생산공정에 대한 기술의 적용은 기본적으로 생력화(省力化)를 함축하기 때문에 기술의 발전은 일자리의 감소로 이어진다. 예컨대, 4차 산업혁명 관련 기술의 발전으로 미국의 전체 일자리 중 47% 정도가 사라질 것으로 예측되는데,[2] 단순반복적인 업무와 정형화된 업무들이 특히 위험에 많이 노출되어 있다. 더구나 인공지능과 로봇이 인간의 두뇌노동까지 대체할 것이기 때문에 의사나 변호사 등의 전문직 일자리도 안전하지 않다는 전망이다. 이와 유사한 예측을 자주 볼 수 있는데, 만약 이런 예측들이 현실화된다면 무인공장이나 노동의 종말도 먼 나라 얘기가 아닐 것이다.

이와 같은 예측들이 있긴 하지만, 4차 산업혁명 관련 기술의 발전이 일자리에 미치는 부정적 영향이 엄청나게 클 것이라는 점에 대해서는 논란의 여지가 있다. 실제로 우리가 주변에서 보는 일자리 중 상당 부분은 기계와의 경쟁에서 살아남기 힘들기 때문에 기술의 발전에 따라 사라질 가능성이 있지만, 기술의 발전에 의해 새로 생겨날 일자리도 동시에 감안해야 한다. 기술의 발전은 일자리를 줄이는 공정개선에만 활용되는 것이 아니라 일자리를 늘려주는 제품개발에도 활용되기 때문에 전체적인 일자리 감축 효과가 항간의 우려만큼 크지 않을 가능성이 있다. 인간의 욕구는 무한정하기 때문에 새로운 기술을 이용해서 새로운 제품과 서비스를 개발해 일자리 수요를 창출할 것이므로 기술의 개발이 일자리에 미치는 부정적 영향과 함께 긍정적 영향도 고려할 필요가 있는 것이다. 사라질 일자리들은 우리가 지금 눈으로 볼 수 있지만, 새로 생겨날 일자리는 많은 부분 알 수 없기 때문에 기술의 발전에 따른 일자리 감소가 전면에 부각될 수 있다. 그러나 이제까지 기술의 발전은 항상 인간의 노동을 대체해왔지만 인간의 일자리가 계속 늘었다는 점을 생각해보면, 기술의 발전이 반드시 일자리의 감소로 이어지리라고

2 Frey, C. B. and Osborne, M. A. (2013). "The Future of Employment: How Susceptible Are Jobs to Computerisation?". Oxford Martin School.

쉽게 단언할 수는 없다.

이런 맥락에서 독일 연방노동사회부가 발간한 《노동 4.0 백서》도 4차 산업혁명 관련 기술의 발전에 따라 일자리 감소가 그리 크지 않을 것으로 예상하는 점을 주목할 필요가 있다.[3] 자동화기계가 한 근로자의 직무를 통째로 대체하기보다는 부분적으로 대체하면서 자동화기계와 인간이 협업을 취하는 경우가 많고, 그 밖의 여러 가지 사회적·정치적·경제적 제약이 존재한다는 점 등에서 그 이유를 찾고 있다. 특히 재직 근로자들에 대한 일자리 잠식 효과는 크지 않은데, 그것은 노동법이나 노사관계 등 제도적 제약이 존재하기 때문이다. 그럼에도 불구하고 새로 진입하는 근로자들에 대한 일자리 제공은 줄어들 수 있어 신기술 발전이 전체적으로 일정하게 일자리를 잠식할 것으로 예상된다. 특히 4차 산업혁명 관련 기술들은 저학력 저숙련 근로자뿐 아니라 두뇌노동 근로자들까지 위협하기 때문에, 그것이 미치는 사회적·경제적 파급효과는 상당히 클 것이다.

기술의 개발을 통한 일자리 잠식이 노사관계의 가장 큰 불안요인이다. 고용불안은 근로자들이 느끼는 가장 큰 위협요인이어서 자동화기술에 의한 일자리 잠식은 고용불안을 느끼는 근로자들을 노동조합으로 결집시킬 가능성이 높고, 그만큼 잠재적인 노사갈등 요인이 될 가능성 또한 높다. 특히 인공지능에 의해 전문직 근로자들의 고용까지 위협하면, 노동조합으로 결집되는 근로자들의 폭이 넓어진다. 그것이 지금까지의 전통적인 노동조합 형태는 아닐지라도 전문직들의 협회 조직이

3 Bundesministerium für Arbeit und Soziales (2017). *Weißbuch Arbeiten 4.0*.

노동조합과 유사한 활동 방식을 통해 자신들의 이익을 추구할 가능성이 높아진다. 이러한 변화들로 인해 노사갈등이 증폭되면 신기술 도입 자체가 어려워지므로 자동화기술을 도입할 때는 기업들이 최소한 재직 근로자들의 고용을 보장해주어야 할 것이다.

기술의 발전과 고용 및 근무 형태의 다양화

기술의 발전으로 일자리 규모가 어느 정도 줄 것인지 예측하기는 어렵지만, 그로 인해 노동시장 양극화와 고용 및 근무 형태의 다양화 등 일과 고용의 세계에 상당한 변화가 있을 것이라는 점은 충분히 예상 가능하다. 기술의 발전에 따라 숙련 진부화를 겪는 근로자도 많을 것이고, 인적자원의 확보와 조직 방식에도 일정한 변화가 예상되기 때문이다.

기술의 발전은 그 기술 운용에 필요한 지식과 숙련의 요건을 변화시킨다. 기술의 발전으로 과거의 손기술 기반 숙련요건은 줄어들지만, 신기술 운용에 필요한 새로운 유형의 지식노동이 요구된다. 그런 지식 노동을 반드시 오퍼레이터가 담당하는 것은 아니기 때문에 기술의 발전이 작업자들의 지식과 숙련요건을 높이는가 낮추는가에 대해서는 논란이 계속되고 있지만, 그 기술의 발전을 따라가지 못하고 새로운 기술이 요구하는 숙련요건을 갖추지 못하는 사람들은 심각한 영향을 받지 않을 수 없다. 4차 산업혁명 관련 기술의 발전은 저숙련 근로자뿐 아니라 중숙련 근로자들까지도 대체할 가능성이 있기 때문에 숙련 진부화에 따른 일자리의 질 저하 정도가 더욱 심각해진다. 기술의 발전에 따라 구축된 근로자들이 몰려드는 저숙련 노동시장은 통상 공급과잉 상태이기 때문에 그들의 임금은 항상 하향 압력을 받고 있어 근로조건의 개선 여지가 극히 제한적이다. 최근의 기술발전이 중숙련 일자리 수요까지 많이 줄이면서 노동시장에 고숙련과 저숙련만 남겨 고숙련 고임금 직종과 저숙련 저임금 직종 간 노동시장의 양극화가 더욱 심화될 것으로 예상된다.

여기서 한 가지 주의할 점은 신기술의 도입 억제보다 적극적 도입이 그것의 부정적 영향을 줄이는 역설이 존재한다는 사실이다. 개별 기업 차원에서는 인간의 노동이 기계에 의해 대체되더라도 기존 작업자들이 새로운 기술의 운용에 투입되는 경우가 의외로 많기 때문이다. 최신 기술들은 사용자 편의성을 높이고 기술의 발전이 인간의 노동을 모방해서 발전하는 경향이 있어 그 작업 경험을 가지고 있는 사람들이 일정한 훈련을 받으면 새로운 기계장비를 만질 수 있다. 반대로 기계의 도입에 반대하는 경우, 일시적으로는 근로자들의 일자리를 보호할지 모르지만, 장기적으로는 기업의 경쟁력을 약화시킨다. 이처럼 최신 기술 발전을 따라가지 못하고 통째로 도태되는 기업들에서 기술 진부화 문제가 가장 심각하게 드러나는데, 그 이유는 근로자들이 기업의 도산으로 일자리를 잃은 후에는 최신 기술들을 따라갈 기회가 주어지지 않기 때문이다. 이런 점 때문에 개별 기업에서 신기술 도입을 억제하기보다 신기술을 적극 활용해 기업의 기술 수준이 뒤처지지 않도록 하는 것이 더 중요하다.

한편 최근의 기술발전에 따라 형성되고 있는 초연결사회는 노동시장에 대해서도 완전경쟁시장을 만들어가고 있다. 노동시장에서 수요자와 공급자의 만남이 훨씬 더 쉬워지고 시장정보에 대한 접근성도 현저히 개선되기 때문이다. 노동시장이 이처럼 완전경쟁시장에 가까울수록 수요자시장으로 바뀔 가능성이 높은데, 노동시장 차원의 거래비용이 많이 줄어들기 때문에 직접고용 대비 간접고용의 상대적 비용 부담이 줄어든다. 무엇보다 직접고용은 여러 가지 법적·제도적 규제를 받지만, 용역근로와 같은 간접고용은 규제를 피할 수 있기 때문이다. 그 결과 4차 산업혁명의 진전과 함께 기간제 근로자나 파트타이머 등과 같은 직접고용 비정규직뿐 아니라 다양한 형태의 간접고용 근로자, 용역 기반 근로자의 사용이 지속적으로 증가할 가능성이 높다.

우리는 최근 인터넷 플랫폼의 등장과 함께 여러 가지 극단적인 형태의 용역 거래를 볼 수 있는데, 이런 유형들이 미래의 고용노동에 단초를 제공하고 있다. 디지털 플랫폼의 등장은 플랫폼 참여자들의 소통과 연결 편의성을 높여 그들의 거래비용을 줄여주기 때문에 참여자들에게 여러 가지 비즈니스 기회를 제공한다. 더구나 인터넷 플랫폼의 참여자 수가 많으면 많을수록 거래비용이 줄어드는 특성이 있어 향후 거대한 플랫폼의 등장과 함께 그러한 비즈니스 기회는 더욱 많아질 것이다. 그 결과 1인 사업자와 자영업자 등 독립도급 근로자, 프리랜서의 수가 많아져, 다양한 형태의 용역 기반 고용이 창출될 가능성이 더욱 높아진다. 대표적인 예로 온라인상에서 불특정 다수에게 용역을 거래하는 크라우드 소싱(crowd sourcing)이나 그에 기반을 둔 크라우드 워크(crowd work)를 들 수 있다. 이러한 근로 형태는 초단기 계약에 근거하고, 사무실에 출근하지 않고 원격근무를 하는 경우가 많아서, 기존의 표준적인 고용 형태나 근무 형태와는 많은 차이를 보인다. 이러한 유형의 독립도급 근로자들의 경우에는 일이 상시적으로 주어지지도 않고 노동법의 보호도 받을 수 없어 일부 고학력 고소득 프리랜서를 제외한 다수는 불안정한 고용 상태에 빠진다. 인터넷을 통한 초연결사회는 국경을 초월해 국제적 연결성이 강화되기 때문에 필연적으로 글로벌소싱도 확대되는데, 그에 따라 크라우드 근로자들은 저임금 국가의 근로자들과도 경쟁해야 하기 때문에 근로조건이 개선될 여지가 극히 제한적일 것이다. 이런 점에서 인터넷 플랫폼의 등장은 고용 형태의 다양화를 통해 노동시장의 이중구조화를 더욱 심화시킬 가능성이 높다.

동시에 초연결사회는 공간적, 시간적 제약을 뛰어넘는 소통구조와 상호 조정 방식을 창출할 수 있기 때문에 원격근무나 유연근로시간, 재량근로와 같은 다양한 유형의 비표준적 근무 형태를 낳을 것이다. 근무 형태의 다양성과 유연성은 근로자들의 일과 가정의 양립을 촉진하는 등 근로자들의 편의성을 높여주는 측면이 있다. 반면에 공간적, 시간적 제약을 뛰어넘는 소통과 연결성은 언제 어디서나 근로자들에게 업무를 부과할 수 있기 때문에 업무시간과 휴게시간의 경계를 허물어 근로자들의 불만 요인이 될 수도 있다. 이처럼 근무 형태의 다양성에 대한 기업과 근로자의 기대가 다르기 때문에 그것을 둘러싼 갈등이 발생할 여지가 있다.

한편, 기술의 발전에 따른 노동생산성의 증가는 더 많은 사람에게 일자리를 나눠주기 위해 근로시간 단축 압력을 수반하는 경향이 있다. 반면에 기술의 발전은 기술의 고가화를 수반하는 경향이 있는데, 고가의 기술에 따른 자본비용을 절약하기 위해서는 영업시간을 늘릴 필요가 있다. 개별 근로자들의 근로시간 단축과 기업의 영업시간 연장이라는 모순적 상황에 대해서는 다양한 유형의 근로시간제를 결합해서 대응하기 때문에 근로시간제의 다양성과 유연성도 늘어날 가능성이 높다. 그런데 근로시간의 다양성과 유연성은 필연적으로 근로자마다 서로 다른 근무 형태를 낳게 하는데, 그에 따라 기업과 근로자 간, 근로자와 근로자 간 근로시간을 둘러싼 갈등이 늘어날 소지가 있다. 근로시간의 유연화와 개별화는 규제가 용이한 표준적인 근로시간제에 근거하는 기존 노사관계 체제와 부정합성이 발생할 여지도 있다.

빅데이터 수집과 정보보호

4차 산업혁명 관련 기술의 핵심적 요소 중 하나가 기계의 학습·인지 기능을 발전시키는 데 있기 때문에, 그것의 기반이 되는 빅데이터의 수집이 매우 중요한 과제로 부각되고 있다. 빅데이터 분석을 위해서는 인간의 경제활동이나 노동과정, 기업 내 조직생활 등에 관한 정보를 일상적으로 수집하고 저장할 필요가 있다. 기계에 설치된 센서와 사물인터넷 등의 발전으로 근로자들의 일상생활이나 직무활동 등이 지속적으로 감시·감독되고 자료화될 가능성이 높다. 그런데 이러한 빅데이터의 수집은 사회적으로 정보보호에 대한 이슈를 제기할 가능성이 높고, 기업 내에서도 근로자들의 개인정보 및 현장지식, 노하우의 보호와 충돌할 위험이 있다. 이런 점 때문에 근로자들이 자신들의 개인정보나 현장지식을 보호하기 위해 빅데이터 수집에 소극적으로 저항하거나 집단적으로 반발할 수도 있다.

근로자 대표성의 위기

4차 산업혁명의 도래는 근로자의 대표성에 도전적인 과제들을 제기하고 있다. 기술의 발전에 의한 인간 노동의 대체와 노동시장의 이중구조화는 근로자들의 불만을 가중시켜 노동조합 조직화의 토대를 넓혀줄 것으로 보인다. 더구나 의사나 변호사 같은 전문직마저 기계의 발전에 의해 고용불안을 느끼면 노동조합의 저변이 확대될 전망이다. 이런 점에서 4차 산업혁명의 본격적 진행은 상당한 수준의 노사갈등을 초래할 잠재적 가능성을 안고 있다.

반면에 고용 및 근무 형태의 다양화 등은 전통적인 근로자 대표 조직인 노동조합의 조직 및 활동 방식과 부정합성이 발생할 가능성도 존재한다. 산업의 거대한 발전으로 현대의 노동조합이 전체 노동시장에서 노동 공급의 통제를 통해 임금을 조정할 능력을 상실하기 때문에 기업들과의 단체교섭과 파업을 중심으로 활동하는데, 그러한 운동 방식은 고용 형태의 다양화에 취약할 수밖에 없다. 전통적인 고용 형태가 아닌 비정규직이나 간접고용 근로자들, 독립도급 근로자들의 고용조건을 단체교섭이라는 틀에 담기에는 고용 형태가 너무 비정형적이고 불안정하기 때문이다. 특히 우리나라의 노조 조직은 기업별 형태가 지배적이어서 고용 형태의 다양화에 더 취약하기 때문에 근로자 대표성의 위기가 더욱 커질 전망이다. 이런 특성 때문에 신기술의 확산과 함께 노동조합의 기반과 힘이 전반적으로 약화될 가능성이 높아 기존 노동조합 조직 외에 새로운 유형의 근로자 대표기구들이 보완적으로 요구되고 있다.

3

4차 산업혁명 시대의 지속가능한 노사관계

기술발전의 정치경제학

기술의 발전은 사회 발전의 중요한 동력이지만, 그것이 여러 가지 사회적·경제적·정치적 제약 속에서 이루어지기 때문에 순조로운 기술의 발전과 활용을 위해서는 그것을 둘러싼 정치경제학을 이해할 필요가 있다. 정치경제학의 시각에서 볼 때, 1차 산업혁명이 급속하게 진행된 것은 소수의 숙련공을 대신해 다수의 반숙련공, 미숙련공에게 일자리를 제공해주었기 때문이다.[4] 1차 산업혁명 관련 기술의 발전은 소비자로서뿐 아니라 근로자로서도 사람들에게 많은 혜택을 가져왔다. 이런 관점에서 볼 때 4차 산업혁명 관련 기술의 발전을 둘러싼 이해관계나 역학구도에 주목할 필요가 있다. 최근의 기술발전으로 인한 일자리 전망을 보면, 소비자 입장에 있는 사람에게는 상당한 축복이지만, 근로자 입장

4 Citi Group (2015). *Technology at Work*. Citi Group.

에 있는 사람에게는 우울한 상황이다. 이런 점에서 4차 산업혁명 관련 기술의 발전과 확산은 사회적 저항에 부닥칠 가능성이 높고, 신기술 통제권과 수익 배분 방식을 둘러싼 사회적 논쟁이 가시화될 전망이다.

그런데 생산자로서의 기능을 제대로 수행할 때만 소비자로서의 구매력이 가능하기 때문에, 소비자로서의 기능은 근로자로서의 역할을 전제로 하고 있다. 이런 점에서 노동시장의 지나친 양극화는 시장 구매력을 현저하게 약화시켜, 새로운 기술발전에 의해 노동생산성이 아무리 올라간다 하더라도 그것을 구매해줄 소비 여력이 없으면 생산과 소비 사이에 심각한 불균형이 발생한다. 자본주의 경제의 발전은 생산과 소비 사이에 일정한 수준의 불균형을 낳는 경향이 있지만, 그 불균형이 지나치면 자본주의적 시장경제가 공황상태에 빠진다. 이처럼 자본주의는 개인의 자발적 활동과 책임에 기초를 두는 사회지만, 동시에 사회성이 매우 높기 때문에 자본주의체제의 지속가능한 발전을 위해서는 일정한 수준의 사회적 통합이 요구된다. 신기술 발전이 시장경제의 활력을 죽이면 그것의 개발과 활용 방식에 대한 정치적 규제가 필요해질 가능성이 높은 이유가 바로 여기에 있다.

한편 4차 산업혁명 관련 기술의 특성상, 지속적이고 안정적인 발전을 위해서는 현장의 직업 경험과 노하우를 가진 근로자들의 도움이 절실한 상황이다. 근로자들이 사회적 저항과 정치적 규제를 받으면 기술의 발전이 억제될 가능성이 높아지는데, 그것은 사회의 발전을 막는 결과를 낳는다. 이런 점에서 근로자들에게 피해를 최소화할 수 있는 기술의 발전과, 그것의 발전을 촉진할 수 있는 노사관계 체제가 필요한데, 전자와 후자는 상호 밀접하게 관련되어 있다. 이러한 기술 친화적인 노사관계 모형과 노동 친화적인 기술개발 체계가 확립되면, 그것은 기업과 국민경제의 경쟁력 제고를 통해 일자리를 더 많이 지키고 더 좋은 일자리를 제공할 것이다.

기술과 노동의 상호보완성 확대

기술의 발전과 작업자의 역할 변화

기술 친화적인 노사관계 모형과 노동 친화적인 기술개발 체계의 구축에서 핵심적 요소는 기술과 인간의 상호보완성과 협력을 강화하는 것이다. 이에 대해 "기술과 인간의 상호 협력이 기술적 효율성과 경제적 합리성을 담보하는가?"라는 질문을 제기할 수 있다. 그 질문에 대해 이제까지의 연구결과들은 "그렇다"고 답변한다. 기술발전의 기본 특성이 그것의 토대가 되기 때문에, 여기에서는 그에 관해 간단히 설펴보고자 한다.

기술의 발전에도 작업자의 역할이 확대될 필요가 있는 한 가지 이유는 공정기술의 발전이 인간의 노동을 모방적으로 재현하고 있다는 점이다. 인공지능을 장착한 기계도 예외가 아니어서 결국 인간의 노동을 모방하게 된다. 인공지능이 기계학습을 통해 비정형화된 업무들까지 자동화할 수 있는 길을 열어주고 있지만, 근로자들의 작업 경험을 모방하는 것이기 때문에 근로자들의 숙련 수준에 의해 인공지능의 숙련도 제한될 수밖에 없다.

신기술 개발이 인간의 노동과정을 모방하기 때문에 인공지능을 장착한 미래 자동화기술을 개발할 때도 해당 작업공정 전문가의 도움이 필요하다. 그들의 경험이 인공지능의 콘텐츠를 구성하기 때문에 작업자들의 선행적 노하우와 경험이 인공지능의 성능을 더 많이 결정할 것이다. 아이러니컬하게 받아들여지겠지만, 데이터 기술이 발전할수록 데이터의 내용을 구성하는 인간의 작업 경험이 더욱 중요해지는 이유가 여기에 있다. 기업 간 직업 경험이 잘 공유되지 않는 현실을 감안하면, 그 기업 내에서 해당 직무수행에 대한 노하우와 경험이 얼마나 잘 쌓여 있는가가 매우 중요하기 때문이다. 이런 점에서 인공지능을 장착한 자동화기술의 개발에서 그것의 콘텐츠를 채워주고 그것을 지속적으로 혁신해줄 수 있는 작업자들과의 협력이 매우 중요하다.

자동화기술이 인간의 노동을 모방하지만 얼마나 완벽하게 모방할 수 있는가 하는 의문이 지속적으로 제기된다.[5] 규칙화된 프로그램에 의존하는 기존 자동화기술에서는 정형화 수준이 높지 않은 업무를 완전히 모방하기 어렵다. 가령 원료의 성분이나 원자재의 특성에 따라 프로그래밍의 내용이 바뀌어야 하는 작업공정의 경우에는 기존 자동화기술로 완벽하게 모방하기 어려웠다. 예를 들면, 재질에 따라 용접봉의 경로가 다른 로봇 용접 작업에서 용접봉이 가는 길을 프로그래밍하기 위해서는 용접 경험이 있는 작업자가 필요하다.[6] 인공지능을 이용하면 기존 자동화기계의 한계를 극복할 수 있겠지만, 인공지능의 학습 내용이 얼마나 완벽한가에 대해서도 논란의 여지가 있다. 인공지능도 불완전한 기계학습을 할 여지가 있기 때문이다. 실제로 일기예보 등 인공지능을 활용한

5 Attewell, P. (1992). "Skill and Occupational Changes in U. S. Manufacturing". in Adler, P. S. (ed.). *Technology and the Future of Work*. N.Y.: Oxford University Press.

6 김미란, 류기락, 오석영, 노용진 (2011). 《기업 내부노동시장과 숙련: 생산기능직 근로자를 중심으로》. 한국직업능력개발원.

경험을 들어보면, 사용자에 따라 그것의 성능에 차이가 많이 발생한다. 인공지능을 장착한 자동화기계는 그것의 학습결과에 문제가 있으면 어떤 곳에 문제가 있었는지 발견하기 어려워 문제를 부분적으로 교정할 방법이 없기 때문에 완전히 교체할 수밖에 없다. 이런 점 때문에 인공지능의 학습이 제대로 이루어져 있는지 계속 점검할 필요가 있다는 점을 생각하면 그것이 인간의 노동을 완전히 대체할 가능성은 높지 않다. 더구나 인공지능을 장착한 자동화기술도 인간의 작업 경험에 의해 제한을 받기 때문에 그것의 작업 방식을 지속적으로 혁신할 필요성이 생기는데, 그것은 결국 인간의 몫으로 남는다.

한편 기술발전에 의해 작업자들의 특정 과업이 대체되면, 작업자들에게는 또 다른 과업이 요구된다. 아직 4차 산업혁명 관련 기술들이 본격적으로 활용된 사례가 별로 없기 때문에 기존 자동화기술의 경우를 예로 들어보면, 자동화기술은 작업자들에게 기존 손기술에 의한 가공 업무 대신 원자재의 투입, 제품의 품질 체크, 치공구(jig)와 공구의 교체, 자동화기계의 운용상태에 대한 감시·감독, 자동화기계의 프로그래밍, 자동화기계의 유지보전, 고장수리 등 새로운 과업들을 요구한다. 이러한 과업들은 자동화기계가 정상적으로 운영되도록 하는 데 초점을 맞추는데, 과업들을 효과적으로 수행하기 위해서는 작업자들이 자동화기계와 그것의 작업공정을 이해할 필요가 있다. 자동화기계의 속도가 빨라지고 생산성이 향상될수록 고장에 따른 가동 중단이나 품질불량 비용이 증가하기 때문에 자동화기계가 늘 정상적으로 운영될 수 있게 해주는 것이 매우 중요하다.[7]

동시에 현대 기술은 시스템화되는 경향이 있는데, 기술 시스템의 한

부분에서 발생하는 고장이 전체 시스템의 붕괴로 이어질 수 있기 때문에 각 부문을 담당하는 개별 작업자들의 지식과 노하우, 숙련 등이 더욱 중요하다.[8] 더구나 자동화기계의 운영에서 변칙적인 상황도 발생하는데, 그러한 변칙적 상황에서 자동화기계를 정상적으로 운영하는 능력이 작업자들에게 요구된다. 이런 특성들 때문에 기존 자동화기술들도 그 기술 자체와 작업과정을 이해할 수 있는 지적 숙련을 요구하는데, 놀랍게도 그것은 지적 능력뿐 아니라 작업 경험에 바탕을 둔 작업감각도 상당히 많이 필요로 한다.[9] 4차 산업혁명 관련 기술들도 인간의 기존 노동과정을 대체하겠지만, 기존 자동화기술에서 인간의 역할이 변화하는 과정을 통해 유추해보면 거기에서도 어떤 새로운 과업들이 생겨날 것이라고 볼 만한 이유는 충분히 있다.

이처럼 기술이 아무리 발전할지라도 인간의 역할이 중요하게 남아 있기 때문에 4차 산업혁명 관련 기술을 도입할 때도 기계와 인간의 상호 협력이 여전히 중요하다. 상식적으로 생각하더라도, 신기술을 능숙하게 다루는 작업자가 그 기술의 효율성을 높이는 것은 당연하다. 실제로도 기술의 발전에서 작업자들의 숙련과 업무범위를 높여 기술과 노동의 상호보완성을 확대할 때 기술적 효율성이 가장 높은 것으로 알려지고 있다.[10]

7 Adler, P. S. (1986). "New Technologies, New Skills". *California Management Review*. Vol. 29. No. 1, pp. 9-29.

8 Adler, P. S. (1986).

9 Kern, H. and Schumann, M. (1992). "New Concepts of Production and the Emergence of the Systems Controller". in Adler, P. S. (ed.). *Technology and the Future of Work*. N.Y.: Oxford University Press.

기술과 노동의 최적 결합을 위해서는 노사 간 신뢰가 중요

자동화기술의 효율성을 높이기 위해서는 자동화기술과 고숙련 작업자의 결합이 요구됨에도 불구하고 그렇지 못한 기업이 많다. 그것은 근로자들의 숙련 정도, 기업과 근로자 간 신뢰 수준, 노사관계의 우호성 등 사회적 측면에 문제가 있기 때문이다. 신기술을 최대한 활용할 정도로 숙련 수준이 올라가 있지 않거나, 기업과 개별 근로자의 관계 또는 노사관계의 신뢰 수준이 낮거나, 노사관계가 갈등적이고 대립적일수록 신기술을 다루는 작업자들의 직무내용과 숙련 요건이 단순해지는 경향이 있다. 기업 입장에서는 신뢰할 수 없는 직원들이나 추후 파업 가능성이 높은 직원들에게 핵심 업무를 맡기기가 부담스럽기도 하고, 반대로 기업과 대립적인 노동조합이 자동화기술 담당 작업자들의 직무내용을 풍부하게 하고 고숙련화에 필요한 작업조직 개편 또는 인사제도 혁신 등을 수용하지 않을 수도 있기 때문이다. 이처럼 신기술과 작업자의 최적 결합을 막는 것은 기업과 근로자 간 사회적 관계에 기인하는데, 그 사회적 관계의 질을 결정하는 핵심 요인이 바로 노사관계다.

근로자 대표성 위기의 극복

현재 대표적인 근로자 조직은 노동조합인데, 우리나라 노동조합의 조직률이 전체 근로자의 10% 수준에 머물러 있어 근로자 대표성이 심각한

---

10 Adler, P. S. (1992). "Introduction". in Adler, P. S. (ed.). *Technology and the Future of Work*. N.Y.: Oxford University Press; Attewell, P. (1992); Kern, H. and Schumann, M. (1992).

위기에 빠져 있다. 근로자 대표성 위기는 우리나라에만 한정된 것이 아니고, 정도의 차이는 있지만 많은 선진국에서 공통적으로 나타나는 현상이다. 비정규직 근로자나 중소기업 근로자들은 노동조합을 조직하기 어려워, 신기술의 발전과 함께 고용 형태나 근무 형태가 더욱 다양해지면 노조 조직률이 더욱 하락해 근로자 대표성 위기가 심각해질 전망이다.

이런 대표성의 갭을 뚫고 다양한 형태의 근로자 조직과 대안적 노동운동 방식 등을 시험해보는 시도가 계속될 것으로 전망된다. 고용 형태나 근무 형태의 다양화를 막을 수는 없다 하더라도 사회적 통합을 위해 주변부 근로자들을 보호할 필요성이 제기되는데, 이는 비정형화되어 있고 불안정 고용 형태를 취하고 있는 주변부 근로자들을 보호하는 데 노동조합의 운동 방식이 적합한 틀과 내용을 가지고 있지 못하기 때문이다. 대안적 근로자 조직이 어떤 모습으로 어떤 경로를 거쳐 형성될지는 예측하기가 쉽지 않지만, 몇 가지 단초는 보이고 있다.

첫째, 인터넷을 활용한 사이버 근로자 조직을 들 수 있다. 근로자 조직은 통상 많은 사람의 불만을 조직하는 데 초점을 두기 때문에 그들의 의견을 모을 소통구조가 필요한데, 4차 산업혁명 시대의 도래에 따른 초연결사회의 등장이 그것을 촉진할 것으로 보인다. 최근 인터넷 모임을 통해 근로자들이 소비자들이나 일반 시민들과 결합해서 항의시위를 벌이는 사례가 가끔 발견되는데, 그러한 움직임들이 향후 특정한 유형의 근로자 조직으로 발전할 씨앗이 될 수 있다. 이러한 사이버 근로자 조직은 조직의 경계가 불분명하지만, 대중적 분노를 살 만한 기업들에 대해 일반 국민들과 함께 사이버 시위와 공격을 가하는 방식으로 근로자들을 보호할 가능성이 높다. 그 대표적인 예로 IBM에서 근로자들의 연금 체계를 개편하려고 시도했던 Alliance@IBM을 들 수 있다. 이러한 사이버 근로자 조직들은 아직 한시적이고 조직적이지 않은 모습을 보이지만, 인터넷 공간이 가지는 투명성과 다수 대중과의 접근 가능성을 이용해 기업의 명성을 훼손하는 방식으로 접근하면 파업에 버금가는 위력을 가질 수도 있다.

또 하나의 비노조 근로자 대표성으로 생각할 수 있는 것은 그 도입이 법적으로 의무화된 근로자 조직이다. 그 대표적인 예로 우리나라의 노사협의회를 들 수 있는데, 그것은 사용자 측에도 부담 없는 협의적 성격을 가지고 있다. 그러나 협의적 기구들은 사용자들에게 없는 현장지식이나 정보들을 근로자들이 가지고 있는 경우에 근로자 조직의 힘을 확보할 수 있는데, 그런 조건을 충족하지 못하는 용역 근로자나 기간제 근로자, 시간제 근로자, 중소기업 근로자 등 주변 근로자들의 이해를 대변하는 조직으로서 할 수 있는 역할 규모에 대해서는 의구심이 든다. 또 하나 주목할 만한 법적 근로자 조직으로는 노동회의소를 들 수 있다. 노동회의소는 오스트리아와 룩셈부르크, 독일의 일부 지역에 설치되어 있는데, 근로자들에게 법률 서비스, 교육 서비스, 산업재해 서비스, 모성보호 서비스 등을 제공한다. 노동회의소는 기업 밖의 조직이기 때문에 기업 내 노사협의회의 기능과 결합해서 기업 내외의 근로자 대표 조직을 구성할 수 있을 것으로 보인다.

이런 대안적 근로자 조직들이 노동조합의 근로자 대표성을 뛰어넘을 정도로 지배적인 근로자 조직으로 성장할지는 다소 의구심이 든다. 그렇게 보는 이유는, 그것들이 근로자들의 고용계약에 관여하기가 쉽지 않고 노동조합의 교섭력에 준하는 힘을 확보하기가 쉽지 않을 것이기 때문이다. 그럼에도 불구하고 노동조합의 단체교섭 기능을 보완하는 방식으로 근로자들에게 힘을 보탤 가능성은 충분히 존재한다. 고용형태의 다양화와 함께 근로자 조직들이 근로자들의 고용관계에 직접 개입할 여지가 줄어들면서 법 개정이나 규제의 확대를 통해 주변부 근로자들을 보호하려 할 가능성이 크기 때문에 근로자 조직들의 정치운동화 경향도 확대될 가능성이 높다.

노사파트너십의 구축

4차 산업혁명 관련 기술의 발전 촉진과 양질의 일자리 창출이라는 두 마리 토끼를 잡는 데는 노사파트너십의 구축이 핵심이다. 여기서 노사파트너십은 노사 간 의사소통이 상층의 노사 대표자 간, 그리고 작업장 수준의 관리자-개별 근로자 간에서 중층적으로 이루어지는 상태를 의미한다. 노사관계는 노사 간 이해가 서로 다르다는 전제 위에 서 있기 때문에 자칫 갈등 관계로 비화될 위험을 안고 있다. 그러나 상층의 노사 대표자 간, 작업장 수준의 관리자-개별 근로자 간 상시적 의사소통 구조를 통해 그러한 갈등 요인들을 일상적으로 해소하는 것이 노사파트너십의 요체이다. 먼저 노사파트너십 체제는 자동화기술이나 초연결사회가 발전할 때 작업자들의 직무내용과 숙련요건을 높이는 기술과 인간의 조합을 가능하게 만들어주기 때문에, 더 근원적인 방식으로 근로자들을 보호할 수 있다. 그리고 근로자들이 이러한 파트너십 구조를 통해 보호받는다는 느낌을 가질 때, 기업과 근로자 간에 신뢰관계가 형성되는데, 그것을 바탕으로 근로자들이 가지고 있는 현장지식과 노하우를 동료나 조직에 공유할 수 있다. 근로자들의 이런 현장지식과 노하우가 신기술 콘텐츠를 구성하기 때문에 노사파트너십이 효율적인 신기술 활용의 핵심 요건이 될 것으로 보인다.

이런 노사파트너십을 구축하기 위해서는 사용자 측이 먼저 노동 친화적인 기술개발 전략을 구사할 필요가 있다. 신뢰관계는 힘이 있는 쪽에서 먼저 손을 내밀어야 하기 때문에 사용자 측에서 먼저 노동 친화적인 기술개발 모습을 보여줘야 한다. 이처럼 신기술 개발과 활용이 재직 근로자들에게 미칠 불이익을 최소화하는 방향에서 이루어져야 근로자들도 거기에 화답해 신기술 개발을 적극 수용하고 협력할 것이다.

반대로 근로자 측도 파업과 투쟁을 기반으로 한 힘의 논리로서 근로조건을 개선하는 전통적인 운동 방식에서 벗어나 노동생산성 제고를 통해 파이를 키우는 방식으로 근로조건을 개선하는 발상의 전환이 요구되고 있다. 또한 노사파트너십에서 근로자들의 힘은 투쟁력이 아니라 관리자들이 가지지 못한 현장지식과 노하우에 있다는 점을 주목할 필요가 있다. 결국 노사파트너십의 요체는 신기술 개발과 활용 시 근로자들의 역할을 높여 기술 활용도를 극대화하며 근로자들의 기여도를 높이는 것을 근로조건 개선의 출발점으로 삼는 데 있다.

이처럼 4차 산업혁명의 진전과 함께 인간과 기계의 상호 대립이 아니라 상호 협력을 낳고 기술의 발전이 근로자들에게도 밝은 미래를 꿈꾸는 동기부여가 되기 위해서는 노사파트너십이 중요한데, 그것이 형성되고 발전하기 위해서는 장기간에 걸친 노사 간 신뢰 구축 과정이 요구된다. 이런 점에서 4차 산업혁명 관련 기술이 확대 발전되고 그것이 근로자들에게 미치는 부정적인 영향을 목격한 뒤에야 반응하는 사후적 대응으로는 노사파트너십의 구축 타이밍을 놓칠 가능성이 높다. 갈등적 관계 속에서 추진되는 4차 산업혁명은 근로자와 노동조합에 부정적인 영향을 미칠 수 있다. 그것이 일정하게 현실화된 뒤라면 사용자들도 노사파트너십에 참여할 동인이 약해질 것이기 때문이다. 이런 점에서 노사가 4차 산업혁명 발전과정의 초기 국면에서부터 선제적으로 상생적 노사문화와 질서에 기반을 둔 동반자적인 관계를 형성해 4차 산업혁명 관련 기술의 발전을 촉진하고, 동시에 그 기술들을 기반으로 양질의 일자리를 만드는 데 주력할 필요가 있다. 그런 선제적인 노력은 4차 산업혁명이 진전된 이후에도 노사파트너십을 유지하고 발전시키는 토대가 될 것으로 보인다.

고용 중심 노사관계 체제로의 전환이 필요

신기술의 발전이 근로자들에게 주는 가장 심각한 위협은 고용불안이다. 기술의 발전에 따른 일자리 잠식을 줄이기 위한 방안을 탐색할 때 우리는 신기술의 도입 여부가 비용과 수익 분석을 기초로 한 경제적 타산성을 전제로 하고 있다는 점을 주목할 필요가 있다. 이것은 신기술이 어디에 많이 도입되는지 보면 알 수 있는데, 생산성에 비해 임금이 지나치게 높은 곳, 산업재해가 자주 발생하는 공정, 인간 노동의 변이성 때문에 품질 불량이 자주 발생하는 공정 등 신기술 도입에 따른 경제적 타산성이 높은 곳에 자동화기술이 더 많이 도입되고 있다. 자동화기술의 극단적 형태로서 많이 떠올리는 무인공장이 현실화되는 곳이 적은 이유도 기술적 한계와 함께 경제적 타산성이 개입되어 있다. 높은 수준의 자동화 비율은 제품의 모델 변경 시 기계의 교체비용이 매우 비싸기 때문이기도 하고, 동시에 자동화 시스템은 어느 한 부문의 고장이나 에러가 전체 시스템의 다운이나 에러로 확대 재생산되어 해당 기업에 재앙이 될 수 있기 때문이기도 하다. 역으로 우리나라가 세계 최고의 자동화율을 보이는 것도 임금인상에 지나치게 치우치고 자주 갈등을 빚는 노사관계의 특성과 일정한 관련이 있다. 이처럼 노사관계가 지나치게 임금에만 집착해 생산성과 임금의 괴리를 확대시킬 때 자동화기술을 도입할 동인이 크게 높아진다는 점을 감안하면, 임금인상 중심의 노사관계가 신기술 도입을 통한 일자리 대체 과정을 촉진할 것이라는 점을 쉽게 이해할 수 있다. 이런 점에서 신기술에 따른 고용불안을 줄이기 위해서는 노사관계의 주된 의제를 임금에서 고용으로 전환할 필요가 있다. 근로자들에게는 고용이 임금보다 더 근원적인 근로조건이기 때문에 고용 중심의 노사관계 체제에 대한 논의가 일반화될 때 노사파트너십이 노사관계의 화두로 떠오를 가능성이 높다.

근로시간 이슈를 노사관계의 주된 의제로 설정할 필요

기술의 발전이 지속되면서 필연적으로 노동생산성이 증가하기 때문에 해가 갈수록 제품을 생산하는 데 필요한 노동량의 규모가 줄어든다. 이처럼 줄어드는 노동량의 규모에 대한 대응 방법으로 두 가지를 생각해볼 수 있는데, 하나는 고용량을 줄이는 것이고, 다른 하나는 근로시간을 줄여서 더 많은 사람에게 일을 배분하는 것이다. 이처럼 신기술 개발에 따라 필요 노동량이 줄어들면, 노사관계의 주된 논의 대상을 근로시간 단축에 두는 것이 신기술 개발에 따른 일자리 잠식을 줄이기에 더 적합한 대응방안이 될 수 있다. 한편 사용자 측에서 보면, 신기술 개발에 따라 기계장비의 가격이 고가가 될수록 그것을 최대한 활용해 자본비용을 줄이기 위해서는 그 기계장비의 운영시간을 늘릴 필요가 있는데, 운영시간 연장과 근로시간 단축 사이의 모순을 해소하기 위해 근로시간의 유연화가 요구되고 있다.

직업능력개발 중심의 노사관계 구축이 필요

빠른 속도의 기술개발은 그에 조응하는 직업능력의 개발을 필요로 한다. 신기술의 효과적인 활용 및 인간과 기계의 효율적인 조합을 위해서는 그 기술에 적합한 지식과 숙련을 가진 인력의 확보가 매우 중요하기 때문에 직업능력개발이 노사관계의 중요한 이슈가 될 필요가 있다. 근로자들의 지식과 숙련이 개발되어 있는 경우에는 자동화기술과 노동이 상호보완적이고 상호 협력적으로 결합될 가능성이 높기 때문에 그만큼 신기술 개발에 따른 일자리 잠식 효과를 줄일 수 있다.

역으로 4차 산업혁명 시대에도 근로자들의 숙련개발은 기업의 경쟁력 강화를 위해 매우 중요하다. 4차 산업혁명 관련 기술의 개발 및 확산 이후에도 그 기술들의 콘텐츠를 인간의 직업 경험들이 채우기 때문에 기업 경쟁력의 원천은 근로자들의 노하우와 숙련에 있는 것이다. 신기술들의 성능이 아무리 뛰어나더라도 그것들을 시장에서 구입할 수 있으면, 그런 기술은 기업 경쟁력의 원천이 될 수 없다. 이런 점에서 다른 기업들이 갖지 못한 기술 콘텐츠를 기업 내에서 채울 필요성이 제기되는데, 그렇게 되면 결국 작업자들의 직업 경험에 의존하고, 그만큼 근로자들의 숙련개발이 기업 경쟁력의 원천으로서 중요하게 남는다.

노사파트너십 체제로의 전환 가능성과 한계

우리나라 노동조합들은 기본적으로 임금인상 중심의 노조운동 방향성을 가지기 때문에 단기간에 노사관계를 파트너십 구조로 바꾸기는 쉽지 않을 전망이다. 그렇지만 노동조합은 기본적으로 조합원 중심으로 운영되기 때문에 조합원에게도 고용불안의 위협이 오면 파트너십 체제로의 전환을 허용하는 경향이 있다. 신기술의 지속적인 발전이 조합원에게까지 고용불안의 칼날을 겨눌 가능성이 높아, 근로자들도 결국 노사파트너십 체제로의 전환을 수용할 수밖에 없다. 특히 기업별 노조 체제에서는 노조 조합원들이 그 회사의 종업원이라는 공통점이 있어, 기업의 존립을 전제로 노사관계가 유지되기 때문에 노사파트너십 체제를 구축하기가 더 용이하다. 2010년대 들어 노사분규가 현저히 줄어들고 노사관계가 많이 안정화되고 있기 때문에, 그것을 한 단계 더 발전시켜 노사파트너십을 구축하는 노력이 필요하다.

노사파트너십의 구축이 신기술과 노동의 최적합 조합을 만들어내는 데 핵심적인 관건이지만, 그것의 효과는 기본적으로 중견기업이나 대기업의 정규직 근로자들에게 국한될 수 있다. 우리나라처럼 기업별 노조가 지배적인 곳에서는 노동조합이 대기업 중심으로 조직되고 소속 조합원 보호에 집중하는 경향이 있기 때문에, 노사파트너십도 기본적으로 조합원에 대해서만 운영되고 그 밖으로 확대되기는 힘들다. 따라서 중소기업 근로자들이나 비정규직 근로자들은 노사파트너십의 적용을 받기도 어렵고, 적용을 받는다 하더라도 불안정한 고용관계 때문에 노사파트너십의 효과성을 기대하기 힘들다. 그런데 신기술의 발전과 함께 고용 형태가 다양해지고 노동시장 이중화가 더욱 심화되어 노사파트너십 모형을 적용할 수 없는 대상자가 많아져 주변 근로자들을 보호할 수 있는 다른 장치를 도입하자는 요구가 커질 것으로 보인다. 대표적인 예로 그들의 이해를 대변하는 대안적 근로자 조직의 확보와 법적·제도적 규제의 강화 등을 들 수 있다.

4

미래를 위한 제언

지금까지 4차 산업혁명의 도래와 함께 일의 세계와 노사관계에 어떤 변화가 있을지, 4차 산업혁명이 근로자들에게 미치는 부정적 영향을 줄이고 긍정적 영향을 높이는 방안은 무엇인지, 또 4차 산업혁명 관련 기술의 발전을 촉진하기 위한 노사관계의 성격은 어떠해야 하는지 등을 살펴보았다. 그리고 그를 위해 4차 산업혁명 관련 기술의 특성, 기술의 발전이 인간의 노동에 미치는 영향, 노사관계의 특성에 따른 기술과 인간의 조합 방식, 신기술의 발전을 위한 노사관계의 과제 등을 다루었다.

필자가 주목하고 있는 4차 산업혁명 관련 기술발전은 인간의 인지능력을 재현하고 인간과 인간뿐 아니라 사물과 사물의 실시간 소통을 가능하게 하는 빅데이터 분석 기법, 인공지능의 발전, 사물인터넷 등이다. 이 데이터 기술들은 인간의 두뇌노동을 대체하고 초연결사회를 가능하게 해줌으로써 일과 고용의 세계에 심각한 변화를 초래할 것으로 예상된다.

이들 신기술의 발전이 고용노동의 세계에 몰고 올 가장 큰 변화는 일자리의 잠식과 노동시장의 이중구조화, 고용 및 근무 형태의 다양화 등이다. 일부의 주장처럼 가공할 수준의 일자리 잠식을 초래할 것인가에 대해서는 의구심을 제시할 수 있지만, 신기술의 활용이 생력화를 함축하기 때문에 일정한 수준의 고용 감소는 불가피할 것으로 보인다. 그럼에도 불구하고, 신기술의 일자리 감소 효과는 기술적 요건 외에도 경제적 타산성이 개입되기 때문에 기여도 대비 임금 수준이나 숙련 수준, 노사관계의 우호성 정도 등에 의해 영향을 받는다는 점을 주의할 필요가 있다.

자동화기술의 발전이 인간의 노동에 어떤 영향을 미치는가와 관련해 자동화기술의 발전이 작업자들의 직무내용과 숙련요건 등에 어떤 변화를 주는가도 살펴보았다. 그와 관련해 필자가 주목한 점은 자동화기술은 인간의 노동을 모방한다는 점이다. 특히 인공지능의 콘텐츠는 인간의 작업 경험을 기반으로 데이터베이스화된 것이기 때문에 근로자들의 작업 경험 데이터가 인공지능의 성능을 좌우할 가능성이 높다는 점을 주목했다. 그리고 자동화기술이 인간의 노동을 완벽하게 모방할 수는 없다는 점, 자동화기술의 지속적 혁신은 결국 인간에 의해 이루어질 수밖에 없다는 점, 자동화기술이 인간의 특정 과업을 대체하지만 자동화기술의 발전과 함께 작업자들에게 새로운 유형의 과업이 생겨난다는 점 등에 주목하면서 자동화기술이 발전한 뒤에도 인간의 역할이 크게 남을 가능성이 있음을 알 수 있었다. 이런 점에 근거해서 이 글에서는 자동화기술과 인간의 노동을 대립적으로 보지 말고, 양자 간 협업적 구도를 어떻게 갖추는가가 더 중요하다는 점을 제시했다.

자동화기술을 효율적으로 사용하기 위해서는 작업자들의 고숙련화가 요구되는데, 현실에서는 고숙련화와 저숙련화가 공존하고 있다. 자동화기술의 효율적 사용을 가능하게 하는 고숙련화를 막는 것은 노사 간의 신뢰 수준, 회사 측의 통제 필요성 정도, 필요한 숙련을 가진 인력의 공급 정도 등 사회적 측면이기 때문에 신기술의 발전을 최적으로 사용할 수 있게 만드는 동시에 근로자들의 근로조건을 개선하기 위해서는 노사관계의 질을 개선할 필요성이 있다.

이런 문제의식들을 바탕에 두고 조심스럽게 근로자 조직의 다양화 가능성을 살펴보았다. 그 맥락에서 인터넷 상에서 서로 연결된 사이버 근로자 조직과 노사협의회, 그리고 최근 논의되고 있는 노동회의소 등의 출현 가능성을 주목했다. 이러한 근로자 조직들은 기업 내 단체교섭보다는 노동시장 차원의 최소 근로조건 규제나 법적 규제 등을 통해 활동하기 때문에 기존 노동조합보다는 근로자 보호 기능이 약할 것으로 보인다.

그와 동시에 필자는 노동 친화적인 기술의 발전과 기술 친화적인 노사관계 체제의 구축이 필요하다고 생각한다. 그것을 위해서는 먼저 노사파트너십을 구축할 필요가 있고, 노사관계의 활동은 임금보다 고용에 초점을 맞출 필요가 있으며, 근로시간 단축과 근로시간 다양화 및 유연화를 통한 일자리나누기가 노사관계의 주된 쟁점이 되어야 하고, 숙련 개발이 노사관계의 주된 활동 목표가 되어야 한다.

| Chapter 8 |

위기의 노동법과 개선과제

경계 없는 노동의 시대, 노동법은 어떻게 바뀌어야 하는가?

박지순

1

4차 산업혁명 시대, 노동법 이슈는 무엇인가?

4차 산업혁명의 총아라고 할 수 있는 디지털과 센서 기술과, 그에 기반을 둔 AI(인공지능), 사물인터넷, 사이버-물리 시스템(cyber-physical system) 등은 일반 생산공정뿐만 아니라 사무실에서 이뤄지는 업무 방식과 내용도 근본적으로 변화시키는 핵심 기술로 발전하고 있다. 스마트기기로 대표되는 디지털화의 촉진은 대면 방식의 업무수행을 최소화하고 사무실(작업실)이라는 공간과 업무시간이라는 시간적 경계를 해체시킴으로써, 근로자들이 유연하게 일할 수 있는 업무환경을 제공해준다. 그 결과, 근로자들은 개인적 삶의 계획을 실현할 기회가 늘어나고, 직장생활과 사적 생활(가정)의 조화를 이룰 수 있으며, 시간적·공간적 제한의 완화로 노령 근로자나 장애 근로자의 근로 기회가 확대될 수 있다. 특히 후자의 측면은 급속한 고령화와 저출산이 노동시장의 잠재적 불안요인이 되고 있는 현실을 고려하면 중요한 의미가 있다.

그러나 한편으로는 일과 개인적 생활의 경계가 무너짐으로써 근로자의 노동 강도가 강화될 수 있다는 부작용도 제기된다. 특히 웨어러블기기(스마트기기)의 사용은 회사와 근로자의 실시간 연결을 가능하게 하며, 그로 인해 근로자는 지속적인 업무지시와 그에 따른 결과 제출을 요구받는다. 이로 인해 스트레스에 노출될 가능성이 높고 과로의 위험에 처한다. 업무의 효율성과 생산성 향상을 촉진하는 4차 산업혁명 시대의 이면이다.

디지털 기술과 사이버-물리 시스템의 발전으로 격지 간 생산과정의 통제가 가능해졌으며, 디지털 플랫폼은 중간 매개자 없이 고객과 생산자를 직접 연결시킬 수 있는 다양한 방법을 제시한다. 기업은 이를 통해 직접 고용관계를 통하지 않고도 생산 및 유통 서비스 과정을 효율적으로 조직하기 위해 일반 근로계약이 아니라 프리랜서 계약을 적극 활용할 뿐만 아니라 생산 및 물류기지의 이전 등 전문협력업체와의 도급계약을 통한 아웃소싱, 개인 자영업자를 노동과정에 참여시키는 등 다양한 방법을 사용할 수 있게 되었다. 그로 인해 전통적인 정규직과 비정규직의 구별을 넘은 고용 형태의 다양화, 기업 간 네트워크 확대에 따른 원청과 하청의 관계 확산, 다수의 자영업자 투입에 따른 불안정 취업자 양산 등의 이슈가 발생한다.

4차 산업혁명은 단순히 시간적·공간적 경계를 해체시키는 데서 그치지 않고 고도로 지능화된 자동화기계(AI, 로봇)로 상당수의 근로자를 대체함으로써 로봇과 사람의 역할에 대한 근본적 수정을 요구하고 있다. 사람은 AI와 로봇으로 해결하기 곤란한 비인지적 영역, 즉 창의성과 혁신성이 발휘되는 방향으로 일의 내용과 방식의 변화를 요구받고 있다. 이를 위해서는 기업의 인력운영 전략에서 우선순위가 바뀌고, 특히 직원들의 디지털 직무역량 개발을 위한 지속적인 투자가 요청된다.

4차 산업혁명은 기업구조와 업무 방식만 변화시키는 것이 아니다. 유연한 노동 가능성으로 인한 사회문화적 가치 변화도 수반한다. 지속적인 직업활동을 위해 근로자에게 요구되는 조건이 많아질수록 근로자 개인의 주관적 욕구와 목표도 더욱 개별화될 뿐만 아니라 적극적으로 개진될 필요가 있다. 따라서 노동법의 과제는 단순히 지능화된 작업장의 작업조건만을 직접적인 변화 대상으로 한정할 것이 아니라, 근로시간에 대한 자기결정 및 일과 생활의 조화에서 보여주는 바와 같이 점점 더 근로자의 주관적, 사적 요구와 연계된 근로조건의 형성 가능성까지 포함해야 한다.

이미 기업에서는 인적자원을 확보하고 활용하는 방식에 어떠한 변화가 발생하고 그와 관련된 노동법 제도를 어떻게 개선해야 할지 고민하기 시작했다. 이를 독일에서는 '노동 4.0(Arbeiten 4.0)'의 과제로 명명하고 연구를 진행하고 있으며,[1] 다른 선진국에서도 유사한 방식으로 연구가 시작되었다. 우리도 이러한 변화에 뒤처지지 않으려면 신속하게 정책

1 독일에서는 제조업의 위기를 극복하기 위해 디지털 기술과 빅데이터 및 사물인터넷에 기반을 둔 스마트 공장을 실현하고자 국가 차원에서 생산방식의 혁명적 변화를 추진하고 있다. 이를 위한 정책 플랫폼을 '인더스트리 4.0(Industrie 4.0)'이라고 부른다. 스마트 공장은 작업장, 기계, 종업원, 고객 간의 포괄적 커뮤니케이션이 구현되고 사이버-물리 시스템의 도움으로 물리적 세계와 디지털 세계가 서로 결합한다. 그 덕분에 격지 간에도 실시간으로 생산공정이 통제될 수 있고, 재고관리와 부품조달이 서로 조율될 수 있다. 독일은 이와 같이 '인더스트리 4.0'을 통해 기업들을 스마트 공장으로 전환하는 등 4차 산업혁명 시대에 걸맞은 산업구조 혁신을 추구하는 한편, 그에 따른 근로자들의 미래 노동환경 변화, 노동시장의 변화에 대처하기 위해 노동법제도와 사회보험제도의 정비가 함께 이뤄져야 한다고 여기고 이를 위한 정책 플랫폼을 구성했는데, 이것이 '노동 4.0(Arbeiten 4.0)'이다. 이에 관해서는 독일 노동 4.0 플랫폼 홈페이지(http://www.arbeitenviernull.de)를 참고하기 바란다.

적 행동을 개시해야 한다.

이 글에서는 4차 산업혁명의 전개로 초래할 노동법제도의 위기를 진단하고 이를 극복하기 위한 노동법제의 개선 과제가 무엇인지 대안을 제시하고자 한다.

2

노동법의 위기와 기본가치의 변화

갈림길에 선 노동법

급변하는 사회 및 기술환경에 기업이 적절하게 대응하기 위해서는 인적자원의 선발과 배치, 업무 방식과 문화의 개선이 뒤따라야 한다. 그렇지만 이러한 변화와 개선은 규범적 틀 안에서 이뤄져야 하며, 그렇지 않을 경우 법령 위반으로 인해 상당한 사회적·경제적 비용을 치러야 한다. 심지어 기업의 경쟁력에도 심각한 손상을 입힐 수 있다. 인적자원관리에서도 노동관계법 관련 규정을 준수하지 않으면 안 된다. 바로 이 지점에서 변화된 사회적, 기술적 현실과 근로자의 요구사항이 규범과 조화를 이루지 못하는 일이 발생한다. 법령과 조화를 이루지 못하는 현실이나 근로자의 요구는 무시되거나 위법 행위로 단죄되어야 하는가 아니면 현실에 맞게 법령을 개선해야 하는가, 중대한 갈림길에 서 있다.

근로기준법 체제의 유지

현행 근로기준법은 1953년에 제정되어 65년 가까이 유지되었다.

1997년 조문 정비와 일부 제도의 변경을 위한 전부 개정이 있었지만, 기본적인 규율 방식은 그대로 유지되고 있다. 대표적인 것이 통상임금에 관한 것이다. 연장근로와 휴일근로 및 야간근로에 대해서는 통상임금의 50%를 가산해 지급하라고 규정되어 있지만, 통상임금의 기준과 범위는 정해놓지 않았다. 의미가 명확하지 않은 추상적 규범임에도 법원은 근로기준법이 강행규정이라는 이유로 법원의 해석기준에 부합하지 않으면 노동조합과 사용자가 합의해 정한 통상임금조차 무효라고 단정하고 있다.

취업규칙은 기업 내 전체 종업원에게 적용되는 집단적·표준적 근로조건을 규정하고 있다. 취업규칙의 근로조건은 강행적인 효력을 가지고 있어(근로기준법 제97조), 근로계약 당사자(개별근로자와 사용자)가 그와 다른 내용으로 합의하더라도 취업규칙보다 하회하면 무효가 된다. 사실상 취업규칙을 벗어난 당사자의 합의를 인정하지 않는 것이다. 또한 경기변동이나 기업의 사정에 따라 취업규칙을 종전보다 불리하게 변경하려 할 때도 근로자 과반수의 동의를 얻어야 한다. 과반수 동의 절차에 대해서도 대법원은 매우 엄격한 요건을 정하고 있다.

근로시간에 대한 규제도 유연근무제(탄력적 근로시간제, 선택적 근로시간제, 재량근무제 등)가 일부 도입되긴 했지만 적용범위, 대상, 절차가 지나치게 경직적이어서 현실적으로 활용도가 상당히 낮고, 근로시간의 객관적인 산정이 곤란한 사무직 근로자에 대한 이른바 포괄임금제[2] 도입도 강

2 포괄임금제란 연장근로수당을 비롯한 법정수당을 실제 근로시간에 상관없이 기본급에 포함해 지급하거나 정액수당으로 지급하는 임금 지급 방식을 말한다. 자세한 내용은 김형배, 박지순(2017). 《노동법강의》. 제6판. 신조사. p. 186 이하를 참고하라.

행규정 위반이라는 이유로 쉽지 않은 상황이다. 포괄임금제는 근로기준법상 임금과 근로시간 규정을 사실상 형해화하는 제도이므로 근로시간 산정이 실제로 어려운 경우 등 엄격한 요건에서 극히 제한적으로 인정되어야 한다는 것이 그 근거이다. 일반 사무직 근로자의 경우는 근로시간 중 관리자의 지배범위 안에서 근로를 제공하고 출퇴근, 휴게시간이 명확히 정해져 있으므로 근로시간 산정이 어렵다고 볼 수 없다. 이러한 논리에 따르면 사무직 근로자에 대한 포괄임금제는 무효가 된다.[3]

해고에 대한 규제도 상당히 경직되어 있다. 최근 이른바 양대지침[4]의 폐기 사례가 보여주듯이, 저성과자에 대한 해고는 현실적으로 극도로 어렵다. 한마디로, 성과 중심의 인사관리제도가 정착하기 어려운 구조다.

비근로자, 새로운 취업계층의 확산

노동법 적용 대상은 근로자이다. 그런데 최근에는 근로자가 아닌 자영업자에게 일정한 업무가 위탁되는 사례가 늘고 있다. 1인 자영업자는 4차 산업혁명 이전에도 상당수 존재했으나, 플랫폼 경제의 확산으로 1인 자영업자의 규모가 더욱 증가할 것으로 예상된다.[5] 기업들은 큰 일감을 작은 프로젝트로 나누어 네트워크화된 플랫폼을 통해 개인 자영업자들에게 배분함으로써 프리랜서의 활동을 촉진하기 때문이다. 이와

3 이에 관해서는 한국인사조직학회 기획 (2017). 《초고령사회, 조직활력을 어떻게 높일까: 개인, 기업, 정부의 역할》. 클라우드나인. p. 247 이하(박지순 서술)에서 자세히 설명하고 있다.

4 통상해고의 기준과 절차 및 취업규칙 불이익 변경에 관한 고용노동부의 지침으로, 작성 당시부터 노동계의 반발이 커서 논란이 되었으며, 정부는 2017년 10월 양대 지침을 공식적으로 폐기했다.

5 독일에서도 최근 10년간 플랫폼 경제 부문의 1인 자영업자가 32% 증가했다.

같은 디지털 프리랜서의 확대는 필연적으로 자영업자 내부의 양극화를 낳고, 이들은 노동법과 사회보험의 사각지대에 있기 때문에 디지털 불안정 취업군(digital precariat)으로 분류된다.

그런데 최근 영국 런던 중앙노동법원은 2명의 운전자가 우버(Uber)를 상대로 낸 소송에서 "원고들은 우버의 피용인(employee) 신분이며, 따라서 유급휴가와 병가, 최저임금을 보장받을 자격이 있다"라고 판결했다. 우버 소속 운전자들의 취업자(근로자)성을 인정한 것이다. 우버는 지금까지 자사 운전자들을 개인 사업자라고 주장하며 근로자성을 부정해왔다. 우버 측은 영업비용이 급증할 것을 우려해 운전자를 피용인으로 인정하는 데 극력 저항해왔으며 이번 판결에 불복해 항소하겠다는 입장을 밝혔다. 이번 판결은 우버의 사업 모델에 막대한 타격을 줄 전망이다.

우버는 미국에서도 운전자들의 근로자성을 두고 소송을 벌이고 있다. 우버 측은 38만 명의 운전자에게 1억 달러를 주는 화의를 시도하고 있으나, 2017년 8월 미국 연방법원은 이를 받아들이지 않았다. 전문가들은 음식배달 등 각종 앱 기반 서비스 회사에서 일하는 100만여 명의 영국인 근로자들에게도 이번 판결이 영향을 줄 수 있다는 분석을 내놓고 있다.[6] 물론 이는 1심 판결이고 아직 2심 판결이 진행 중이어서 예단하기는 어렵지만, 개인 프리랜서에 바탕을 둔 플랫폼 경제의 근간을 위태롭게 한다는 점에서 주목되는 사건이다. 반면에 개인 자영업자에 대한 사회정책적 대안이 불충한 상태에서는 프리랜서를 무리하게 노동법적

6 "英 법원, 우버 기사 근로자서 인정… 우버 반발" (2016. 10. 31). 《서울경제》.

보호영역에 끌어들이려는 시도가 늘어날 것으로 예상된다. 앞으로도 여러 분야에서 1인 자영업자의 근로자성이 다투어질 가능성이 높다.

노동조합의 역할 변화

'사업' 또는 '사업장'은 근로자들의 공동 작업 장소이자 노동조합의 조직 대상이다. 집단적 노동법은 근로자가 하나의 노동조직에서 동일한 형태로 근무하고 동질의 이해관계를 갖춘 대상이라는 점에서 출발해, 공통의 집단적 이해관계를 관철하는 데 목적을 둔 것이다.

그렇지만 플랫폼 워크/크라우드 워크는 장소에 구애받지 않는 노동조직이라는 점, 따라서 '사업'과 '사업장' 등 물리적 장소를 중심으로 하는 노동조직은 해소된다는 점, 그 결과 취업자 또는 근로자의 집단성이 약화된다는 특징을 갖는다. 기업은 근로자를 외부로 이동시키고 '결과에 대한 통제권'만 보유하고자 한다. 이른바 작은(또는 가상의) 사업이 현실화되고 있는 것이다.

기업은 1인 자영업자의 투입뿐만 아니라 국경을 벗어난 원격지의 근로자를 취업시키거나, 하나의 플랫폼을 형성하고 필요한 업무를 하청기업에 분산한다. 이른바 아웃소싱 또는 도급계약을 통한 업무의 할당이 발생한다. 이와 같이 4차 산업혁명은 기업이 스스로 사용자 기능과 분리함으로써 인력운영의 위험을 줄이고 노동조합이라는 집단법적 파트너를 무력화시킬 가능성을 제공한다.

노동조합은 그 조직의 원천인 근로자들의 감소, 즉 조직률의 감소를 경험하고, 파편화된 근로자들의 집단적 이해관계를 조정하는 데도 난관이 있을 것으로 보인다. 노동조합이 미래 4차 산업혁명 시대에도 지금과 같은 모습으로 존립할 수 있는가 하는 의문이 제기되는 이유이다.

변화하는 노동법의 기본가치

앞서 본 바와 같이 현대 노동법의 기준(standards)은 지난 60년 동안 전개된 산업화의 규칙을 유지하고 있다. 즉, 사용종속적인 지위에 있는 생산직 근로자와 사무직 종업원을 대상으로 노동보호(기술적, 사회적) 규정을 획일적으로 적용하고, 법정 사회보험의 보호를 부여하며, 노동3권을 통한 근로조건의 결정 시스템을 발전시켰다. 이와 같은 사회적·법적 규칙에 대한 핵심적 전제는 종속노동이다. 사용자에 의해 업무시간, 장소, 내용 및 방법이 결정된다는 것이다.

그렇지만 4차 산업혁명 관련 기술의 비약적 발전으로 산업사회의 가능한 모든 것이 디지털화됨으로써 일하는 방식과 일자리를 비롯한 사회·경제의 근본적 변화가 초래되고, 그에 따라 노동 기준도 변화하고 있다. 종속성에 기초한 과거 노동법의 전제조건이 바뀌고 있는 셈이다. 따라서 미래의 노동법은 이와 같은 변화를 현실로 인정하고 그 객관적 실재를 가능한 한 정확히 반영해 향후 어떤 사회 모델 및 보호 모델을 지향할 것인지, 그리고 그에 부합하는 노동법의 구체적인 보호 내용에 대한 검토가 요구된다.

그 출발점으로서 노동법의 개혁과제를 규제 또는 규제완화의 이분법적 문제로 접근하는 것은 잘못이다. 전통적으로 노동계는 더 많은 규제를, 기업은 대폭적인 규제완화를 요구해왔다. 이와 같은 입장의 대립은 서로 팽팽한 평행선을 달리며 타협이나 절충점을 찾는 데 실패했다. 그 결과 수많은 입법적 쟁점이 법원에서 사법적으로 판단되는 문제가 발생하고 있다.

노동법은 IT법, 경쟁법 등과 마찬가지로 4차 산업혁명 시대에 기업의 조직과 내용을 혁신적으로 전환하는 데 중요한 인프라라는 인식이 필요하다. 그러나 지금까지 노동법을 제한적으로만 이해해 획일적이고 경직적인 근로자 보호만을 유일한 목적으로 삼았다. 노동법은 경제법의 일부여야 한다. 앞으로 기업의 혁신과 경제적 잠재력에 대해 일정한 의무를 부담해야 한다. 4차 산업혁명은 한국 경제의 혁신능력과 사회문제 극복능력을 제고하는 데 기여하며, 이를 통해 한국 기업과 사회의 경쟁력을 촉진해야 한다.

이와 같이 노동법은 혁신을 촉진하면서 동시에 새롭게 제기되는 근로자의 보호과제에도 충실해야 한다. 양질의 근로조건은 기업의 혁신 잠재력과 경쟁력을 위한 핵심 요소의 하나이기 때문이다.

노동법은 국민경제를 위해 기업활동 촉진과 모순되지 않으면서 국민들에게 노동 기회를 효과적으로 창출하는 방향으로 전개되어야 한다. 노동법은 경제적 현실을 무시하고 노동법만의 고유 법칙에 의해 독자적으로 전개될 수 있는 질서규범이 아니다. 노동법과 노동제도는 산업구조, 경제활동과 조화를 이루는 전체 국민경제 질서의 한 부분으로 이해해야 한다. 따라서 입법자들은 노동규칙에 관한 법규범을 제정하거나 개정할 경우 그 규범의 적용이 가져올 실제적인 효과와 결과를 가능한 한 정확히 예측해야 한다. 또한 노동법 개정을 통해 실현하려는 근로자의 보호규정들이 경제 질서의 원활한 유지와 조화를 이룰 수 있어야 한다.

3

노동법의 구체적 혁신과제

4차 산업혁명 시대, HR의 키워드는 다양성과 자율성 그리고 신속성이라고 할 수 있다. 다양한 업무수행 방식을 구현하고 직원들의 자율성을 최대한 확대하며 변화에 신속히 대처할 수 있는 능력을 갖추어야 할 것이다. 이를 위해서는 노동법의 규제도 혁신되어야 한다. 아래에서는 그 구체적인 과제영역을 제시한다.

근로시간법제의 개선

제도 개선을 위한 기본적인 문제인식

4차 산업혁명의 전개는 근로자들의 시간적, 공간적 유연성을 창출했다. 복잡한 생산공정들이 서로 네트워크화된 시스템에 의해 세계 어느 곳에서나, 그리고 주간·야간 가리지 않고 통제되며, 근로자는 스마트기기를 활용해 공간적, 시간적 자유를 향유할 수 있다. 정보통신기술 설비와 스마트기기의 도움으로 집에서 생산과정에 개입할 수 있고, 출퇴근에 의한 시간손실을 최소화할 수 있다. 반대로 회사와 근로자가 스마트기기에 의해 상시 연결됨으로써 업무와 사적 생활의 경계가 무너짐에 따라 발생할 수 있는 부작용에 대해서도 주의를 기울여야 한다는 문제에 직면하고 있다.

근로시간과 장소의 규정은 사업장 내 근로자들의 업무조직뿐만 아니라 근로자들의 일상생활과 사회적 활동에 대해서도 상당한 영향을 미친다. 사용자 측은 사업장의 수요를 더 적절하게 반영할 수 있도록 근로시간법이 근로시간 편성에 대해 좀 더 개방적으로 규율해야 한다고 주장한다. 반대로 근로자 및 노동조합 측은 퇴근 후 연결 금지, 초과근로시간의 엄격한 규제 등을 주장한다.

근로자에게 존재하는 위험요인으로는 기업의 유연성에 대한 수요 증대, (비자발적) 초과근로시간, 회사와의 지속적인 연결 가능성, 연차휴가 미사용, 빈번하게 이뤄지는 휴일근로 등이 지적된다. 반면 기회요인으로는 근로시간에 대한 자기결정권 확대, 일과 생활(직업과 사적 생활)의 조화에 대한 관심 확대 등을 들 수 있다.

이와 같이 근로시간제도 개선의 기본적 문제인식은 근로자의 건강보호에 유의하면서 기업과 근로자의 유연성에 대한 이익의 균형을 어떻게 찾을 것인가, 근로자 개인에게 근무시간 결정에 관한 자유를 얼마나 확대할 것인가, 근로자 간 서로 다른 기대와 수요를 어떻게 조화롭게 할 것인가라고 할 수 있다.

1일 근로시간 상한 폐지와 근무일 간 인터벌 보장

현행 근로기준법상 근로시간은 엄격한 규제에서 벗어나지 못하고 있다. 노동의 디지털화는 근로시간의 획일적, 경직적 운영과 친하지 않다.

무엇보다 1일 8시간이라는 규제가 쟁점이 되고 있다. 이미 유럽연합 입법지침(Art. 6 RL 2003/88/EG)은 1주 48시간이라는 최대 상한 근로시간 범위만 규제할 뿐, 1일 근로시간에 대한 상한은 규제하지 않는다. 대신 1일(24시간) 내 최소 연속 11시간의 휴식시간을 보장하는 규제 방식을 도입했다. 기업으로서는 유연근무시간제도의 만족도가 높지 않은 상태에서 1일 8시간의 근로시간 상한을 해제함으로써 경제적 수요에 더욱 부합하는 근로시간 편성이 가능하다. 뿐만 아니라 근로자로서도 근로시간 편성의 유연성을 활용할 수 있다. 즉, 1주 40시간의 원칙을 지킨다는 전제하에 1주 4일제 근무도 가능할 수 있다. 이렇게 되면 1주에 3일의 자유시간을 확보하게 된다.[7] 물론 임산부나 연소자는 이 경우에도 건강상의 이유로 1일 근로시간의 상한을 준수해야 할 것이다.[8]

특히 최근에는 노동계를 중심으로 1일 최소휴식시간제(근무일 간 인터벌제도)를 도입하자는 요구가 늘고 있다. 다만, 엄격한 근로시간 상한과 최소휴식시간제가 함께 작동하는 규제 방식은 시간적으로 유연한 업무수행을 어렵게 만들 수 있다. 이러한 이유에서 1일 근로시간 상한제를 폐기하고 대신 1일 최소연속 휴식시간제를 도입한다면 합리적인 해법이 될 수 있다.

노동계의 변화, 특히 4차 산업혁명이 촉진시키는 노동 방식의 변화는 근로시간 편성의 유연성을 보장하는 새로운 근로시간 규제 방식을 요

7 Positionspapier der BDA(Bundesvereinigung der Deutschen Arbeitgeberverbände) zur "Digitalisierung von Wirtschaft und Arbeitswelt" (2015. 5).

8 Schaub, G. and Vogelsang, H. (2015). Arbeitsrechts-Handbuch. 16.Aufl., C.H.BECK. §160 Rn. 19ff.

구한다. 새로운 규제 방식은 근로자의 개인적 수요(요구사항)를 반영하고, 기업주의 유연한 생산 및 작업공정을 고려해야 한다. 구체적으로 근로자와 사용자가 자율적으로 혁신적인 근로시간 모델을 만들어낼 수 있도록 더 많은 권한을 부여해야 한다. 다만, 근로시간과 휴식 모델은 개별적인 것이 아니라 단체적, 조직적 성격을 지니므로 단체협약 당사자 또는 적어도 근로자 대표와 다양한 근로시간 모델을 합의하고, 그에 따라 개별 근로자들이 선택하게 하는 것이 바람직할 것이다.

근로시간 계좌제도의 도입

참고할 만한 해외의 제도로, 독일의 근로시간 계좌제도가 있다. 이는 근로계약, 서면합의, 단체협약에 정해진 근로시간과 실근로시간의 차이를 기록해 그 차이를 일정한 기간 내에 정산하도록 하는 제도로서, 1일 또는 1주 단위로 규정된 근로시간 산정 단위를 1개월 또는 1년으로 연장해 1일 또는 1주의 근로시간을 탄력화함으로써 근로시간을 유연하게 활용할 수 있도록 하는 제도를 말한다. 근로시간 계좌제도는 근로자의 실근로시간과 단체협약상 근로시간의 차이를 적립하는 것으로, 실질적인 근로시간이 협약상 근로시간(소정근로시간)보다 많은 경우 그 차이만큼을 계좌에 적립해 근로를 면제함으로써 보상하는 제도이다.

근로시간에 대한 보상기간의 길이에 따라 근로시간 계좌는 단기근로시간 계좌와 장기근로시간 계좌로 구분할 수 있다. 단기근로시간 계좌는 진행되는 1개월 또는 1년을 단위로 제공된 근로시간을 정산하는 것으로, 정산기간은 일반적으로 1년이지만, 1년 내에 1개월, 3개월, 6개월 등을 개별 사례에서 약정할 수 있다.

단기근로시간 계좌에는 (1) 근로시간 단축 계좌(AZV-Konto), (2) 선택적 근로시간 계좌(Gleitzeitkonto), (3) 집단적 유연 계좌(Kollektives Flexi-konto)가 있다. 우선 근로시간 단축 계좌는 가장 대표적 형태로, 실근로시간과 단체협약상 근로시간 간 차이가 매일매일 기록되며, 적립된 근로시간 계좌에 대해 근로시간이 면제되면(휴무일) 적립된 8시간의 계좌가 소비된다. 선택적 근로시간 계좌와 집단적 유연 계좌는 통상 우리나라에서도 시행되고 있는 선택적 근로시간제도와 탄력적 근로시간제도에서 운영하는 계좌로, 단위기간(정산기간)이 상대적으로 긴 데 따른 계좌 운영 방식이다.

연결되지 않을 권리의 보장

초연결사회의 명암

4차 산업혁명의 가장 두드러진 특징은 언제 어디서나 인터넷이 가능한 환경이 구축되면서 네트워크로 모든 것이 연결되는 '초연결사회'가 도래하고 있다는 점이다. 이에 따라 근로자들도 직장에서, 자택에서, 그 밖의 사적 공간에서 근무시간 등에 관계없이 회사와 실시간으로 연결되고 있다. 태블릿과 스마트폰으로 대표되는 4차 산업혁명은 업무수행을 더욱 유연하게 해서 업무의 효율성을 높이는 장점이 있지만 동시에 '근로시간'과 '여가시간'의 경계가 모호해지고 업무량이 증가하면서 근로자들의 정신적·심리적 부담이 늘어나 부정적인 영향도 점차 증가하고 있다.

한 실태조사[9]에 따르면, 정보통신의 발달로 인해 자신의 업무가 늘었다고 대답한 비율이 36.6%('증가한 편이다' 29.7%, '매우 증가했다' 6.9%)였다. 또한 업무에서 스마트폰 등 스마트기기 사용으로 (1) 개인의 사생활 침해, (2) 업무시간 연장, (3) 정신적·육체적 피로 증가, (4) 회사의 통제 확대 등을 부정적 요소로 들었다.

이와 같이 일과 생활의 균형을 달성할 수 있게 해주는 도구로 여겨지던 스마트기기들이 근로자의 사생활을 침해하고, 근로환경을 황폐화시키며, 스트레스를 가중시킬 수 있다는 점에서, 인간다운 생활과 행복추구를 위해 '연결되지 않을 권리', '근무시간 외 업무 메일이나 메시지를 무시할 권리'를 보장할 필요성이 제기되었다.

이와 관련해 '연결되지 않을 권리'를 법으로 보장해 사생활 침해를 방지할 수 있도록 정보통신기기를 통한 업무지시를 제한하는 내용을 담은 근로기준법 개정안이 2017년 8월 4일 발의된 바 있다.[10]

해외에서도 유사한 입법정책이 제시되고 있다. 2012년 독일 금속노조(IG Metall)가 독일 정부에 제안한 안티스트레스법안(Entwurf einer Anti-Stress-Verordnung)은 근로자의 건강을 위해 사용자의 구체적인 위험성 평가 의무를 규정하고 있으며, 근로자의 개인적 여가시간 중에 이루어지는 업무상 연락 또는 업무수행과 관련해 특히 근로시간과 휴식시간을 명확히 구분하는 조치를 취할 것을 규정하고 있다. 또한 근로시간과 관련해 1일 8시간 범위 내에서 규칙적인 근로 제공을 수행할 것, 규칙적인 최고근로시간을 초과할 경우 보상, 부담 완화를 위한 적정한 휴식시간 보장, 근무가 없는 주말의 충분한 보장 등을 규정하

9 강현철 (2013. 12. 21). 《정보통신기기에 의한 노동인권 침해 실태조사》. 국가인권위원회.
10 이용호 의원 대표발의 (2017. 8. 4). 근로기준법 일부개정법률안.

고 있다.[11]

프랑스는 2017년 1월 1일부터 연결차단권이 포함된 개정노동법이 시행되고 있다. 그에 따르면 앞으로 근로자들의 휴식시간과 휴가를 보장하기 위한 목적으로 50인 이상 근로자를 사용하는 기업은 매년 디지털기기 사용에 관해 근로자들과 교섭할 의무를 부담한다. 교섭을 통해 특정 시간대에는 업무용 휴대전화를 받지 않아도 되거나 업무 메일에 회신하지 않아도 되는 등의 구체적인 내용이 정해질 수 있다. 보호 방식은 협약으로 정하고, 합의에 이르지 못하면 노사협의체의 협의를 거쳐 '연결되지 않을 권리'는 물론 '디지털기기 합리적 사용 훈련 프로그램'을 담은 기업 내부 헌장(Charter)을 채택해야 한다.

독일과 프랑스는 근로시간의 모호성을 해결하기 위해 법률상 '호출대기'라는 용어를 만들어 '대기시간'과 구분해 사용한다. 대기시간은 사용자가 지정한 곳에 머물며 기다려야 하지만, 호출대기는 어디든 자유롭게 갈 수 있어 휴대전화를 켜놓아야 하는 상황을 말한다. 두 나라 모두 원칙적으로 호출대기를 휴식시간으로 보지만 실제 업무활동을 하면 근로시간으로 인정하며, 근로계약이나 단체협약으로 이를 보상하도록 정

11 김기선 (2016. 2). "스마트기기의 업무시간 외 업무활용의 노동법적 쟁점과 과제". 《월간 노동리뷰》. 한국노동연구원. pp. 20-31. 안티스트레스법안은 2012년 업무 시 정신적 부담으로 인한 위험으로부터 취업자를 보호하기 위해 독일 금속 노조(IG Metall)가 독일 정부에 입법화를 요청한 법안으로, 이 법안의 추진 여부에 대해서는 현재 연정 사이에도 견해가 나뉘고 있다. 연방 수상인 메르켈(A. Merkel)은 이 법안의 입법화에 회의적인 반면, 연방노동 · 사회부장관인 날레스(A. Nahles)는 항시적 연락 가능성과 정신질환의 증가는 상관적 관계를 가진다고 보며 2015년까지 법안의 성안작업을 마친다는 입장이었지만〔Maier, N. and Ossoinig, V. (2015). "Freizeit und Beruf - Rechtliche und technische Unterstützung der Work-Life-Balance". Der Betrieb(DB), 68. Jg. Heft 41, pp. 2392〕 연정 내부의 견해 대립으로 아직 법안 마련에는 이르지 못하고 있다.

하고 있다.[12]

실시간 연결 가능성 확대와 그에 따른 개선 과제

근로기준법상 근로시간은 휴식시간(휴게 포함)을 제외한 실근로시간으로 정의되고 있다. 따라서 출퇴근시간과 같이 '업무와 관련된 시간'이라는 제3의 영역은 (산재보험법은 몰라도) 근로기준법에 존재하지 않는다. 다만, 실제로 노무 제공이 없는 대기시간도 예외적으로 사용자의 지휘감독 아래 있다는 전제하에 근로시간에 포함된다.

대기시간(Bereitschaftsdienst)은 근로자의 체류 장소(통상 직장 내 장소)를 사용자가 정하며, 언제든 필요할 경우 지체 없이 근로를 개시할 수 있는 상태에 있는 경우를 말한다. 이에 비해 호출대기(Rufbereitschaft)는 업무 외 시간이라도 사용자의 지시가 있으면 근로자가 노무를 제공해야 하고, 따라서 연결되어 있는 상태를 말한다. 대신 근로자는 직장에 체류할 의무가 없으며, 자신이 머물 장소를 스스로 결정할 수 있다. 호출대기는 실제로 업무수행을 지시받아 노무를 제공한 시간만 근로시간으로 인정하며 호출대기 상태는 휴식시간으로 본다는 점에서 대기시간과 구별된다.

휴식시간 중의 근로도 원칙적으로 근로기준법상 근로시간으로 평가된다. 다만, 근로자의 노무 제공이 사용자에게 그 책임을 귀속시킬 수 없는 경우에는 예외가 인정된다. 근로자가 사용자의 요청 없이 임의로

12 하예나 (2016. 12). "퇴근 후 업무카톡 금지법안의 주요 내용과 시사점". 이슈브리프. 한국법제연구원.

노무를 제공했는데, 사용자가 이 사실을 알았다면 허용하지 않았을 경우가 그에 해당한다. 사용자의 직접적인 요청이 없음에도 업무시간 외에 근로자가 업무를 수행한 경우에는 근로시간 여부를 판단하기가 쉽지 않다. 업무시간 외에 특정 업무의 수행에 관한 사용자의 직접적인 요청이나 지시가 있는 경우에는 해당 시간을 근로시간으로 인정하는 데 문제가 없다. 사용자의 직접적인 지시나 요청 없이 휴식시간 중 노무 제공이 이뤄진 경우가 문제된다. 결국 해당시간 동안 특정 업무의 수행이 사용자의 직접적 지시나 요청에 따른 것인지 여부는 전체 사안을 종합적으로 판단해야 가능할 것이다. 근로자가 실제로 사용자의 요구·지시에 의해 업무를 수행해야 근로시간으로 인정된다.

업무시간 외의 업무수행에 대한 직접적인 지시가 없더라도 간접적이거나 묵시적인 지시가 존재하는지 여부는 신중하게 판단되어야 한다. 근로자 입장에서 사용자의 지시를 인정할 수 있는 사정이 있는지 종합적 판단이 필요하다.

그러나 최근 태블릿, 스마트폰 등 새로운 스마트기기의 광범위한 보급으로 '업무와 관련해 확대된 연결 가능성(arbeitsbezogene erweiterte Erreichbarkeit)'이 발생함에 따라 업무와 휴식의 명확한 경계가 점점 무너지고 있다. 특히 경미한 업무수행을 위해 휴식시간이 (극히) 일부 중단된 경우를 어떻게 평가해야 하는지가 논란이 된다. 필자 생각에는 전적으로 근로시간으로 인정하기는 어렵다고 판단된다.[13] 근로자의 노무

13 같은 취지로 Baeck, U, and Deutsch, M. (2014). *Arbeitszeitgesetz: ArbZG*. 3.Auf. C.H.BECK. §5 Rn. 14; Anzinger, R. and Koberski, W. (2014). *Arbeitszeitgesetz: ArbZG*. 4.Aufl., Deutscher Fachverlag. §2 Rn. 56, §5 Rn. 13 usw.를 참고할 수 있다.

제공이 이렇다 할 의미를 갖지 못한 것이거나 아주 경미한 휴식의 중단일 경우에는 휴식시간의 성격 자체를 방해할 수 없기 때문이다.[14] 예컨대 근로자가 퇴근 후 밤 11시에 집에서 자신의 이메일을 체크하고 자신에게 전달된 영업상의 메일에 대해 두세 문장의 답신을 작성해 송부했다면 이를 휴식의 중단으로서 연장근로(심지어 야간근로)에 해당한다고 보아야 할 것인가? 또는 직장 동료나 상사에게서 걸려온 업무 관련 전화로 몇 분간 통화했다면 이를 근로시간으로 볼 수 있는가? 물론 휴식이 중단된 시간이나 부담 정도가 어느 정도인가에 따라 경미성에 관한 기준이 달라질 것이므로 자의성을 방지하기 위해서는 엄격하게 판단할 필요가 있다.

이와 같이 특정 상황이 근로시간에 해당하는지 여부는 구체적 사안에 따라 판단해야 할 문제이고, 일률적으로 구분 기준을 마련하기는 쉽지 않지만 노동정책을 총괄하는 고용노동부가 근로시간과 휴식시간의 경계에 있는 사례들을 열거하고 그에 대한 법적 판단을 가능하게 하는 지침을 마련할 필요가 있을 것이다.

디지털 세계의 노동은 업무 만족도와 근로자의 건강에 대해 일련의 장점을 제공하기도 한다. 육아 부담을 가진 젊은 부모 입장에서는 일과 가정의 양립이 더욱 효과적으로 이뤄질 수 있다는 장점이 있다. 예컨대 오후 4시부터 7시까지 가정에 관심을 기울이고 반대로 저녁시간에는 자신의 업무를 수행할 수 있다. 일과 가정의 양립이 필요한 근로자에게

14 Bissels, A., Domke, C. and Wisskirchen, G. (2010). "BlackBerry & Co.: Was ist heute Arbeitszeit?". DB. p. 2054.

는 자율적인 재택근무의 만족도가 훨씬 높게 나타난다. 젊은 근로자들은 페이스북, 트위터, 카톡 등의 SNS를 통해 실시간으로 연결되고, 이를 통해 각자 자신이 필요한 것을 획득할 수 있는 기회를 얻는다. '업무와 관련된 확대된 연결'은 일부 근로자에게는 직장에서의 정체성과 일정한 지위의 획득에 필요한 수단이 될 수도 있다.

물론 확대된 연결 가능성은 불이익도 수반한다. 자택에서의 업무수행으로 직업활동과 여가시간이 혼재될 수 있다. 근로자는 '지속적인 스탠바이 모드'에 있고, 이는 업무에서 벗어나 완전한 정신적 자유를 방해한다. 책임감이 강하고 성과 지향적인 직원에겐 그러한 연결 가능성이 일종의 자기착취를 촉진하는 계기가 될 수도 있다.

사용자에게도 장점과 단점이 공존한다. 업무를 훨씬 더 유연하게 완수하고 예상치 못한 문제라도 신속하게 해결할 가능성이 높아진다. 점점 더 빨라지는 업계의 수요와 점점 더 확대되는 글로벌 네트워크에서 업무를 동시에 수행할 경우 더욱 큰 장점이 있다. 전문 인력 부족 사태를 겪고 있는 기업으로서 가족이 있는 유능한 직원을 확보할 수 있다는 점은 장점이다. 반면에 심리적 부담으로 인해 중장기적으로 생산성과 동기부여가 약화되고, 과로로 인한 업무상 질병이 발생할 가능성도 있다.

이러한 관점에서 보면, 근로자 그룹마다 이른바 확대된 연결 가능성에 대해 서로 다른 입장을 취할 수 있을 것이다. 즉, 연령이나 직위, 기업과의 긴밀성 정도 같은 요소들이 중요한 영향을 미친다. 실시간 연결에 대한 연령별, 가족구성별 반응도 상당히 클 수밖에 없다. 독일 BITKOM 연구보고서에 따르면 14~29세는 12%만이 스마트폰에 의

한 실시간 연결을 방해요인으로 지적하는 데 비해, 50~64세는 35%로 비율이 높다.[15]

이러한 점을 고려하면 일률적으로 연결 차단을 법정화하기보다는 프랑스와 같이 기업별, 근로자별 특성을 감안해 자율적으로 연결 차단 범위와 기준을 결정하도록 의무화하는 방식이 타당할 것이다.

산업안전보건제도의 개선

4차 산업혁명 시대 안전보건의 과제

4차 산업혁명으로 업무 유연성이 확대되고 업무 속도가 증가하며, 업무 진행이 점점 정밀해짐에 따라, 근로자로서는 심리적·정신적으로 과도한 부담을 가질 가능성이 크다. 이와 같은 정신적 부담의 증가로 인한 업무상 질병(스트레스에 기인한 우울증, 과로)을 줄이기 위한 안전보건 시스템의 혁신이 필요하다. 더 나아가 사람과 기계(로봇, AI 등)의 업그레이드된 협업에 대비한 새로운 안전 전략도 수립해야 한다. 뿐만 아니라 재택근로와 원격근무 확산에 따른 추가적인 안전 및 건강보호 대책이 마련되어야 한다.

현행 산업안전보건법은 주로 장시간 근로에 의한 과로, 가학적 인사관리(모빙, 집단 괴롭힘 등)에 따른 우울증, 감정노동 같은 고객 대면 업무 종사자 등의 정신적·심리적 위험요인에 대한 보호 대책을 집중적으로 다뤄왔으나, 4차 산업혁명에 따른 업무 방식의 변화는 그와 같은

15 BITKOM(Bundesverband Informationswirtschaft, Telekommunikation und neue Medien e.V.) (2013. 9. 8). "Arbeit 3.0: Arbeiten in der digitalen Welt".

정신적·심리적 부담 문제가 특별하고도 제한적인 사안이 아니라 디지털화가 미치는 전 범위에 대한 보편적 위험요인으로 인식하고, 그에 따른 안전보건 정책 과제가 마련되어야 한다는 점을 보여주고 있다.

그러나 아직까지는 '인더스트리 4.0' 등에 따른 구체적인 위험요인에 대한 분석과 그에 따른 건강위험 완화방안 마련을 위한 정책과제를 구체화하는 데 한계가 있는 것으로 보인다. 따라서 4차 산업혁명으로 근로자의 생명과 건강을 위협하는 새로운 위험요인에 대한 실증적 분석과 대책 마련이 필요한지, 그를 위한 정부와 기업의 역할을 어떻게 설정할 것인지, 노동조합이 있는 경우 노동조합의 역할은 무엇인지, 이러한 작업을 수행할 수 있는 제도적 인프라는 제대로 작동할 수 있는지 등에 관한 검토가 필요하다.

구체적 개선과제

산업안전보건법 제41조의2는 사업주에게 건설물, 기계·기구, 설비, 원재료, 가스, 증기, 분진 등에 의하거나 작업행동, 그 밖의 업무에 기인하는 유해·위험요인을 찾아내 위험성을 결정하고, 그 결과에 따라 이 법과 이 법에 따른 명령에 의한 조치를 해야 하며, 근로자의 위험 또는 건강 장해를 방지하기 위해 필요한 경우에는 추가적인 조치를 취해야 한다고 규정하고 있다. 이를 '위험성 평가'라고 한다.

위험성 평가제도는 근로자의 신체적·정신적 건강을 위해 업무수행상 발생할 수 있는 위험요인들을 사용자가 스스로 분석·평가하고 그 해결 방안을 찾아내도록 하는 선진화된 사용자의 안전보건 의무라고 할 수 있다. 위험성 평가는 해당 직무를 신설할 경우뿐만 아니라 중요한 변경이 발생하고 그로 인해 위험성 및 부담이 발생한 경우에도 행해야 한다.

또한 산업안전보건법은 모니터 작업에 대해서도 일정한 안전보건에 관한 조치사항을 규정하고 있다. 모니터 작업은 이제 일상적인 사무실 업무가 되었지만 4차 산업혁명 시대의 작업환경은 모니터 작업으로 제한되는 것이 아니다. 예컨대 콜센터의 업무는 스트레스 수준이 상당히 높게 나타난다. 업무감시용 장치의 확산도 근로자의 스트레스를 발생시키는 요인의 하나이다. 스마트폰을 이용한 업무수행도 근로자의 업무강도와 업무집중도를 높이는 요인이 된다.

무엇보다 이러한 4차 산업혁명 시대의 노동은 근로자와 사용자를 실시간으로 연결시켜 근로자의 신속한 업무대응을 위한 긴장도를 높이는 이유가 된다. 따라서 단순히 근로시간에 대한 대책뿐만 아니라 근로자의 업무몰입도와 긴장도를 완화시켜 건강을 유지할 수 있도록 스스로 위험성을 평가하고 그 결과에 따라 대책을 수립할 수 있게 하는 것이 바람직하다. 즉, 사용자는 업무상 재해 발생에 관한 위험성을 완화하기 위해 업무시간 외의 연결에 대한 기준과 연결 범위, 그리고 그에 대한 보상조치 등을 대책으로 제시해야 한다. 이와 같은 안전과 보건의 이슈도 4차 산업혁명 시대에 맞게 업그레이드되어야 한다.

근로자의 개인정보보호 개선

개인정보의 중요성 확대와 검토과제

노동의 디지털화는 근로자의 개인적인 정보를 수집하고 관리·처리하는 데 대단히 유용한 기술적 가능성을 발전시켰다. 빅데이터, 디지털 기술에 의한 정보수집, 저장, 분석에 의한 개인정보의 양이 확대되는 가운데, 근로자에 대해서도 위치파악, 통신태도나 활동 및 성과 수준 등에 대한 감독·통제가 가능해졌다. 그에 따라 근로자의 업무에 대한 정당한 정보 보유 필요성과 근로자의 사적 생활(정보주권)의 균형이 필요하다.

유럽연합에서도 새로운 정보환경에 부합하는 '개인정보보호 기본명령'(2016년 4월 27일 개정, 2018년 5월 25일 시행)을 제정해 중요한 법적 기준을 새로 마련했다. 그에 따르면 유럽연합 회원국들은 취업과 관련된 데이터 가공에서 관계자의 권리와 자유의 보호를 보장하기 위해 법률이나 단체협약을 통해 특별한 규정을 마련하도록 규정하고 있다. 관련 법령에서는 전화와 인터넷의 사적 이용을 허용하는 것과 관련해 정보보호와 준수의 관계 및 텔레커뮤니케이션에 관한 법규 적용이 함께 규율되도록 해야 한다.

우리나라 현행 개인정보보호법에서는 근로자의 개인정보를 위한 나름의 규칙을 정하고 있으나, 그 내용이 형식적이고 최소한에 그쳐 향후 근로자의 실효성 있는 개인정보보호를 보장하기 위해 어떤 방향으로 개선해야 할지, 근로자에 대한 허용되는 감시와 허용되지 않는 (상시적) 감시의 세밀한 구분을 가능하게 하려면 어떤 시스템이 요구되는지도 검토해야 한다. 특히 근로자 대표와 사용자가 사업의 성격과 업무내용의 특성을 감안해 이 문제에 대해 구체적인 방안을 자율적으로 마련할 수 있도록 허용할 필요가 있는지도 검토 대상이 될 것이다.

현행 법규정 내용과 해외 사례

현행 노동법에서는 특별히 근로자의 개인정보보호를 입법 목적으로 하는 관련 규정이 없다. 근로자 참여 및 협력증진에 관한 법률 제20조에서 노사협의회의 협의사항으로 제14호 사업장 내 근로자 감시 설비 설치에 관한 규정 정도가 있을 뿐, 근로기준법 제39조는 근로자의 요청이 있는 경우 사용증명서 발급을 의무화하면서 근로자가 요구하는 사항 이외의 것은 기재하지 않도록 규제하고 있다.

일반법인 개인정보보호법에도 노동관계에 대한 특칙이 없기 때문에 사용자와 근로자 사이의 개인정보 처리에 대해서는 결국 개인정보보호법의 일반규정에 따를 수밖에 없다. 전자적 노동감시와 관련해서는, 개인정보보호법 이외에도 관련 사항에 따라 통신비밀보호법, 정보통신망 이용촉진 및 정보보호 등에 관한 법률과 위치정보보호 및 이용 등에 관한 법률 등의 적용을 받는다. 개인정보보호법을 사용자와 근로자 간 관계에 적용시키면 사용자는 동법 제15조가 정한 요건에 따라 근로자의 개인정보를 수집·이용할 수 있다.

참고로 독일 연방정보보호법 제3조는 취업자에 대한 정의 규정을 두고, 제32조에서는 취업 관계를 위한 정보의 수집, 처리 및 이용에 대해 규정하고 있다. 독일은 연방정보보호법 제32조에서 고용관계 성립을 위한 개인정보 수집과 가공에 관한 내용을 규정하고 있는데, 이를 개정해 제32조와 제32조(a) 또는 제32조(l)로 구성해 별도의 노동편 제정을 추진하고 있다.

동법 개정안 제32조(g)를 보면, 사용자는 근로자의 위치정보를 확인하는 설비를 (1) 취업자의 안전을 위해 혹은 (2) 경영상의 이유로 취업자의 투입을 조정하기 위해 설치할 수 있다. 위치정보 수집은 근무시간 중이어야 하며, 사전에 취업자에게 위치정보 수집을 고지해야 한다(제1항). 그 외 사용자는 동산의 보호를 위해 위치확인 시스템을 사용할 수 있지만, 취업자가 허용된 방법으로 미리 그 동산을 관리하고 있다면 그러하지 아니한다(제2항). 만일 위치정보가 목적에 따라 더 이상 저장할 필요가 없거나 취업자의 개인정보보호 이익과 충돌할 경우 사용자는 이를 즉시 삭제해야 한다(제3항).

동 개정안 제32조(i)는 사용자는 취업자의 전기통신 서비스(인터넷)와 전화 서비스에 관한 정보를 수집할 수 있지만 전기통신 서비스는 오로지 직업상 또는 업무상 목적으로 취업자가 이용하는 것이어야 한다고 규정하고 있다. 전기통신 서비스에 관한 개인정보는 접속한 곳의 이름 및 표지, 통신 접속 및 종료 일시, 전달된 정보 분량 등이다. 사용자는 (i) 전기통신망 또는 전기통신 서비스의 정상적인 운영을 위해, (ii) 요금정산을 위해, (iii) 통계작성이나 업무통제 또는 행동관리를 위해 필요한 경우에만 전기통신 서비스에 관한 취업자의 정보를 처리할 수 있다. (ii)와 (iii)의 경우 정보처리 내역을 취업자에게 고지해야 한다. 또한 취업자의 개인정보보호의 이익이 이러한 정보수집의 이익보다 크지 않아야 한다(제1항). 전화 서비스의 경우 역시 그 전화가 오로지 직업상 또는 업무상 목적으로만 사용되어야 한다. 사용자는 사전에 취업자에게 특정한 시간대에 정보를 수집할 수 있다는 고지를 하고 취업자가 이에 동의한 경우, 통계작성이나 업무통제 또는 행동관리를 위해 전화 이용 내역을 처리할 수 있다. 사후 그 처리내역을 취업자에게 통지해야 한다. 전화 서비스에는 내·외국과 유·무선을 불문하며, VoIP(Voice over Internet Protocol)와 같이 전기통신 서비스(인터넷)를 이용한 통화도 포함된다(제2항).

일본의 개인정보보호법 가이드라인인 '고용관리에 관한 개인정보 중

건강관리 처리에서의 유의사항' 제34.(4)는 HIV 감염과 B형 간염 등 직장에서 감염되거나 만연할 가능성이 낮은 감염증에 관한 정보와 색각검사 등의 유전정보에 대해서는 직업상 특별히 필요한 경우를 제외하고 사용자는 근로자 등에게서 취득하면 안 된다고 규정한다.[16]

ILO의 1997년 실무지침 제6조 제7항은 건강정보의 활용에 대해 업무 관련성과 산업안전, 그리고 사회보장에 국한해 사용하도록 규정하고 있다. 즉, 근로자가 맡은 직무를 수행할 수 있는지 판단하기 위해, 직업상 보건과 안전을 위해, 사회보장급여 지급을 위해서만 건강정보를 활용할 수 있고, 그 외에는 원칙적으로 사용자의 건강정보 수집을 금지한다. 이어서 동 실무지침 제10조 제8항은 건강검진의 경우 사용자는 특정한 고용상의 결정과 관련한 결과물에 한해 통지받아야 한다. 그리고 제10조 제9항은 원칙적으로 이러한 건강검진 결과물은 생래적인 유전자 정보와 같은 의료정보를 포함해서는 안 되지만, 근로자의 보직에 적합한지 확인하기 위해, 그리고 보직과 의학적으로 맞지 않는 근로조건을 적시하기 위해 사용될 수 있음을 규정하고 있다.[17]

입법정책적 개선방안

향후 근로자의 개인정보 접근과 활용에 대한 명확한 규율 체계를 확립하는 것이 필요해 보인다. 특히 미래 산업사회는 빅데이터를 기반으로 하고 있으므로, 근로자의 개인정보보호는 그만큼 더 중요한 의미를

16 양승엽 (2015). "근로자의 개인정보 보호에 관한 연구". 서울대학교 박사학위논문. p. 137 이하.
17 양승엽 (2015).

가질 수 있기 때문이다.

현행 개인정보보호법 안에 노동관계편이 신설된다면 적용되는 인적 범위를 확대할 필요가 있다. 개인정보보호법 제23조가 규정하는 민감한 개인정보 범위를 고용정보와 관련해 확대할 필요가 있다(예: 출신 지역 등). 노동법의 집단적 특성을 고려해 근로자의 동의에 갈음하는 집단적 의사결정 방식을 취해야 한다. 사용자의 정당한 이익은 결국 근로자의 개인정보 처리 근거인 노무지휘권과 시설관리권의 범위 내여야 하고(업무 밀접성), 그 범위 내에서도 수단의 적절성과 피해의 최소성이 인정되어야 한다(비례성).[18] 사업장 내에서 근로자 개개인의 개별적 동의를 바탕으로 정보수집에 그칠 것이 아니라 집단적 근로자 대표제도 체계에서 견제할 수 있는 제도적 장치가 필요하다. 최근 독일은 이와 관련해 경영조직법 제87조 제1항 6호에 따른 공동결정권 사항으로, 근로자의 개인정보 수집 및 관리를 다루어야 한다는 지적이 나오고 있다. 나아가 개인정보 수집 등에 대한 근로자의 동의 등 이와 관련된 절차와 사유에 대한 명확성을 제고해야 한다.

당사자의 자율성 확대와 강행규정의 상대화

디지털 시대에는 근로자의 개별적 니즈와 기업의 니즈에 맞게 당사자의 합의에 의해 구체적인 근로조건을 결정할 수 있는 범위와 대상을 확대하는 것이 필요하다. 이를 위해서는 근로기준법을 통해 획일적, 통일적

18 양승엽 (2016. 7). "근로자 개인정보 처리의 정당성 요건과 한계: 종속성의 관점에서". 《노동법포럼》. 제18호. p. 72 이하.

으로 근로조건을 결정하는 현재 방식에서 근로자의 개별적 니즈, 역량 수준, 전문성 정도에 따라 근로계약을 통해 구체적인 근로조건을 결정할 가능성이 열려야 한다. 근로계약법 제정이 요구되는 이유이다. 개별 근로계약이 아니라면, 적어도 근로자 대표와 사용자가 합의 방식으로 현행 강행규정과 다른 근로조건의 결정을 광범위하게 인정하는 것이다. 강행규정이라도 단체협약이나 노사협정에 대해서는 예외를 넓게 인정해야 한다. 예를 들면, 통상임금에 대한 노사합의는 강행규정임을 이유로 그 효력이 부인되지 않도록 예외를 허용한다.

또한 근로기준법의 획일적 근로조건 규제 방식은 경쟁환경의 변화에 대한 기업의 신속한 대응을 가로막는 걸림돌이 될 수도 있으므로, 근로자 보호라는 목적을 훼손하지 않으면서 기업의 지속가능성을 위해서는 좀 더 유연하고 탄력적인 노동법 적용 방식이 필요하다. 예컨대 신규사업, 벤처 기업, 스타트업 등 새로운 도전에 대한 광범위한 지원 또는 제도적 유연성을 제공하는 것이 그 방법이다.

근로조건 결정 주체로서 근로자 대표제도 개선

최근 디지털 기술의 비약적 발전과 가속화되는 업무 환경의 글로벌화에 따른 시장과 기업의 변화는 노사관계에도 직접적인 영향을 미치고 있다. 직업 세계에서 현재 진행되고 있고 변화에 성공적으로 대처할 방법은 기업과 근로자들이 협력적 파트너십을 통해 그러한 변화들을 분석하면서 서로의 수요(니즈)를 공정하게 검토하고 절충하는 것이다. 새로운 업무조직 및 업무 방식으로 인해 지식의 수평적 집중, 개별 근로자들의 참여 가능성, 자발적인 팀 조직이 점점 더 강조되는 상황에서, 사업 또는 사업장 단위의 근로자 참여를 강화하는 것은 사업조직의 이익에도 부합한다. 훌륭한 기업은 고객 선호도나 기타 시장 요건들의 변화에 신속하게 대응하기 위해 효과적인 의사결정 과정을 필요로 한다. 장기적으로 이는 기업 내 모든 인재의 잠재력과 직업능력이 최적으로 활용되는 경우에만 가능하다. 따라서 근로조건 및 작업조건의 변화는 조직의 잠재력을 최대화할 수 있도록 해당 기업의 요건과 근로자의 수요 및 선호를 고려해서 파트너십을 통해 형성되어야 한다.

그런데 전통적으로 기업별 노조가 중심이 된 우리나라 노사관계 질서에서는 노동조합이 그 역할을 담당해왔으나, 노동조합에만 의존해 기업 내 종업원들의 근로조건을 결정하는 것은 앞으로도 유지될 수 있는가? 노조 조직률은 이미 10% 전후로 내려앉았고, 실제로 노동조합에 의해 근로자의 집단적 이해관계가 실현되는 사업장의 수는 그보다 훨씬 더 낮은 데 반해, 현행 근로자 대표는 사업장 내 모든 근로자를 대표할 수 있는 포괄적 대표성을 지니지 않는다. 이러한 이유로 근로기준법 등에서 새로 도입한 이른바 '근로자대표'제도의 개선방안에 대한 논의가 필요하다.

선진 산업국가에서 근로조건을 설계(갱신과 변경)하는 데 사회적 파트너십, 공동결정권, 민주적 참여는 사회적 시장경제의 핵심 요소이고, 위기 시 노사안정과 기업안정을 가능하게 하는 힘이며, 글로벌 경쟁의 파도를 넘어 기업이 성공한 요인으로 평가되고 있는데, 물론 이에 대한 검증은 필요하다.

그럼에도 4차 산업혁명 시대에는 근로자 대표를 통한 종업원의 참여 확대가 특별히 기업경쟁력을 위한 필수적인 요소라는 인식이 확대되고 있다. 근로자 대표를 통한 종업원의 참여 확대는 기업의 효율적 경영을 방해하는 장애 요소가 아니라, 오히려 지속적인 성장을 위한 필수 요소라고 할 수 있다. 디지털 구조변화에 성공적으로 대처하기 위해서는 근로자 대표를 중심으로 하는 기업 내 파트너십이 잘 작동되어야 하기 때문이다.

나아가 노동조합의 사각지대인 영세 중소기업의 근로자 및 비정규직 근로자의 근로조건을 개선하고, 플랫폼 자영업자(크라우드 워커) 등 고용 및 소득이 불안정한 취약계층이 플랫폼 사업자(기업)와 공정한 계약관계를 유지할 수 있게 하려면 종사자들의 대표를 통한 협력적 파트너십이 사실상 유일한 대안이다. 이러한 종사자들의 대표 조직으로는 사업단위의 근로자 대표제도가 하나의 모델이 될 것이다. 다만 크라우드 워커/플랫폼 워커의 이해관계와 근로자의 이해관계는 전혀 다르므로 단일의 근로자 조직으로 통합될 수는 없을 것이다. 문제는 근로자 대표제도가 이처럼 중요한 의미를 갖지만 현행 법령은 노사협의회를 제외하고 근로자 대표제도를 특정 사안이 발생할 때마다 임의로 권한을 행사할 수 있는 불확실한 비상설기구로만 규정하고 있을 뿐이라는 사실이다. 즉, 근로자 전체에 의한 민주적 선출 절차와 방법, 근로자 대표의 권한과 의사결정 방법, 지위 보장, 사용자 측과의 분쟁해결 방법 등 상설기관으로서 최소한의 요건도 정해진 바가 없다. 따라서 복잡다단하게 분열되어 있는 현행법의 불완전한 근로자 대표제도를 통일적이고 명확하게 정비하는 것이 일차적 과제이다.

4

변화하는 시대의 노동법

4차 산업혁명 또는 디지털 혁명은 인간노동의 기본조건과 내용을 앞으로 크게 바꾸어놓을 것으로 예상되며, 이미 부분적으로 변화시키고 있다. 장소에 구애받지 않는 스마트 워크가 늘고 있으며, 일반적인 근무시간 외에도 스마트기기를 통해 기업과 연결되는 사례가 오래전부터 일상화되었다. 또한 4차 산업혁명은 노동의 유연성(flexibility)과 직장 이동성(mobility)을 촉진하고 있으며, 이를 위한 노동법 및 노동정책의 개선 과제가 중심 화두가 되고 있다.

노동법은 기술적, 사회적 진보에 대한 연결점을 놓쳐서는 안 된다. 이를 위해서는 기존 산업화 단계에 수립된 노동법 구조를 그대로 유지하기보다는 새로운 변화에 맞는 입법적 수정이 필요하다. 특히 근로기준법의 근로시간제도는 현실의 생활관계를 반영해 시급히 개정될 필요가 있다. 기업과 근로자들은 근무장소와 근로시간을 유연하게 형성할 수 있어야 하며, 공법상 규제를 완화할 필요가 있기 때문이다. 이때 개선의 핵심 키워드는 근로자의 휴식, 직장 및 사적 생활의 양립, 근로시간 결정의 자율성과 유연성의 확대이다. 구체적인 개선과제로 1주의 법정 근로시간 범위 내에서 1일의 근로시간 규제를 완화하고 근무일 간 최소 휴식시간제를 도입함으로써 근로시간 편성의 자율성을 높일 필요가 있다. 또한 근로시간 계좌제도를 통해 초과근로시간을 적립하고 이를 휴식이나 금전으로 보상받는 것도 향후 근로시간 운영의 유연성과 근로자에 대한 휴식 보장 측면에서 유용성이 클 것으로 기대된다. 또한 탄력적 근로시간제와 재량근무제 등 유연근무제도가 활성화되어야 장시간근로의 문제를 해소할 수 있을 것이다. 다른 한편, 디지털 구속에서 벗어나 사적 생활의 자유를 향유하기 위해서는 퇴근 후 연결되지 않을 권리를 현실에 맞게 구체화하는 것이 중요하다. 업무의 필요성과 휴식의 보장이 적절히 조화를 이루기 위해서는 연결 가능성과 연결 금지 기준 및 보상에 대해 업종과 업무의 특성을 감안한 자율적인 규제가 필요하다.

디지털 구속에 따른 정신적, 심리적 스트레스의 증가도 4차 산업혁명 시대가 낳은 부작용이라고 할 수 있다. 근로자의 생명과 건강을 위한 예방 대책을 수립하고 적절한 보호방안이 강구되어야 한다. 이를 위해 자율적 위험성 평가를 통해 현실에 맞는 구체적 예방 대책을 마련해야 한다. 위험성 평가제도가 적극적으로 활용될 수 있도록 구체적인 시책이 강구되어야 하는 이유이다.

채용과 승진, 보상 등 인사관리 분야에서 빅데이터가 광범위하게 활용되고 웨어러블기기를 통해 근로자의 신상정보 노출이 현실화되는 등 근로자의 개인정보는 무제한으로 노출될 가능성이 있다. 현행 개인정보보호제도는 근로관계의 특성을 반영한 구체적인 규제 제도로서 미흡할 뿐만 아니라, 포괄적 동의에 의한 개인정보 활용이 가능한 구조로 되어 있다. 개인정보 수집과 활용에 대한 근로자의 동의 수준을 높이는 것도 중요하지만, 보호되어야 할 근로자의 개인정보와 업무상 요구되는 근로자의 정보가 조화를 이룰 수 있도록 하는 자율적 규제 방법도 필요하다.

노동법은 시민사회를 지향하는 현대 사회질서 모델과 그 목표를 분리해서는 안 된다. 19세기의 계급적 사고에서 벗어나, 시민사회의 구성원으로서 근로자 개개인의 자율과 참여를 보장하는 방향으로 발전해야 한다. 4차 산업혁명은 시민사회에서 노동법의 역할을 재검토하고 새로운 방향성을 모색하도록 중요한 전기를 마련하고 있다. 그러한 이유에서 근로조건의 결정과 관련해 노사의 자율적 결정 권한과 범위를 확대할 필요가 있다. 일률적, 획일적 규제와 감독은 더 이상 '인더스트리 4.0' 시대의 규제 방식이 될 수 없다. 자율성의 확대를 통해 최적화된 작업조건을 만들어내는 것이 생산성과 경쟁력 그리고 근로자의 근로조건 개선에 기여하는 것이다. 뿐만 아니라 플랫폼 경제의 확산에 따른 새로운 자영업자의 출현과 그들의 근로조건 개선 문제도 중요한 과제가 될 것이다. 이들을 위해서도 대표 시스템을 통해 취업조건을 개선하는 길이 열려야 할 것이다.

| Chapter 9 |

글로벌 기업 사례와 한국 기업의 대응

4차 산업혁명 시대, 한국기업이 나아갈 미래의 모습

삼성경제연구소 인사조직실

정권택 이정일 류지성 엄동욱
고현철 박진일 박유진 김상현

1

주요국의 4차 산업혁명 대응

4차 산업혁명과 관련된 정책은 2013년 독일이 본격적으로 추진하면서 표면화되기 시작했다. 독일은 초기에 민간 주도로 추진했으나, 표준화 이슈 등으로 지연되자 2015년에 정부 주도의 '플랫폼 인더스트리 4.0'을 재출범했다. 일본도 민간 주도로 제조업 부활을 추진하다가 2015년에 정부 주도로 '일본재흥전략'을 수립하면서 4차 산업혁명에 본격적으로 대응하기 시작했다. 반면, 미국은 2014년에 민간 주도로 산업 인터넷 컨소시엄이 구성되었는데, 이를 정부가 지원하고 있다. 크게 보면 〈표 1〉과 같이 4차 산업혁명에 대한 대응은 독일, 일본과 같이 정부가 주도하는 모델과 미국처럼 민간이 주도하는 모델로 구분할 수 있다.

독일: 인더스트리 4.0

독일은 전통적으로 경쟁력이 뛰어난 제조업의 강점을 활용해 산업 데이터에 기반을 둔 제조업 경쟁우위를 확보하기 위해 제조업 혁신에 초점

표 1 국가별 4차 산업혁명 대응 정책

	독일	미국	일본
명칭	인더스트리 4.0	산업 인터넷	일본재흥전략
주체	독일 연방정부 주도 (정부 주도-민간 참여 모델)	민간 기업(GE) 주도 (민간 주도-정부 지원 모델)	일본 정부 주도 (정부 주도-민간 참여 모델)
시점	2013년	2014년	2015년
중점 사안	• 공장의 스마트화 • 인터넷을 통한 공정, 공급망 연결로 최적화와 대량 맞춤 생산	• 산업 설비 운영 스마트화 • 센싱/분석기술 기반으로 산업설비 신뢰성·효율성 향상	• 로봇 중심 자동화 • 빅데이터, IT 융합, 인공지능을 구사하는 로봇 혁명 전개
목표	• 제조 공정 정보 플랫폼 구축으로 기술 표준화와 플랫폼 선점	• 산업 설비 데이터를 활용해 제품 판매, 서비스 수익 증진	• 경제와 사회를 아우르는 국가혁신 프로젝트로 확대
실행 전략	• 톱다운(Top-down) 방식 효율화(공급망 전체 → 개별 기업 → 개별 공정)	• 보텀업(Bottom-up) 방식 효율화(개별 기기 → 개별 기업 → 전체 산업)	• 톱다운 방식 효율화(데이터 활용 촉진을 위한 환경 정비 등)

• 자료: 신형원 외 (2016). "4차 산업혁명의 이해". 삼성경제연구소.

을 맞추고 있다. 독일 정부는 '인더스트리 4.0'이라는 명칭 아래 2013년 이후 본격적으로 제조업 혁신에 착수했다. 제조업에 IoT(사물인터넷)를 접목하고 정보공학, 기계공학, 전자공학 등의 하이테크 기술을 연결해 스마트 공장을 구현하려는 계획이 대표적이다.[1]

독일에서는 디지털화가 고용을 위협한다는 일반적 예상과 달리 디지털 기술이 발전함에 따라 고용 총량은 유지되거나 일정 수준 증가할 것

1 岩本晃一 (2016. 4). "IoT/インダストリー4.0が雇用・経済に与える影響に関するドイツにおける研究の最新状況". 独立行政法人経済産業研究所.

으로 전망하고 있다. IT 관련 직업, 기업관리·경리·법무·사무 분야, 홍보·마케팅 관련 직업과 기계전기공, 기계·자동차 엔지니어 직업은 약 100만 개 증가하는 반면, 금속생산 가공업, 섬유·의류산업, 음식산업, 교통·물류, 판매 관련 직업에서 75만 개의 일자리가 감소할 것으로 전망하고 있다.[2]

4차 산업혁명에 대응하려는 독일의 노동정책은 2017년 발간된 《노동 4.0 백서》에 담겨 있다. 특히 독일의 산업이 디지털 변혁기에 높은 수준의 글로벌 경쟁력을 유지하기 위해서는 양질의 노동 확보가 필요하다고 인식해 4차 산업혁명에 대응한 '양질의 노동' 형성을 정책 비전으로 설정하고 있다. 성과에 부합하는 소득과 사회안전망, 산업안전 보장, 양질의 일자리에 진입할 수 있는 기회 보장, 생애 단계에 따른 근로조건 설계, 근로자의 참여문화 정착 등을 강조하고 있다.[3]

미국: 산업 인터넷

미국에서는 기업들이 ICT 혁신을 주도하며 글로벌 시장에서 영향력을 확대하고 있다. 2014년 3월에 GE, AT&T, 시스코, IBM, 인텔 등 5개 기업이 IoT 표준화를 위해 비영리 그룹인 산업 인터넷 컨소시엄(IIC: Industrial Internet Consortium)을 구성했다. 이 컨소시엄을 통해 제조, 헬스케어, 에너지 등의 분야에서 산업 인터넷을 활용하는 생태계를 조성하자는 취지였다.[4]

---

2 Economix Research & Consulting (2016). Arbeitsmarkt 2030.

3 Bundesministerium für Arbeit und Soziales (2017). *Weißbuch Arbeiten 4.0*.

미국에서는 일부 일자리가 기계로 대체되더라도 전체적인 일자리 규모는 오히려 늘어날 것으로 전망하고 있다. 제조업 및 농수산업 일자리는 감소하지만, 다른 직종은 새로운 일자리가 증가할 것으로 예상한다.[5] 특히 전체 노동인구의 20~30%를 차지하는 '독립 노동' 종사자가 지속적으로 증가할 것으로 전망하고 있다. 독립 노동자 중 업워크(Upwork), 우버(Uber), 에어비앤비(Airbnb), 엣시(Etsy)와 같은 디지털 플랫폼을 이용한 노동이 급격하게 증가한다는 것이 미국 노동시장의 특징 중 하나다.

4차 산업혁명 관련 노동정책은 필요인력 확보와 양극화 심화에 대한 대비책에 초점을 맞추고 있다. 2016년 미국 컴퓨터과학교육연합(CSEC: Computer Science Education Coalition)은 미국 내 IT 관련 인력이 60만 명 부족하다고 판단해, 신기술 및 첨단제조 분야 인력 양성을 위한 기금을 조성한 바 있다.[6] 또한 AI(인공지능)의 혜택이 소수에게 집중되어 저임금 근로자들의 일자리가 사라지고 빈곤층으로 전락할 가능성이 높아 이에 대비한 사회안전망 마련 대책을 강구하고 있다.[7]

---

4 Manufacturers Alliance for Productivity and Innovation.

5 U. S. Bureau of Labor Statistics (2017). 2016–26 BLS Employment Projections. 〈https://www.bls.gov/emp〉.

6 〈http://www.csecoalition.org/wp-content/uploads/2016/03/Computer-Science-Education-Coalition-PressRelease-1.pdf〉.

7 White House (2016). "Artificial Intelligence, Automation, and the Economy". 〈https://www.whitehouse.gov/sites/whitehouse.gov/files/images/EMBARGOED%20AI%20Economy%20Report.pdf〉.

일본: 일본재흥전략

일본은 4차 산업혁명에 대한 국가 차원의 정책 대응이 필요하다는 인식을 독일, 미국 등 여타 선진국에 비해 뒤늦게 했다. 하지만 2015년 6월 아베노믹스의 기본 성장전략인 '일본재흥전략(Japan is Back)'을 수립했고, 2016년 4월에는 이를 더욱 발전시킨 '4차 산업혁명 선점전략'을 발표했다. 4차 산업혁명을 IoT 기반의 생산 시스템 고도화에 국한하지 않고 경제와 사회를 아우르는 국가혁신 프로젝트로 확대해 광범위한 전략을 수립한 것이다.

일본은 4차 산업혁명으로 인해 2030년 고용 규모가 240만 명 감소할 것으로 전망하고 있다. 디지털화에 따라 740만 명의 일자리가 감소하는 한편, 신산업의 성장으로 500만 명 규모의 신규 일자리가 만들어질 것으로 보기 때문이다. 산업별로는 정보통신업에서 고용이 증가하는 반면, 고용 비중이 큰 도·소매업, 건설업을 비롯해, 농림수산업, 운수업 등에서 고용이 대폭 감소할 것으로 예측하고 있다.[8]

일본 정부는 현재와 같은 고용자 중심의 노동정책에서 벗어나 미래의 일하는 방식 변화와 새로운 고용관계에 입각한 노동정책을 수립해야 한다고 강조한다. "일하는 방식의 미래 2035"이라는 보고서는 일본이 고민하는 모습을 담고 있다.[9]

일본은 AI, 로봇 등의 출현에 따라 취업구조가 크게 바뀐다고 예상한

8 三菱総合研究所 (2017. 2). "AI · ロボット · IoEが変える2030年の日本". MRIマンスリーレビュー. 〈http://www.mri.co.jp/opinion/mreview/topics/201702-5.html〉.

9 厚生労働省 (2016. 8. 2). "「働き方の未来２０３５：一人ひとりが輝くために」懇談会".

그림 1 4차 산업혁명에 따른 취업구조 변화의 이미지

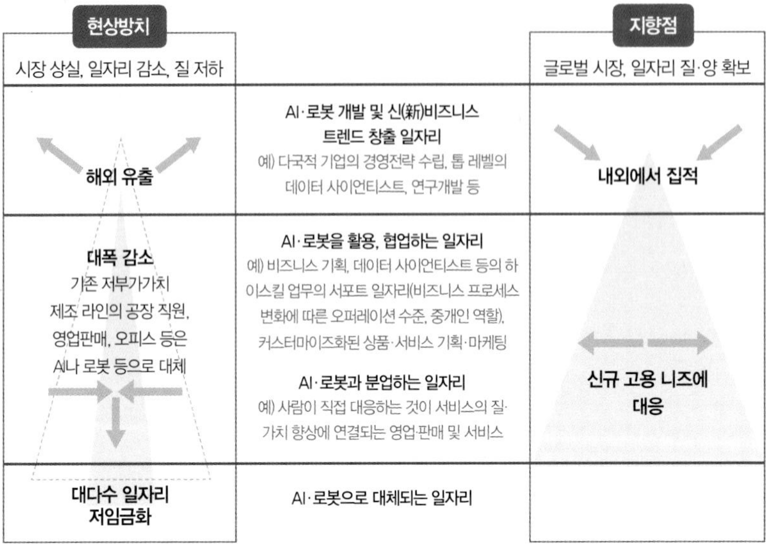

• 자료: 経済産業省 (2016. 4. 27). "「新産業構造ビジョン」中間整理を行いました~第4次産業革命をリードする戦略的取組を発表いたしました~".

다. 즉 AI, 로봇이 고령화로 인한 인력 부족 문제를 해소하는 데 도움이 되는 반면, 백오피스 업무 등 고용의 대부분을 차지하는 중숙련(미들 스킬)의 화이트칼라 일자리를 크게 감소시킨다는 것이다. 따라서 〈그림 1〉과 같이 취업구조의 대전환에 대비해 미래 인재를 육성하면서 동시에 새로운 성장 분야로 인력이 이동하는 것을 지원해야 한다고 본다.

2

글로벌 기업들의 대응 사례

그렇다면 글로벌 기업들은 4차 산업혁명에 어떻게 대응하고 있을까? 4차 산업혁명은 미국에서는 'digital transformation'으로, 유럽에서는 'digitalization'으로 불리는 등 다양한 견해가 있을 정도로 구체적 모습을 예측하기 어려운 실정이며, 따라서 아직은 4차 산업혁명에 대응하는 글로벌 기업의 사례도 정리하기 쉽지 않은 상황이다. 그럼에도 불구하고 몇몇 기업은 혁명에 비견되는 신기술, 신시장의 미래를 탐색하면서 변신을 꾀하고 있다. 그 대표적인 기업이 바로 GE, 지멘스, 아마존, 소프트뱅크, IBM이다.[10]

이 5개 기업을 구분하면, 기존 사업의 강점을 유지하면서 디지털화를 꾀하기 위해 조직과 인력 등 내부 역량을 점진적으로 강화하는 기업(내

10 다양한 소스를 통해 4차 산업혁명과 관련된 정보를 접할 수 있는 기업들이 있으나, 이 글에서는 사업전략에 따른 조직의 변화, 인사제도 및 문화의 변화까지 아우를 수 있는 자료가 있는 글로벌 기업들로 한정하였다.

부 강화형)과 기존 사업에서 신사업으로 업종을 과감히 전환하면서 신규 조직을 신설하거나 외부 인력을 과감하게 영입하는 등 구조적으로 큰 변화를 추구하는 기업(구조 개편형)으로 나뉜다. 내부 강화형 기업으로는 GE, 지멘스, 소프트뱅크가 대표적이고, 구조 개편형 기업으로는 아마존과 IBM을 들 수 있다. 이제 이들 기업은 어떤 사업전략과 조직구조를 갖추고 인력과 제도, 문화를 어떻게 바꾸면서 4차 산업혁명에 대응하고 있는지 살펴보자.

GE

사업전략: 2020년 글로벌 톱 10 소프트웨어 컴퍼니

GE는 산업장비 판매 및 수리 서비스로 수익을 창출하는 비즈니스를 해왔으나 2000년대 이후 디지털 혁명으로 수익 모델이 한계에 직면하면서 단순 장비공급업체로 전락할 위기에 처했다. IBM, SAP 등 IT, 빅데이터 업체가 장비에서 생성되는 데이터를 기반으로 고급분석기법, 새로운 알고리즘을 활용해 장비 효율성과 부가가치를 제공하는 장비 서비스업에 진입하면서 GE의 핵심 고객을 빼앗아가기 시작한 것이다.

이멜트 회장은 2011년 디지털 혁명으로 인한 산업 패러다임의 변화에 대응하기 위해 '2020년 글로벌 톱 10 소프트웨어 컴퍼니'를 비전으로 제시하고 비즈니스 모델의 과감한 변화를 시도했다. '장비 판매 및 유지관리'에서 '데이터베이스 서비스'로 업(業)을 전환하고 소프트웨어 기반 장비와 기계를 둘러싼 서비스를 판매하는 산업 인터넷(industrial

그림 2 GE 프레딕스

• 자료: "산업현장의 효율성을 높이는 GE의 산업 인터넷과 통합 플랫폼 프레딕스", 〈http://geblog.kr/130181409647〉.

internet) 분야의 선두 기업이 되겠다는 것이다. 현재 1조 달러어치의 자산에 붙어 있는 1,000만 개의 센서로 매일 5,000만 개의 데이터를 수집하고 분석해 새로운 부가가치를 창출한다는 개념이다. 이를 통해 GE 장비가 들어가는 항공기, 유틸리티, 오일/가스, 헬스케어, 운송장비 등에서 모두 1%씩 효율을 높이는 것이 목표다. 예를 들어, 항공산업에서 엔진 효율을 1% 높이면 연간 20억~30억 달러의 제트연료 및 기타 비용을 절감하는 효과를 낼 수 있다.[11]

GE의 산업 인터넷 비즈니스는 프레딕스(Predix)라는 클라우드 플랫폼을 기반으로 한다. 프레딕스는 따로따로 처리되던 컴퓨터 작업, 빅데

11 Capgemini Consulting (2015). Going Digital: General Electric and its Digital Transformation.

이터 분석, 자산관리, IoT, 보안 등을 하나로 통합하는 커넥티드 시스템(connected system)이다. GE는 프레딕스를 통해 GE 장비에 장착된 센서로 데이터를 축적하고 분석해 장비의 사전유지관리 및 고장방지, 설비효율 개선과 관련된 자료를 실시간으로 제공함으로써 수익을 창출한다.

조직구조: GE 디지털 사업부의 급부상

GE는 2012년 실리콘밸리에 인접한 캘리포니아 샘라몬(Sam Ramon)에 GE 소프트웨어센터를 세웠다. 제조업 문화가 지배하는 미국 동부의 본사보다는 스타트업 정신이 살아 있는 서부의 실리콘밸리에 근접해 있어야 산업 인터넷 비즈니스에 필수적인 소프트웨어 문화를 이식할 수 있다는 생각에서였다.

GE 소프트웨어센터는 GE 소프트웨어의 핵심 거점(CoE: Center of Excellence)으로서 핵심 기술인 프레딕스를 개발하는 역할을 부여받았다. 전통적인 GE 비즈니스 유닛과 달리 소프트웨어센터에는 직접적인 손익책임(P/L)을 부여하지 않고 전사 펀드에서 10억 달러를 투자하는 등 CEO가 전폭적으로 지원하고 나섰다.

GE 소프트웨어센터는 2015년 GE 디지털사업부가 되면서 손익을 책임지는 명실상부한 비즈니스 유닛이 되었다. 빌 루(Bill Ruh)는 디지털사업부 책임자 겸 GE의 디지털 사업 전체를 관장하는 최고디지털책임자(CDO: Chief Digital Officer)를 맡고 있다. 또한 항공, 발전 등 각 비즈니스 유닛에도 CDO가 있어 GE 디지털사업부와 협력하고 있다. CDO들이 각자의 비즈니스 유닛과 디지털사업부를 모두 책임지는 메트릭스 조

그림 3 GE 디지털 조직 프레임워크(2017년 현재)

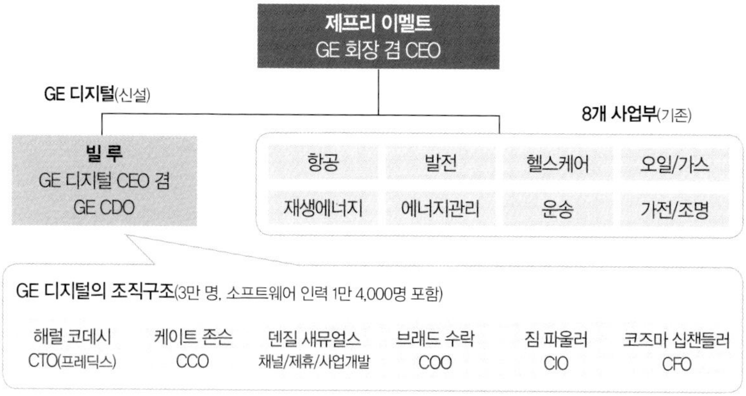

• 자료: "IoTWF 2017–Jennifer Waldo–Transforming Workforce". 〈https://www.youtube.com/watch?v=Kj9ehIT9hXU〉; GE 홈페이지.

직과 인센티브 시스템으로 운영되고 있는 것이다. 각 비즈니스 유닛에는 CDO 외에도 최고자동화책임자(CAO: Chief Automation Officer)가 있으며, 이들은 사업부 간 수평적 프로세스 개선과 솔루션 구축을 담당하고 있다.

또한 GE는 산업 인터넷 비즈니스에 적합한 영업 기능을 강화했다. 최고영업책임자(CCO: Chief Commercial Officer)를 신설하고 외부에서 케이트 존슨(Kate Johnson)을 영입했다. 이를 통해 이전까지는 장비를 팔고, 고장수리 계약을 하던 영업에서 '성능을 보장하는 솔루션 영업', 즉 개발, 마케팅, 영업, 납품, 제품관리까지 제품의 생애주기 전체를 관리하는 영업으로 전환했다.

GE는 산업 인터넷 비즈니스의 성공적 전환을 위해 조직을 외부로 확장하고 있다. 합작 투자, 크라우드 소싱, 심지어 경쟁업체와 제휴 등을 통해 역량을 확보하는 동시에 산업 인터넷 비즈니스 생태계를 구축하고 있다. 예를 들면, 캐러다임(Caradigm)은 GE 헬스케어와 마이크로소프트가 투자한 합작회사로 보다 나은 의료 돌봄 서비스를 제공하는 소프트웨어를 개발한다. 탈레리스(Taleris)는 항공기 운항관리 소프트웨어를 개발하기 위해 GE 항공과 액센츄어(Accenture)가 합작해서 만든 회사다. GE는 소프트웨어 경쟁업체라고 할 수 있는 인텔, 시스코, 아마존과도 센서, 네트워크 장비, 클라우드 등의 분야에서 협력하고 있다.

인력운영: 과감한 외부인재 영입과 신(新)인재상

GE 이멜트 회장은 퇴임 후 《하버드 비즈니스 리뷰》와의 인터뷰에서, "우리 시대 기업은 우리가 하려는 일을 내부 인력만으로 해낼 수 없다. 우리에게는 기업 안에서 성장하지 않은 인재 집단이 필요하다. 그래서 나는 이 사람들이 우리 조직에 융화될 때까지 보호하고, 이들이 새로운 조직문화, 새로운 업무처리 방식, 새로운 사고를 만들어갈 수 있도록 지원했다"라고 말했다.[12]

실제로 2009년부터 2016년까지 매년 GE가 외부에서 채용한 인력의 수는 60% 이상 증가했고, 임원급으로 영입된 외부 인력의 수는 2배 이상 되어 160명에 이른다. 외부 영입의 대표적인 예가 GE 디지털사업부의 수장이면서 GE의 CDO인 빌 루다. 그는 시스코 등 여러 기업에

12 Immelt, Jeffrey R. (2017). "How I Remade GE". *Harvard Business Review*, 〈https://hbr.org/2017/09/inside-ges-transformation/〉.

서 근무한 경험을 바탕으로 산업 인터넷 분야를 이끌 수 있는 최고의 인재다. 그는 그동안 각 사업부에 분산되었던 소프트웨어, IT 인력을 통합해 운영하고 있다. 그동안 1만여 명의 소프트웨어, IT 전문가들이 각 사업부에 산재해 있었기 때문에 전사적으로 시너지를 창출하기 어려웠다. IT 관련 136개 제품 중 17개 제품만 수익을 내고 있는 상황이었다. GE는 소프트웨어 역량을 통합해 전사적 시너지를 내기 위해 'GE 소프트웨어 및 분석 조직(GE S/W and Analytics Organization)'을 신설했다. 그리고 산하에 CoE 1,000여 명, 각 비즈니스 유닛에 1만여 명의 IT 전문가를 배치했다.[13]

또한 CCO이면서 이를 담당할 외부 인재를 영입했다. 바로 케이트 존슨이다. 그녀는 소프트웨어 개발업체 레드햇(Red Hat), 오라클(Oracle) 등에서 기업용 소프트웨어 판매 및 서비스 분야에서 탁월한 성과를 낸 인물이다.[14] 그녀는 GE에서 산업 도메인 지식과 디지털 고급 분석기술을 결합한 새로운 영업 모델을 만들어 적용했다. 영업팀에 솔루션 설계자를 포함시켜 영업 모델을 차별화하는 등 장비를 파는 것을 넘어 설비투자, 운영비 부담 등 새로운 비즈니스 모델을 제안할 수 있는 영업 역량을 확보하게 된 것이다.

GE는 이렇게 외부 인재를 영입하면서 새로운 인재상을 정립했다. 이

13 Capgemini Consulting (2015). Going Digital: General Electric and its Digital Transformation.

14 케이트 존슨은 2017년 9월 GE를 떠나 MS 미국 대표로 이직했다. 〈https://blogs.microsoft.com/blog/2017/07/17/kate-johnson-ge-digital-chief-commercial-officer-join-microsoft-president-cvp-microsoft-us/〉.

그림 4 GE의 커머셜 인재상

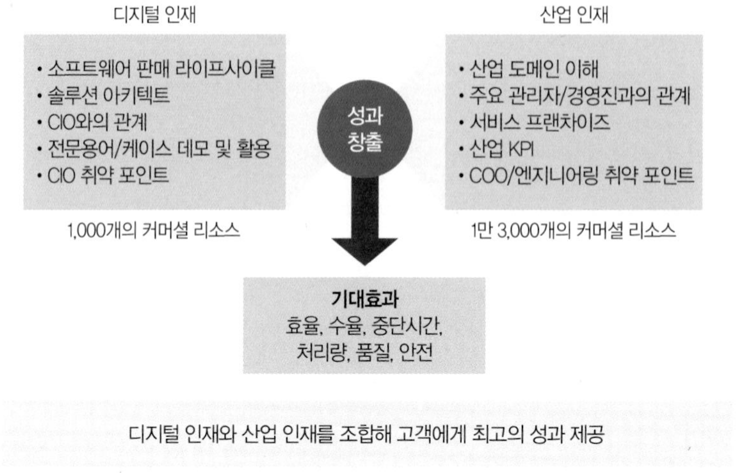

• 자료: GE Digital, 〈https://www.ge.com/investor-relations/sites/default/files/ge_webcast_presentation_06232016_1.pdf〉.

른바 커머셜 인재(commercial talent)인데, 소프트웨어 영업 라이프사이클, 솔루션 아키텍트 등에 뛰어난 디지털 인재(digital talent)와 산업 도메인에 대한 깊은 이해를 지닌 산업 인재(industrial talent)를 아우르는 인재상이다. 이는 GE가 지향하는 새로운 사업과 영업 모델을 뒷받침할 수 있는 인재를 확보하기 위해 노력하고 있다는 점을 보여준다.

고급 제조인력 양성 커리큘럼: 브릴리언트 러닝

GE는 제조 분야의 디지털화를 추진하면서 제조현장에서 요구되는 기술과 직원들이 보유한 기술 간 격차가 더욱 커질 것으로 예상했다. 첨단

제조공정에 대한 투자는 강력한 제조역량, 탁월한 생산설비뿐만 아니라 첨단 제조기술을 개발하고 활용할 수 있는 우수한 인재도 함께 확보해야 한다는 것을 깨달았기 때문이다.[15]

그래서 연간 10억 달러 이상을 직원개발에 투자하고 있다. 특히 브릴리언트 러닝(Brilliant Learning)이라는 기술 커리큘럼을 운영하고 있다. 브릴리언트 러닝은 500여 개의 기존 글로벌 공장을 린(lean), 고급 제조, 적층 제조(3D 프린팅) 및 첨단 소프트웨어 분석 등을 결합한 스마트 공장(Brilliant Factory)으로 바꾸겠다는 야심찬 계획을 뒷받침한다. GE가 꿈꾸는 스마트 공장은 첨단 제조기술을 사용할 뿐만 아니라, 하드웨어와 소프트웨어를 통합해 제품을 구상하고, 생산 및 설치 방식 모두를 바꾼 미래 공장이라고 할 수 있다. 이러한 계획을 실천하려면 15만 명 이상의 GE 직원을 교육해야 하는데, 이를 위해 브릴리언트 러닝 커리큘럼을 만든 것이다. 일본, 인도, 이탈리아, 멕시코, 미국 등 17개 공장에서 다양한 언어로 제공할 계획이다.

브릴리언트 러닝 커리큘럼은 공장의 특성에 맞게 맞춤형으로 설계되어 있다. 온라인 강좌, 워크숍, 전문가 세미나 등을 통해 직원들이 '3D 인쇄, 빅데이터, 로봇공학, 디지털 및 린 제조, 첨단기술'을 제대로 알고 활용하는, 즉 디지털 시대에 걸맞은 인재로 거듭나게 하는 것이다. 교육의 많은 구성요소가 스마트 공장을 가동 중인 제조현장에서 실습하고

15 Kellner, Thomas (2017. 3. 30). "School's In: GE's New "Brilliant Learning" Program Will Train Workers For Jobs of The Future". GE Report. 〈https://www.ge.com/reports/schools-ges-new-brilliant-learning-program-will-train-workers-jobs-future/〉.

GE의 브릴리언트 러닝 커리큘럼

① **브릴리언트 글로벌 온라인 강좌(Brilliant Global Online Course): 4주 과정**

모든 레벨의 직원이 스마트 공장의 메커니즘 및 중요성을 이해하기 위해 필요한 과정으로, 개방형 온라인 강좌 MOOC를 활용해 린, 디지털 및 첨단기술을 포함한 스마트 공장의 핵심 요소를 학습한다.

② **고급 제조 워크숍(Advanced Manufacturing Workshop): 2일 과정**

제조 엔지니어를 위한 첨단기술 실습 과정으로, 적층제조 공정 데모 등을 포함한다. 특정 역할을 수행하는 직원을 대상으로 한 개인용 수업으로, 워크숍에 참석한 직원이 특정 비즈니스 요구에 맞는 맞춤 솔루션을 찾을 수 있게 설계되어 있다.

③ **린 제조 아카데미(Lean Manufacturing Academy): 3일 과정**

제조공정 감독자, 운영 리더를 위한 과정으로, 린 리더십 기술을 사용해 비즈니스 성과를 향상시키는 방법을 학습한다. 제조 시설 견학, 생산성 및 비용 절감을 중심으로 한 시뮬레이션과 실시간 작업을 수행한다.

④ **브릴리언트 리더십 세미나(Brilliant Leadership Seminar)**

시니어급 전략 리더를 대상으로 회사 또는 외부 전문가, 학계 전문가를 초빙해 업계 동향과 외부 비즈니스 관계에 대한 베스트프랙티스를 소개한다.

데모를 시연하는 형태로 구성되어 있다는 것이 특징이다.[16]

GE는 제조인력에 대해서만 변화를 꾀한 것이 아니다. 2017년 1월 새로운 러닝 기술을 도입해 임직원 모두에게 맞춤형 교육을 제공하는 실시간 상시 학습 체계(Real time, All the time Learning System)를 구축했다. 예전에는 크로톤빌의 오프라인 교육을 통해 임직원 중 15%만 교육 혜택을 받았다면, 모바일을 활용한 온라인 교육을 도입하면서 전 임직원이 언제 어디서든지 회사가 제공하는 교육을 받을 수 있게 된 것이다. 또한 콘텐츠 큐레이션(Contents Curation) 기능을 제공하는 노보에드(NovoEd)라는 벤더와 협력해 임직원 개개인의 교육 니즈에 맞춘 교육 내용을 실시간으로 제공하고 있다.[17]

소프트웨어 기업으로 변신하기 위한 제도와 문화의 변화

평가제도: PM(성과관리)에서 PD(성과개발)로

GE는 소프트웨어 기업으로 변신하기 위해 다양한 변화를 시도하고 있다. 특히 평가제도를 획기적으로 바꾼 것이 특징인데, 잭 웰치 리더십의 대명사로 불리던 하위 10% 해고 룰을 2015년에 폐지했다. 이멜트 회장은 잭 웰치가 1980년대부터 운영해온 연 1회 상대평가가 '명령과 통제'로 상징되는 위계적 조직문화를 만들었으며, 소프트웨어 기업으로

16 "GE Launches Brilliant Skills Curriculum to Train Workers for Digital Industrial Future" (2017. 3. 31). 〈https://www.manufacturingtomorrow.com/news/2017/03/31/-ge-launches-brilliant-skills-curriculum-to-train-workers-for-digital-industrial-future/9407/〉.

17 Ley, Sara and Bybee, Greg (2017. 1. 18). "Developing Leaders Globally through Online Learning at GE". 〈http://academy.webvent.tv/uploads/assets/264/document/HowGEDevelopsLeadersGloballyThroughOnlineLearning.pdf〉.

변화하는 데 큰 걸림돌이라 지적하고 2017년까지 완벽하게 폐지할 것임을 발표했다.

이러한 변화는 성과관리에 대한 용어 자체를 바꾸기도 했다. GE에서는 전통적인 성과관리(Performance Management) 대신에 성과개발(Performance Development)이라는 용어를 사용한다. 이는 직원들의 성과를 관리 대상이 아니라 개발 대상으로 본다는 것을 의미한다. GE는 2015년 상대평가를 폐지하면서 성과개발을 도입했다. GE의 목표가 전통 제조업에서 디지털 기업으로 바뀌었기 때문에 그에 맞는 제도를 도입하자는 취지였다.[18] GE는 직원들에게 'PD@GE'라는 앱을 제공함으로써 성과개발을 실제로 구현했다. PD@GE는 우선순위(Priority), 인사이트(Insight), 터치포인트(Touchpoint), 서머리(Summary)라는 4가지 항목으로 구성되어 있다.

그렇다면 어떻게 기존 평가제도를 폐지하고 성과개발을 도입하게 되었을까? GE에서는 제도를 본격적으로 도입하기 전에 시범 적용을 했다. 평가제도를 변경할 때, 180개국 33만 명의 임직원 중 10%인 3만 명에 대해 시범 적용하고 직원들의 반응을 청취했던 것이다. 서베이 조사 결과, 매니저의 81%가 "이전과 차이가 없거나 더 쉬워졌다"라고 응답했고, 직원 몰입도 조사결과에서도 "리더가 직원들의 개발에 진정으로 관심을 갖고 있다"라는 긍정적인 응답이 23%포인트나 향상되었다. GE가 심혈을 기울여 제도와 문화의 변화를 꾀했기 때문이다.

18 이미라 (2017. 11. 2). "Performance Development: Igniting the Power of People". 글로벌 HR포럼 세션4 '기업은 어떤 인재를 승진시키나' 패널 토의자료.

PD@GE의 4가지 항목

① 우선순위(Priority): 목표관리에 해당하는 것으로, 해당 연도 목표를 설정하고 진척 상황을 알려준다.

② 인사이트(Insight): 상사와 동료들의 피드백 내용으로, 지속해야 할 것과 개선되어야 할 것을 피드백 받는다.

③ 터치포인트(Touchpoint): 상사와의 면담으로, 연중 수시로 이루어진다. 면담은 10분에서 1시간가량 소요되며, 면담 과정을 통해 코칭과 지원 요청이 이루어진다.

④ 서머리(Summary): 최종적인 평가결과로, 한 해 동안의 결과에 따라 다음 해 급여와 보너스가 결정된다.

문화혁신: 패스트웍스와 글로벌 뉴 디렉션 팀 활용

이러한 변신은 제도에만 그치지 않는다. 이멜트 회장은 GE가 소프트웨어 기업으로 완벽하게 변신하는 데 가장 어려운 것이 조직문화의 변화라고 주장했다. 단순히 제도만 바꿔서는 불가능하고 끊임없는 노력과 소통이 있어야만 가능하다고 지적했다. 그래서 조직문화를 근본적으로 바꾸려는 시도를 꾸준히 하고 있다.

그 대표적인 것이 패스트웍스(FastWorks)다.[19] 거대 기업인 GE가 스타트업과 같은 민첩성을 갖기 위한 혁신 프로그램이다. GE는 2013년에 린 생산 분야 전문가인 에릭 리스(Eric Ries)와 데이비드 키더(David Kidder)의 도움을 받아 패스트웍스 프로젝트를 시작했다. 패스트웍스는 크게

그림 5　패스트웍스의 프로세스

• 자료: "패스트웍스 – GE의 새로운 경영 혁신 도구" (2015. 4. 3). GE리포트코리아 사이트 ⟨http://www.gereports.kr/ge-fastworks/⟩.

19 "패스트웍스 - GE의 새로운 경영 혁신 도구" (2015. 4. 3). GE리포트코리아 사이트 ⟨http://www.gereports.kr/ge-fastworks/⟩; "에디슨이 만든 GE가 140년 만에 벤처 기업이 됐다고?" (2015. 3. 30). 《머니투데이》. ⟨http://www.mt.co.kr/view/mtview.php?type=1&no=2015033004033289011&outlink=1⟩; "축구장 200개 규모 GE 핵심 공장 가보니…" (2015. 4. 12). 《매일경제》. ⟨http://news.mk.co.kr/newsRead.php?year=2015&no=348722⟩; "GE… 소프트웨어 기업으로 변신하다" (2015. 2. 9). *The Science Times*. ⟨http://www.sciencetimes.co.kr/?p=133058&post_type=news⟩.

5단계로 구성된다. 먼저 고객의 니즈를 이해하기 위해 '기존의 문제점이 무엇인가'에서 시작한다. 이어 제품개발에 필요한 가설을 설정하고, MVP(Minimum Viable Products, 최소 기능 제품)를 설정한다.[20] 피드백을 빠르게 수집하고 반복해 개선하려면, 다음 단계로 학습지표를 설정해야 한다. 이 학습지표에 따라서 제품개발의 전략과 방향을 결정하는 것이다. 이때 비전은 그대로 두고 방법만 바꿀 것인가(Pivot), 아니면 그대로 갈 것인가(Preserve) 결정하게 된다.

2013년에 발전과 운송사업부에서 가장 먼저 도입해 20~30개 프로젝트에 적용했다. 이때 약 500명의 리더를 대상으로 교육을 실시했고, 2014년 400개 프로젝트로 확산되어 1만~2만 명의 직원이 참여했으며, 2,000~3,000명의 선임 리더를 대상으로 교육을 실시했다. 2015년부터는 패스트웍스가 전 세계 직원 15만 명이 일상적인 업무에서 수행하는 방식으로 활용하고 있다.

패스트웍스를 도입하자 곧바로 효과가 나타났다. 2014년 7월 새로운 연료전지 사업을 시작하면서 패스트웍스를 적용했다. 연료전지를 개발하는 리서치랩(Research Lab)에 처음 적용했고 새로운 연료전지 기술과 GE의 가스엔진 기술을 융합해 에너지 효율성을 증가시켰다. 사업을 스타트업처럼 시작했고, 초반부터 적은 직원에게 권한을 철저하게 위임했다. 또한 세계 최고 효율을 자랑하는 대용량 가스터빈(7HA)을 개발하면서도 패스트웍스를 적용했다. 의사결정 프로세스를 대폭 단축한 결과,

20 여기서 최소 기능 제품이란 실현 가능한 최소한의 제품으로 시제품을 먼저 제작해 고객의 의견을 빨리 듣고 고객의 피드백을 즉시 개발에 반영하는 것이다.

패스트웍스의 운영 방식

패스트웍스는 '공동 창업자 그룹(Co-Founders)'이라고 부르는 프로젝트 리더인 정규 직원 1~2명에, 본인 업무 영역을 넘나드는 '공동 운영팀(cross functional team)'으로 6~8명씩 구성한다. 패스트웍스 방법론에 대한 학습과 실습을 거쳐 제품개발 등에서 가장 먼저 하는 질문을 "할 수 있을까?"에서 "해야만 하는가?"로 바꾸게 된다.

패스트웍스를 도입하면서 항공, 조명, 오일&가스, 운송사업부 등 15개 주요 사업부에 300명 넘는 패스트웍스 마스터를 상주시켜 코칭하고 있다. 패스트웍스를 도입하면서 빠르게 움직이는 직원들의 행동 변화를 기준으로 평가하고 보상하고 있으며, 고객을 가장 중요한 위치에 놓고, 고객가치와 상관없는 행동은 하지 않는 것이 핵심이다.

신제품 개발 사이클이 무려 2년이나 단축되었다. 일본 GE의 경우, 보행재활훈련이 필요한 환자와 물리치료사를 위해 신제품을 개발하면서 설음걸이의 균형을 데이터화하고 모바일 장치와 연동해 걸음걸이 상태를 시각화해 피드백을 지속적으로 반영했다. 그 결과, 보통 1년 이상 걸리는 신제품 개발 과정을 3개월로 단축하기도 했다.

한편, 이멜트 회장은 2016년 1월에 GE 본사를 코네티컷에서 보스턴으로 이전하겠다는 계획을 발표했다. 표면적으로는 보스턴으로 본사를 이전하면 법인세가 절감되는 효과가 있지만, 가장 큰 효과는 우수한 인재를 더 쉽게 확보할 수 있기 때문이다. 특히 보스턴은 코네티컷에 비해 문화적 다양성이 높고, 젊은 세대의 비중이 커 소프트웨어 기업의 문화에 더 적합하다고 판단한 것이다.[21]

또한 GE는 신세대의 참여를 독려하기 위해 글로벌 뉴 디렉션 팀(Global New Direction Team)을 적극 활용하기 시작했다. 당초 밀레니얼 세대를 유인하고 유지하기 위해 만든 글로벌 뉴 디렉션 팀을 조직문화 변화를 위한 촉진제로 활용한 것이다. 이 팀은 GE에서 근무한 지 10년이 안 되는 30대 직원으로 구성되었는데, 구성원들은 각 사업부, 기능별로 추천된 21명의 밀레니얼 세대다. 이들은 "우리는 아이디어를 위해, 고객을 위해, 서로 다르지만 한 방향을 추구하는 GE 직원들을 위해 힘쓴다(Fight for ideas, fight for our customers, fight for people who are different)"라는 모토 아래 새로운 GE의 조직문화를 만들어가는 데 앞장서고 있다.[22]

GE의 미래: 다음 단계는?

최근 GE는 조명, 기관차 사업을 포함해 12개 사업 부문을 매각하고 헬스케어, 항공, 발전사업부에 역량을 집중한다는 사업구조 재편계획을 발표했다. 이러한 사업재편은 해외 연구거점이나 GE 디지털의 외부 영업직 인력을 축소하고, 임원 전용기와 차량 지원 폐지, 본사 직원 25%(6,000여 명) 감축 등 구조조정 계획도 포함하고 있다. GE가 사업

21 "GE's Immelt: 'Most gov't policy is anti-growth" (2016. 2. 29). *CNBC*.

22 GE 2015 Annual Report. 〈https://www.ge.com/ar2015/assets/pdf/GE_AR15.pdf〉.

구조 재편에 나선 것은 신임 CEO 존 플래너리(John L. Flannery)가 과거 GE 디지털의 산업용 플랫폼 프레딕스에 40억 달러를 투자했지만 프레딕스의 개발과 운영상 문제가 있다고 판단했기 때문이다. 그래서 2017년 7월에 프레딕스 수석부사장 해럴 코데시(Harel Kodesh), 9월에 GE 디지털의 CCO 케이트 존슨을 교체했다. 그러나 이러한 어려움 속에서도 GE는 소프트웨어 기업으로 탈바꿈하겠다는 계획을 지속해나갈 것으로 보인다. 향후 주력사업으로 삼고 있는 3개 사업부는 여전히 GE 디지털과 관련성이 높은 사업에서 기존 고객 중 프레딕스를 도입하지 않은 고객을 중심으로 영업을 추진하겠다고 천명했기 때문이다.[23]

지멘스

사업전략 : '비전 2020' 디지털화 전략[24]

지멘스는 2014년 5월 4차 산업혁명에 대비해 디지털화 전략에 초점을 둔 '비전 2020'을 발표했다. 조 케저(Joe Kaeser) 회장은 "우리는 진짜 필요한 것을 실제로 만들어낸다(We make real what matters)"를 미션으로 표방하고 지멘스의 지속 성장과 성공적 미래를 위한 사업전략을 제시했

23 "위기의 GE '극강 다이어트' 돌입" (2017. 10. 20). 《한국일보》; "'구조조정' GE, 전력부문 일자리 1만 2,000개 줄인다" (2017. 12. 8). 《연합뉴스》.

24 "지멘스 비전 2020" (2014). 〈https://www.siemens.co.kr/kor/about/strategy_overview.asp〉; "4차 산업혁명 시대, 변화와 신전략" (2017. 11. 3). *the Leader*. 〈http://theleader.mt.co.kr/articleView.html?no=2017110215587846985〉.

다. 주요 사업 분야에서 글로벌 선두를 유지하는 한편, 핵심 사업을 지속적으로 강화하는 것을 목표로 설정했다.

이를 위해 지멘스는 기존 하드웨어 사업의 강점인 전기전자화(electrification), 자동화(automation) 역량을 기반으로 가치사슬 전반의 디지털화 전략을 배가하고 있다. 지멘스는 전기전자화를 사업의 근간이 되는 분야로 보고 있으며, 발전, 송전, 배전, 스마트 그리드, 전력 에너지의 효율적인 애플리케이션에 이르기까지 다양한 분야의 노하우를 보유하고 있다. 아울러 지멘스는 공정 프로세스, 고객 관리 프로세스 등에서 자동화 역량을 글로벌 리더 수준으로 제고하겠다는 계획을 천명하고 있다.

지멘스는 전기기관차와 엘리베이터뿐만 아니라, 인공심장 박동기, 뇌단층촬영기, 컬러 액정 휴대폰 등을 세계 최초로 제작했고, 2000년대 이후에는 에너지, 산업자동화, 헬스케어 분야로 사업을 발전시키고 있다.

디지털화 전략은 하드웨어 분야에서 선두 기업의 위치에 있던 지멘스가 후발 기업들의 기술발전과 저가전략에 따른 위기 상황을 타개하는 차별화 방안에 초점을 맞췄다. 디지털화 전략은 하드웨어와 소프트웨어를 융합해 새로운 사업 기회를 창출하고 기존의 강점을 강화하려는 전략이라고 할 수 있다. 소프트웨어 솔루션을 개발하고 데이터 분석에 기반을 둔 고객 서비스 등을 제공하는 플랫폼을 구축해 고객가치를 창출하는 것을 지향한다.

지멘스가 디지털화 전략을 추진하면서 소프트웨어 사업을 강화한 결과, 2016년 기준 전통 사업의 성장률은 1~4%인 반면, 소프트웨어 관련 사업은 8% 성장세를 보였다. 또한 공장 생산설비 및 엔지니어링의

그림 6　지멘스 비전 2020

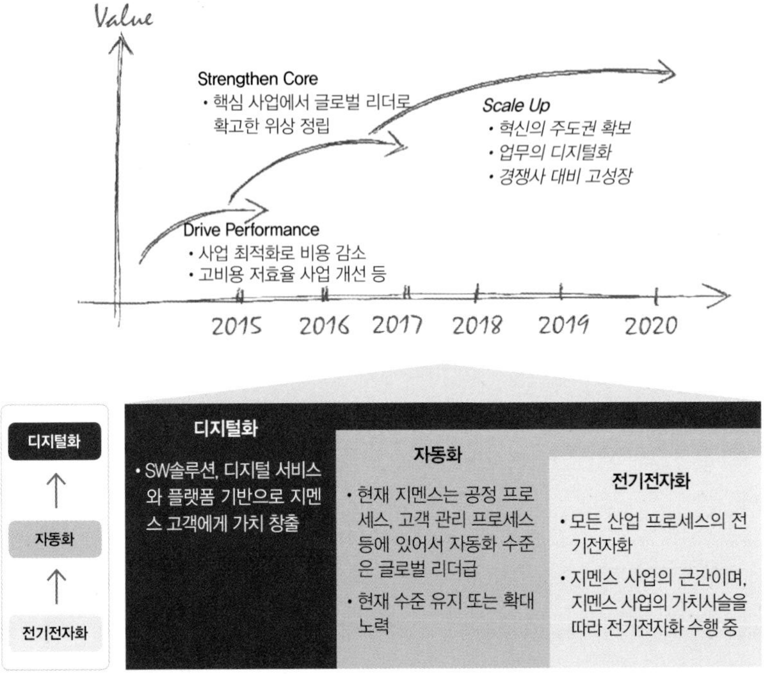

• 자료: Giemens (2016). "Vision 2020: We Make Real What Matters". 〈https://www.siemens.com/about/pool/strategy/vision2020_strategy_overview_en_0916.pdf〉.

디지털화를 지향하는 스마트 공장을 추진하기 위해 2007년부터 100억 달러 이상 투자했다. 그 결과, 스마트 공장의 대표적 사업장인 독일 암베르크 공장은 자동화 공정이 75%에 달하며 생산량도 1989년보다 9배 더 증가한 것으로 알려져 있다.

스마트 공장을 구축한 이후에는 효율적 관리가 중요한데, 이를 위해서는 데이터 기반의 커뮤니케이션이 필수적으로 이루어져야 한다. 지멘스는 이를 인식하고 스마트 공장의 데이터를 수집하고 분석하는 수단으로 클라우드 기반의 솔루션에 착안했다. 기존에는 고객이 솔루션을 구매하면 공장에 설비관리 인력 등 개별 공장을 운영하기 위한 투자가 필요했지만, 클라우드 솔루션을 도입하면서부터는 언제 어디서나 클라우드 디바이스를 통해 데이터를 볼 수 있고 문제를 해결할 수 있게 되었다. 별도의 인프라 투자 없이도 공장을 제어할 수 있게 된 것이다. 지멘스는 스마트 공장 데이터를 제어하기 위한 산업용 클라우드 솔루션으로 '마인드스피어(MindSphere)'를 구축했다.

조직 및 인재 역량 확보: Next 47

4차 산업혁명에 대응한 디지털화 전략을 실행하기 위해 지멘스는 전 사업부에서 디지털 사업에 필요한 역량을 강화했다. 지멘스는 사업 수행을 위해 연구개발센터 산하에 마케팅과 기술, 벤처 투자를 통합운영하고 있다. 별도 사업부를 설치해 디지털 사업을 독립적으로 운영하는 것이 아니라, 연구개발센터 산하에서 통합운영하고 있는 것이다. 그리고 스타트업의 디지털 역량을 활용할 목적으로 스타트업 전담 조직인 'Next 47'을 신설, 사내·외의 스타트업 사업을 통합했다.[25]

또한 지멘스는 내부에 없는 조직역량을 흡수, 강화하기 위해 적극적으로 외부 기업을 인수했다. 2016년 1월 시뮬레이션 소프트웨어 기업인 시디 어댑코(CD-adapco)를 9억 7,000만 달러에 인수한 데 이어 2017년 4월에는 산업자동화 소프트웨어 기업인 멘토그래픽스(Mentor

25 ⟨https://www.siemens.com/press/en/feature/2016/corporate/2016-06-next47.php⟩.

Graphics)를 45억 달러에 인수했다.[26]

한편, 인력운영 측면에서는 기존 한계 사업을 중심으로 인력 효율화를 진행해 2015년 발전 및 가스, 헬스케어 사업부에서 약 1만 명을 효율화했다. 그에 반해, 스마트 공장으로 변모한 암베르크 공장에서는 직무 재교육을 강화해 인력 규모를 유지했다. 디지털 역량을 강화하기 위해 인재 확보도 추진했는데, 독일에 국한하지 않고 글로벌 차원에서 기술인력을 대거 확보했다. 최근 채용 규모는 2015년 기준으로 임직원의 9.4% 수준인 3만 2,600명에 달한다. 인재 선발에서는 협업능력과 재학습(relearning) 역량에 주안점을 두고 있는데, 협업능력을 강조하는 이유는 사람 간 소통과 협업이 늘어나고 기계와 사람의 소통도 증가할 것으로 예상하기 때문이다. 공장에 근무하는 인력이라도 과거의 단순 생산직이 아니라, 기계와 소통할 정도의 기술적 능력을 보유한 고급 인재를 채용했다. 또한 현재 개인이 보유하고 있는 기술도 중요하지만, 지속적으로 재학습할 수 있는 역량을 중시한다. 20~30년 전의 공장과 비교해 스마트 공장에서는 로봇과 소통하고 IoT 기술 등을 이해해야 하는 것처럼, 향후의 업무수행 역량도 지속적으로 변해갈 것이기 때문이다. 따라서 특정 기술을 필요역량으로 규정하는 것은 의미가 퇴색되고, 오히려 새로운 기술을 신속하게 흡수할 수 있는 역량을 보다 중시한다.

---

26 "지멘스, 시뮬레이션 소프트웨어 전문 기업 시디어댑코 인수" (2016. 1. 25). Press Release. 〈https://www.plm.automation.siemens.com/ko/about_us/newsroom/press/press_release.cfm?Component=244055&ComponentTemplate=822〉; "지멘스, 멘토그래픽스 완료" (2017. 4. 5). ZD Net Korea.

그림 7 지멘스의 경력선택 경로

Career Path	Mgmt.	Project Mgmt.	Expert		
Function	Finance	HR	Sales	Engineering	
Branch	Energy	Industry	Healthcare	Mobility	
Biz. Cycle	Start-up	growth	mature	Carve-out	
Region	HQs	Cluster			
International Experience	Delegation	Local Contact	International Audit	Global Footprint Project	
Learning Curve	lateral move in new function area	one stop up in familiar filed	managerial experience	coordination role	get exposure from site
Private	parental leave	sabbatical	elder care	part time model	full time

제도 및 조직문화 변화: 직무 중심 자기주도 경력개발

디지털 기술의 급격한 변화가 예상됨에 따라, 회사와 직원 모두 평생학습과 경력개발에 큰 관심을 갖게 되었다. 장기적으로 개인의 역량과 경력을 어떻게 개발할 것인가에 초점을 두고 교육 및 경력개발 기회를 제공했다. 기본 방향은 '적기에 적합한 직무 부여(Right job for the right time)', '자기주도의 경력개발(Own your career)'이라는 슬로건 아래 본인이 경력을 선택하고 회사가 경력개발을 지원하는 모델을 설정했다. 회사가 먼저 정해진 경력개발 경로를 제시하기보다는 본인의 의지, 경험, 역량에 따라 다양한 선택지 중 회사와 자신에게 도움이 되는 경력 기회를 직접 선택하도록 했다.

교육은 개인별 니즈를 반영해 기존의 집합적 교육보다는 온라인 방식을 결합해 맞춤 형태로 제공된다. 교육은 일방적 지식이나 정보 전달을

그림 8 세대 간 멘토링 프로그램

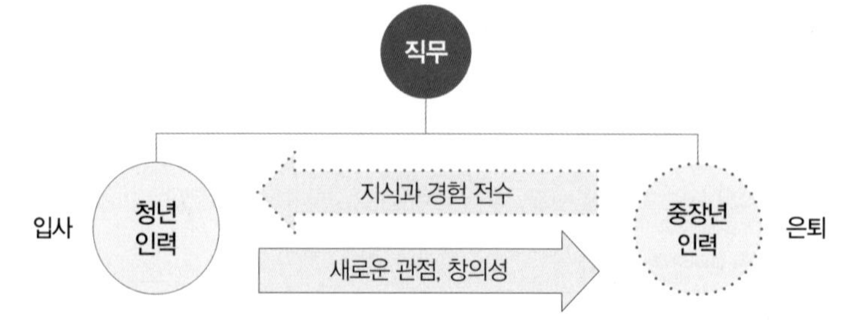

탈피해 비즈니스 케이스를 공유하고 문제해결방안 수립, 디자인 싱킹 등 워크숍 방식으로 진행된다. 교육 콘텐츠도 직무별 온라인 커뮤니티, 사내 개인 블로그 등을 플랫폼에 탑재해 상호 학습 및 의사소통을 촉진하고자 했다.

인력 재교육을 위해서 교육뿐만 아니라 인력 재배치와 멘토링으로 중장년과 신세대가 시너지를 발휘하도록 했다. '교환수업(Tandem)'이라는 명칭으로 하나의 직무에 중장년과 젊은 인력을 동시에 배치해 중장년 인력이 은퇴 이전에 젊은 층에게 지식과 경험을 전수해 기술력의 유지와 함께 회사 전체의 생산성 향상을 도모한다. 또한 '역멘토링(Reverse Mentoring)'제도로 50세 이상 인력을 젊은 인력과 연결해 중장년 인력이 소셜 미디어 사용법 등 최신 트렌드를 전수받고 젊은 층의 새로운 관점을 이해하는 등 세대 간 이해의 폭을 넓히는 기회로 활용한다.

일하는 방식은 유연근무가 보편적인 것으로 변화하고 있다. 제조현장 등 시간관리가 필수적인 경우를 제외하고는 대부분 유연근무를 활용하고 있다. 성과관리 측면에서도 신뢰에 기반을 둔 커뮤니케이션이 이루어져 부하직원은 관리자에게 업무경과를 솔직히 보고하고 관리자는 결과를 기반으로 평가를 수행한다. 재택근무 등 유연근무가 활성화되고 글로벌 차원의 협업 니즈가 증가함에 따라 IT 인프라 구축을 통해 온라인 미팅, 원격근무 지원 등 가상협력(virtual collaboration)이 가능한 업무 환경을 마련했다.

4차 산업혁명의 진전에 따라 경영 환경이 급변하더라도 지멘스는 지속가능한 성장동력이 강한 조직문화에 있음을 강조하며, 특히 임직원 개개인이 회사의 성공을 향해 최선을 다하는 '오너십 문화(ownership culture)'의 강화를 지향한다.[27] 오너십 문화가 리더십 개발, 업무수행 및 의사결정 원칙의 기반이 된다. 따라서 지멘스 임직원이 공유하는 핵심가치는 주인의식을 가지고 헌신적으로 행동할 때 지멘스의 성공적 미래가 가능하다는 것이다.

아마존

파괴적 IT 기업을 지향하는 사업전략

'발 빠른 전자상거래 기업'으로 급성장

아마존은 창립 초기 "세상의 모든 것을 파는 전자상거래 회사(The Everything Store)"를 표방했다.[28] 온라인 서점 웹사이트를 기반으로 다

27 ⟨https://www.siemens.com/about/en/values-vision-strategy/our-culture.htm⟩.

그림 9 아마존의 성장 모델

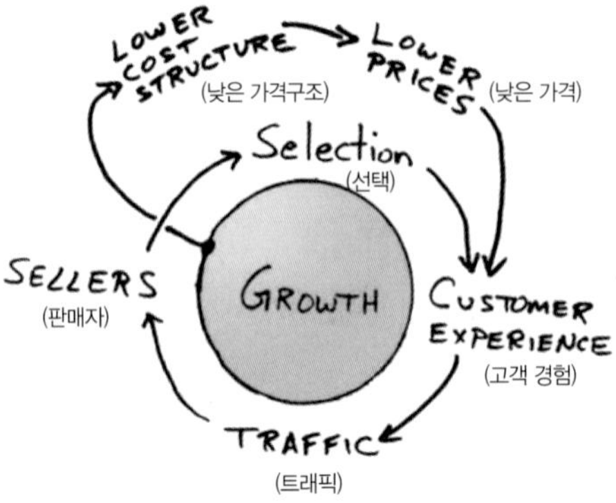

CEO 제프 베조스가 냅킨에 그린 것으로 알려진 성장 모델. 낮은 가격에 만족한 고객들이 늘어나면, 판매자들이 모여들어 가격은 더 낮아지고, 고객 만족이 더 높아지는 선순환 구조를 의미한다.

• 자료: "[아마존 2014] ⑥ 이윤 없는 성장 논란" (2014. 12. 1). 《ChosunBiz》.

양한 물품을 싸고 신속하게 제공하는 데 조직의 역량을 집중했다. 고객은 다른 상점에서 쉽게 접할 수 없는 다양한 물건을 편리하게 구매하고 빨리 받아볼 수 있는 아마존을 점점 신뢰하게 되었다.

아마존의 성장 모델이 시장에 성공적으로 안착하면서 1995년 51만 달러(5억 6,400만 원)에 불과했던 매출액이 2014년에는 889억 달러(106조 7,000억 원)를 기록할 만큼 폭발적으로 성장했다. 많은 글로벌 기업이 앞다퉈 벤치마킹할 정도로 회사의 위상이 높아졌지만, 온라인 상거래 특유의 가격할인 경쟁이 지속되고 신사업에 대한 투자를 지속적으로 확대하면서 순이익은 적자를 면치 못했다. 일부 투자자들과 언론매체들

28 Stone, Brad (2013). *The Everything Store: Jeff Bezos and the Age of Amazon*. Little, Brown and Company.

은 이익을 내지 못한 이 시기에 아마존의 미래에 대해 회의적인 시각을 던지기도 했다.[29]

'스마트데이터'를 기반으로 수익 확대

박리다매식 유통전략에 대한 일부의 우려에도 불구하고 많은 투자자가 아마존의 미래에 긍정적이었다. 가장 큰 이유는 고객이 급증하고 구매가 활발해지면서 값으로 매길 수 없는 양질의 고객 데이터가 기하급수적으로 쌓여갔기 때문이다. 아마존의 데이터는 단순히 쌓아놓기만 한 빅데이터(big data)가 아니라 잘 정제되고 표준화된 스마트 데이터(smart data) 성격이어서 활용가치가 높았다.[30] 아마존은 고유의 스마트 데이터를 기반으로 보다 정확하고 신속하게 데이터를 분석했다. 그 결과를 토대로 고객이 필요로 할 만한 물건을 선제적으로 제안하고, 더 싸고 더 빠르게 제공하는 비즈니스 모델을 끊임없이 실험하고 발전시켜 나갔다.

데이터에 대한 끊임없는 고민은 클라우드 사업으로 진출하는 결정적인 밑거름이 되기도 했다. 보다 많은 데이터를 쉽고 저렴하게 저장할 수 있도록 지원하는 사업인 아마존 웹서비스(AWS)는 아마존의 수익구조를 한 단계 더 도약시켰다는 평가를 받는다. 2006년 설립된 아마존 웹서비스가 최근 수년 동안 급격하게 성장해, 아마존의 매출액은 2016년 1,359억 달러(163조 800억 원)로 비약적으로 증가했다. 더욱 의

29 조은아 (2014. 10. 24). "아마존 사상 최대 적자". 《비즈니스리포트》.
30 차원용 (2017. 3. 16). "아마존의 4차 산업혁명 전개방향 분석". 《IT뉴스》.

미 있는 것은 같은 기간 동안 2014년 2억 4,000만 달러(2,800억 원) 적자에서 2016년 23억 달러(2조 7,000억 원) 흑자로 전환하면서 '불확실한 미래에 베팅하는 적자기업'이라는 세간의 우려를 불식시켰다는 점이다.

'파괴적 IT 기업'으로 혁신 본격화

이러한 실적 개선을 기반으로 아마존은 '주문—물류—배송—판매'에 이르는 모든 유통과정에 데이터와 IT 기술을 결합시켜 수익을 창출하는 이른바 '파괴적 IT 기업'으로의 혁신을 가속화하고 있다.

아마존이 모든 유통과정에서 수익을 창출하겠다는 청사진을 보면 다음과 같다. 먼저, 아마존의 인공지능 비서 알렉사(Alexa)를 탑재한 스피커 에코(Echo)를 통해 고객에게 상품을 추천하고 주문을 접수한다. 접수된 주문은 물류창고에 있는 로봇 키바(Kiva)에 전달되며, 키바는

그림 10 아마존의 새로운 유통 시스템

주문	물류센터	배송	오프라인 판매
인터넷, 킨들, 에코, 에코닷	로보스토, 키바	비행선, 자율주행차, 아마존 프라임에어	아마존 고

목소리로 아마존에 주문하는 '에코닷'	아마존 창고 로봇 '키바'	드론으로 30분 이내에 배송하는 '아마존 프라임에어'	계산대가 필요 없는 자동화 오프라인 식료품점 '아마존 고'

• 자료: 음성원 (2017. 2. 6). "아마존의 노동 없는 기계제국". 《한겨레신문》.

신속하게 해당 상품을 물류창고에서 배송수단으로 옮긴다. 그런 다음 무인 트럭이나 드론(아직 실험 단계다)을 통해 고객의 집 앞까지 신속하고 정확하게 배송한다. 또한 아마존은 직접 오프라인 상점을 방문하기 좋아하는 고객을 위해 무인 상점인 아마존 고(Amazon Go)를 확대하고 있다. 오프라인 점포에서도 고객의 성향에 맞는 상품을 추천하고 고객들이 손쉽게 구입할 수 있도록 지원하는 것이다. 아직까지 기술적으로나 제도적으로 해결해야 할 문제들이 남아 있어 이러한 수익 체계가 완전히 구축되었다고 볼 수는 없다. 그러나 스콧 갤러웨이 뉴욕대 교수와 투자은행 모건스탠리, 바클레이즈 등은 "아마존이 사상 최초로 시가총액 1조 달러(약 1,200조 원)를 달성하는 기업이 될 날이 머지않았다"라며 성공 가능성을 높게 예측하고 있다.

미래를 위한 인사혁신

신사업 조직 신설과 인수합병

앞서 기술한 대로 아마존은 2014년까지 적자를 면치 못했지만, IT 중심의 신사업에 대한 투자를 게을리하지 않았다. 새로운 사업을 추진할 조직을 신설하거나 외부에서 우수한 인력을 영입했으며, 필요한 경우엔 인수합병을 통해 인적 경쟁력을 확보했다.

회사 내부적으로는 2006년에 신기술 개발을 위한 비밀조직인 랩126(Lab126)을 설립하고, 연구개발 인력을 2014년에 1,000명에서 2016년에는 1,500명으로 50% 이상 확대하는 등 인적 역량을 보강하고 있다.[31]

31 차원용 (2017). "아마존의 제4차 산업혁명 전개방향 분석". KT경제경영연구소.

표 2 아마존의 신규 사업

Year	Innovation	Year	Innovation
1995	Customer reviews	2012	Amazon Media Group
1997	1–Click ordering		**Music Importer (2015)**
	Recommendations		AmazonSupply (later Amazon Business)
1999	Wish lists	2013	Exclusive Prime Instant Videos
	Electronics store		Sunday delivery
	Amazon Auctions (2000)		Anticipatory shipping
	zShops (2007)		Kindle Mayday
2001	"Where's My stuff?"		AmazonSmile
2002	Free shipping	2014	"Flow" image recognition in mobile app
2003	Marketplace		Amazon Prime Now (1–2 hours)
2004	**A9 search portal (2008)**		Prime Pantry
2005	Amazon Prime		Fire TV
	Private labels		**Fire Phone (2015)**
2006	Elastic Compute Cloud web service		**Amazon Elements diapers (2015)**
	Fulfillment by Amazon		Prime Photos
	Askville (2013)		Prime Music
	Unbox (2015)		**Amazon Local Register (2015)**
2007	Subscribe & Save		**Amazon Wallet (2015)**
	Amazon Kindle	2015	Amazon Echo
	Amazon Music		Dash Buttons
	Amazon Fresh		Amazon Launchpad
	Endless.com (2012)		Amazon bookstore
	Amazon WebPay (2014)		**Amazon Destinations (2015)**
2009	Local Express Delivery (same day)		Amazon Restaurants
	PayPhrase (2012)		Handmade at Amazon
2010	Price Check		Amazon Home Services
	Amazon Studios	2016	Prime Air
	Webstore (2016)		Amazon Go
2011	Appstore for Android		Wickedly Prime
	Kindle Owners' Lending Library		Apparel private label
	Amazon Lockers	2017	Amazon STEM Club
	MyHabit (2016)		Amazon Chime
	Amazon Local (2015)		Echo Look
	Test Drive (2015)		Echo Chime

• 주: 볼드체는 철수한 사업을 의미.

• 자료: Darrell Rigby (2017). "The Amazon-Whole Foods Deal Means Every Other Retailer's Three-Year Plan is Obsolete". Bain & Company.

랩126에서는 자율주행 트럭의 필수기술인 카메라와 레이더 관련 센서 개발자, 소프트웨어 엔지니어, 딥러닝과 머신러닝 전문가들을 주로 영입하는 것으로 알려져 있다. 신사업 분야에서도 아마존 웹서비스, 아마존 알렉사, 아마존 고 등을 중심으로 연구개발 인력을 확충하며 인적 역량 강화에 열을 올리고 있다.

경쟁력 있는 회사를 인수합병하는 전략도 빼놓을 수 없다. 아마존은 2017년까지 22년간 신규 사업 68개를 시작하고 75건에 이르는 인수합병을 진행해왔다. 그중 18개 사업은 실패해 철수하기도 했지만, 과감한 신사업 진출과 인수합병은 아마존의 상징이 되었다.

인수합병 부문을 조금 더 살펴보자. 과거에는 자포스(온라인 신발판매업체), 워싱턴포스트(언론사), 아발론북스(출판사) 등을 인수해 기존 전자상거래 사업의 판매 콘텐츠 강화에 주력했다. 하지만 최근에는 홀푸드마켓(오프라인 대형마트), 키바(로봇업체), 트위치(온라인게임업체) 등 새로운 사업을 영위하는 업체 자체를 인수합병하는 사례가 늘어나고 있다.

일자리 잠식 논란과 대규모 채용 발표

'아마존드(Amazoned)'[32]라는 신조어를 들어본 적이 있는가? 아마존의 사업영역 확장 때문에 도산하거나 위기에 봉착하는 경쟁업체들이 늘어나고 있다는 의미다. 특히, 최근에는 아마존이 경쟁업체에 근무하는 인력을 일자리에서 쫓아내고 있다는 의미로 사용된다.

미국 지역자립연구소(Institute for Local Self-Reliance)는 2016년에 발

32 "Something Old, Something New" (2000). *The Economist*.

간한 보고서에서 "아마존이 미국에서 비정규직을 포함해 14만 5,800명을 고용하고 있지만, 아마존 때문에 오프라인 소매매장에서 일자리를 잃은 사람은 29만 4,574명에 달한다"라고 주장했다.[33] CNN은 2017년 한 해 동안 폐점하는 미국 내 오프라인 점포 수를 8,000~9,000여 개로 예상하면서, 이 수는 2008년 글로벌 금융위기 때 폐점한 6,163개를 상회하는 수준이라고 보도했다.[34]

한편, 아마존은 2017년 8월 대규모 채용 계획을 발표했는데, 미국에서 근무하는 임직원 18만 명을 2018년 중반까지 31만 명으로, 총 13만 명 증원한다는 내용이었다. 급속한 사세 확장 때문에 필요한 인력이 늘어나는 측면도 있지만, 단기간에 10만 명이나 되는 인원을 정규직으로 채용하고 3만 명에 대해서만 시간제 근로자로 채용한다는 것이 이채롭다. 왜냐하면 과거 아마존이 추수감사절과 같은 쇼핑 시즌에 단기계약직 근로자를 대규모로 활용(2015년 10만 명)하면서도 이들 중 정규직으로 전환하는 비율을 10% 수준(2015년 1만 4,000명)으로 유지해왔기 때문이다.[35] 이러한 사례를 감안하면, 아마존이 정규직 일자리를 대규모로 창출하겠다고 발표한 것은 경쟁업체 일자리 감소와 저임금 비정규 일자리 양산 등에 대한 부정적 여론을 의식한 것으로 보인다.

---

33 LaVecchia, Olivia and Mitchell, Stacy (2016). "Amazon's Stranglehold: How the Company's Tightening Grip Is Stifling Competition, Eroding Jobs, and Threatening Communities". ilsr.org

34 Wattles, Jackie (2017). "2017 Just Set the All-time Record for Store Closings". *CNN*.

35 Assad, Matt (2016. 10. 14). "With Amazon Hiring, Lehigh Valley Barely Meeting Demand for Warehouse Workers". *The Morning Call*.

저성과자 퇴출 일변도에서 재교육으로 전환

아마존 직원들 사이에서는 혹독한 상대평가와 동료평가를 통해 "저성과자가 되면 퇴직할 수밖에 없다"라는 공감대가 형성된 것으로 알려져 있다. 이러한 특성 탓인지 아마존은 직원들의 원만한 퇴직을 지원하기 위한 독특한 인사제도를 갖추고 있다. 국내에도 소개된 바 있는 '커리어 선택제(Career Choice)'와 '지급완료제(Pay to Quit)'가 그것이다.[36]

커리어 선택제는 직원들이 퇴직하고 다른 회사에 취업하는 것을 전제로 교육비용을 지원하는 제도다. 다른 회사로 이직하기 위해 필요한 비용을 회사에서 지원해주는 셈이다. 지급완료제는 저성과자들이 자진해서 퇴직할 경우 지급하는 장려금으로, 우리나라 기업의 퇴직위로금과 유사한 성격이다. 금액은 1인당 1,000달러(약 120만 원)에서 5,000달러(약 600만 원) 수준이다.

하지만 최근 아마존이 저성과자를 바라보는 시각에 변화가 감지되고 있다. 2017년 1월 미국 비즈니스인사이더는 아마존이 저성과자를 재교육하는 제도인 피벗(Pivot) 프로그램을 도입했다고 보도했다.[37] 기존에 실시했던 저성과자 역량 개선 프로그램(PIP; Performance Improvement Plan)은 별도 코칭이나 교육 없이 목표 달성만을 압박하고 퇴직을 유도하는 데 주력한 반면, 피벗 프로그램은 사내 전담 팀에 소속된 커리어 앰버서더(Career Ambassadors)와 저성과자를 짝지어 일정 기간 동안 업

36 김인수 (2014. 4. 30). "자진퇴사엔 장려금, 이직준비엔 교육비를 주는 기업 아마존". 《매일경제신문》.

37 Kim, Eugene (2017. 1. 19). "Amazon Just Launched a New Training Program to Help Employees in Danger of Being Fired". *Business Insider*.

그림 11 아마존의 커리어 선택제

• 자료: 〈http://programs.applyists.com/career-choice-uk/〉.

무성과 개선을 돕도록 설계한 것이 특징이다.

새로운 제도를 도입한 배경에 대해서는 다양한 해석이 공존한다. 혹독한 근무문화에 대한 자성이라는 의견도 있고, 아마존이 성장을 거듭하면서 인력이 부족해졌기 때문이라는 의견도 설득력을 얻는다. 6주 동안 20차례 넘는 인터뷰를 통해 어렵사리 채용한 인력을 저성과자라는 이유로 퇴직시키는 것만이 능사가 아니라는 것이다. 요즘 같은 IT 산업 호황기에 우수한 인력을 채용하기도 어렵고, 새로 채용한 인력이 퇴직한 인력보다 우수하다는 보장도 없기 때문에 저성과자 중에서 개선 가능성이 있는 인력을 선별해 활용하는 것이 효율적이라는 주장이다.

직원 배려에 초점을 맞춘 인사제도로 전환

2015년 8월 《뉴욕타임스》는 아마존이 직원들에게는 정글과도 같은 곳이라고 묘사했다.[38] 일주일에 85시간 이상 일하고, 좋은 평가를 받으려면 자정이 넘도록 이메일에 즉각 답장을 보내야 하며, 가족과 함께하는 시간을 사실상 포기해야 하는 회사였다. 《뉴욕 타임스》는 아마존이 지나치게 경쟁을 부추기고 과도하게 업무를 부여하는 방식으로 의도적인 적자생존을 강요하고 있다고 지적했다.

CEO 제프 베조스는 이러한 보도가 나온 다음 날 직원들에게 이메일을 보내 강한 반감을 드러냈다.[39] 베조스는 "기사에 나온 회사는 내가 아는 아마존도 아니고 아마존 직원들의 모습도 아니다. 이러한 회사는 IT업계에서 살아남을 수 없다"며 유사한 일이 있다면 본인 이메일로 알려달라고 부탁했다.

베조스의 이메일이 직접적인 계기가 되었는지는 알 수 없지만, 아마존의 인사제도는 다수의 글로벌 IT업체처럼 직원을 존중하는 방향으로 변화하는 모습을 보여준다. 2016년에 장시간 근로를 단축할 목적으로 주 30시간 파트타임 근로를 허용하는 제도를 도입했고, 2017년에는 냉혹하기로 악명 높았던 상대평가제도를 폐기했다. 앞서 언급한 대로 아마존은 저성과자를 선별하고 회사를 떠나게 하는 이른바 '헝거게임'을 위한 상대평가제도를 활용해왔다.[40] 하지만 아마존 대변인 틸 페네베커는 2016년 11월에 언론 인터뷰를 통해 "앞으로는 직원들의 약점이 아닌 강점에 집중하는 심플한 평가 체계를 도입할 것"이라며, 기존의 상대평가제도는 더 이상 활용하지 않겠다는 점을 분명히 했다.[41]

---

38 Kantor, Jodi and Streitfeld, David (2015. 8. 15). "Inside Amazon: Wrestling Big Ideas in a Bruising Workplace". *New York Times*.

39 "Amazon Chief's Message to Employees" (2015. 8. 17). *New York Times*.

40 Bort, Julie (2016. 11. 14). "Amazon Promises to Change its 'Hunger Games' Employee Review Process". *Business Insider*.

4차 산업혁명을 상징하는 훌륭한 표본

지금까지 살펴본 내용을 간추려보면, 아마존의 획기적 성장과 최근의 혁신활동들이 데이터, 초연결, 초지능 등 4차 산업혁명의 핵심 키워드에 기반을 두고 있음을 알 수 있다. 특히, 최근에 지속되고 있는 인사제도 혁신은 4차 산업혁명을 선도하는 아마존의 또 다른 변신을 기대하게 하는 중요한 관전 포인트이다. 2016년 아마존의 근무만족도는 실리콘밸리에서 우버 다음으로 나쁜 최하위 수준[42]이었지만, 2017년 취업선호도 조사에서는 구글 알파벳에 이어 2위를 차지[43]하여 달라진 면모를 보였다.

이러한 변화는 장시간 근로, 냉혹한 평가, 저성과자 퇴출, 치열한 경쟁 등으로 직원들을 한계에 내몰았던 아마존이 근로시간 단축, 상대평가 폐지, 직원 재교육, 정규직 채용 확대 등 획기적인 인사제도 혁신을 통해 과거의 부정적 이미지에서 벗어나고 있음을 보여준다. 우수한 인재들이 여유롭게 근무하도록 지원하고, 양질의 일자리를 창출하는 기업으로 변모하고 있다는 것이다. 물론 급성장을 거듭하고 있는 아마존이 필요한 우수인력을 더 많이 확보하기 위해서는 기존의 독불장군식 인사제도를 고집할 수 없고, 정부의 일자리 창출 정책에 협조할 수밖에 없는 것 아니냐고 반박할 수도 있겠다. 하지만 근본적인 시각에서 주의 깊게

41 Gonzales, Angel (2016. 11. 14). "Amazon to Drop Dreaded Stack-ranking Performance Reviews". *The Seattle Times*.

42 Konrad, Alex (2017. 4. 7). "Uber Employees Hate Their Own Corporate Culture, Too". *Forbes*.

43 Roth, Daniel (2017. 5. 18). "LinkedIn Top Companies 2017: Where the World Wants to Work Now". Linkedin Homepage.

살펴봐야 하는 것은 어떠한 배경에서든 아마존이 4차 산업혁명 시대가 요구하는 '직원을 존중하고 사회에 기여하는' 기업으로 끊임없이 진화하고 있다는 점이다.

소프트뱅크

미래를 위한 과감한 사업전략

300년 존속 기업을 위한 30년 비전

소프트뱅크가 창립 30주년을 맞은 2010년, 손정의 회장은 주주총회에서 소프트뱅크를 300년간 존속할 수 있는 기업으로 만들겠다고 선언하고, 향후 30년간 이를 준비하겠다는 비전을 밝혔다. 손 회장은 300년 이상 존속하는 기업의 조건이 무엇인지 알기 위해 다양한 각도에서 글로벌 기업과 왕조, 기술, 생태계 등의 변천사를 연구[44]한 다음, 30년 비전과 전략 로드맵을 작성했다고 한다.

결론은 비즈니스의 도메인이나 방향성을 한정해서는 안 된다는 것과 시가총액에 주목하자는 것이었다. 또한 100년 전의 철도 회사, IBM, 마이크로소프트, 구글 등의 사례에서 사람들의 생활이 기술혁신에 의해 극적으로 바뀌었다는 점에 주목했고, 그러한 기술 변화의 중심에 서자는 것이 소프트뱅크의 가장 중요한 전략 방향이었다.

44 "2020の人事シナリオ:企業人事トップ×ワークス研究所 所長・対談 vol. 2". 〈http://www.works-i.com/column/taidan/vol_2/taidan_vol02_1.html〉.

새로운 비즈니스 기반 마련

소프트뱅크의 사업은 인터넷 통신에서 이동통신으로 중심이 변화했지만 몇 년 후에는 그것도 바뀔 것이다. 2010년에 1만 명의 사원을 대상으로 미래 비즈니스에 대한 의견을 조사했는데, 가장 중요하다고 생각한 것이 로봇 분야였다. 이에 따라 '로봇 비즈니스 추진실'을 만들고, 2015년에 상용 로봇 '페퍼(Pepper)'를 출시했다.

이와 더불어 향후에는 모든 것이 인터넷에 연결되어 칩의 세계로 흡수될 것으로 예견해 ARM사를 인수했다. 모든 정보가 통신이라는 혈관·신경계통을 통해 뇌(AI, 빅데이터)에 집약된다고 보고 준비한 것이다. 모든 것이 인터넷에 연결되기 위해서는 기지국의 수를 무수히 늘려야 하는데, 땅에다 까는 광통신기술만으로는 한계가 있다고 판단하고 인공위성 제조 스타트업 원웹(OneWeb)을 인수해, '라스트 1마일'까지

그림 12 소프트뱅크의 상용 로봇 '페퍼'

• 자료: 〈http://www.softbank.jp/en/robot/〉.

그림 13 소프트뱅크 전략 분야

• 자료: 〈https://cdn.softbank.jp/corp/set/data/group/sbm/news/conference/pdf/material/20150730_01.pdf〉.

시야에 넣을 수 있도록 노력하고 있다. 이 모든 것이 30년 후, 300년 후를 지향하는 소프트뱅크의 전략이다.

비전 실현을 위한 인사제도

그룹 통합인사제도 구축

현재의 소프트뱅크는 13년 전 다수의 통신 회사를 합병해서 만들어졌다. 통신 비즈니스의 전환점이 되었던 일본 보다폰과 일본텔레콤 인수 당시 소프트뱅크는 벤처 회사로서 인사제도라고 할 것도 없었다. 피합병사였던 일본텔레콤은 일본국철(JR) 계열 회사로, 노동조합의 활동도 활발한 전형적인 일본 회사였다.

소프트뱅크는 미래 지향적인 인사제도를 위해 제로베이스에서 시스템을 구축하기 시작했다. 9개월 만에 통합인사제도를 만들어 약 1만

5,000명의 사원에게 적용했다. 이렇게 대규모 인사제도 구축 프로젝트를 진행할 경우에는 일반적으로 외부 컨설팅에 맡기는데, 소프트뱅크는 3사의 인사 담당자들로 태스크포스를 구성해 자체 개발을 진행했다.[45]

능력 중심의 인사제도

통합인사제도의 핵심은 실적과 능력을 기본으로 하는 실력 중심의 평가로 제도 적용 이후 실제 관리자의 10%가 강격되거나, 젊은 인재가 대거 등용되는 등의 효과가 나타났다.

이러한 통합인사제도의 성공에는 출신성분에 상관없이 능력 중심의 인재등용이 중요한 역할을 했다. 실제 18개 이상 되는 중요 임원 포스트 중 15개 정도가 소프트뱅크 출신이 아닌 보다폰과 일본텔레콤 출신에게 돌아갔는데, 공정한 인사 처우와 평가를 통해 사원들이 의지할 수 있는 인재를 임원으로 등용했다는 평가를 받는다.

비전 실현을 위한 인재확보

소프트뱅크는 30년 비전 실현을 위해 기술 변화에 민감한 엔지니어와 M&A 전문가가 절대적으로 중요한 전략 인재라고 보고 있다. 또한 HR 부서에서는 향후 없어질 일과 새로이 생겨날 일의 포트폴리오를 생각하며 인재개발을 하고 있다.

---

45 이병하 (2017). "4차 산업혁명과 HR의 대응(일본 기업의 사례를 중심으로)".

그림 14 소프트뱅크 인사 비전

: 경영이념 :

정보혁명으로 사람들을 행복하게

: 새로운 30년 비전 :

세계 No.1 기업
세계인에게 가장 필요로 하는 기업

: 인사 Next 30(30년 후를 목표로 하는 모습) :

그룹 5,000개사 2만 명의 경영자	세계에서 신나는 회사 만들기

: 인사 Next 10(10년 후를 목표로 하는 모습) :

후계, 경영 인재 확보	글로벌 인재 확보	계속 이기기 위한 조직, 인재 구성	변화·도전·진화를 지속하는 풍토

• 자료: 〈https://www.leggenda.co.jp/talk/201507-01.html〉.

30년 비전 실현을 위해 최신 기술 관련 자기개발 노력을 장려하고 있다. 실제로 향후 없어질 일 중 하나인 기지국 관련 일을 하는 젊은 엔지니어가 향후 메인 비즈니스가 될 인공위성 관련 기술을 익혀나가는 데는 그다지 문제가 없다고 본다. 문제는 변화하려는 노력을 하지 않는 사원들이다. 당장은 그들의 역량도 필요하므로 구조조정까지는 생각하지 않지만, 계속 예전과 같은 일을 한다면 가치가 하락했다고 판단해 처우 수준 조정 등을 통해 역량강화를 하도록 유도할 방침이다.

미래형 인사를 위한 혁신

AI를 통한 인사업무의 변화

소프트뱅크는 IBM 왓슨을 도입해 콜센터 자동화를 추진하면서 기계적 자동인식이 90% 넘어서는 것을 보고, 전화 응대와 로봇을 접목시켜 인사업무에 적용하기로 했다. 이에 사원지원센터를 만들고 각 분야별 인사 담당자와 페퍼를 함께 배치해 원스톱으로 서비스가 가능한 체계를 구축했다. 이곳에서 왓슨을 활용해 인사와 관련된 다양한 상담이 가능하게 만들었더니 사원 만족도가 크게 올라갔다.

사원지원센터에는 매월 약 8,000건의 문의가 오는데, 1건당 응답시간을 평균 5분으로 계산할 경우 약 666시간이 소요된다. 이것을 왓슨이 FAQ를 학습해 응답하게 했다. 법무 상담의 경우 왓슨이 과거의 판례, 법령 등을 학습해 사원들이 작성한 계약서를 체크해 수정안을 제시함으로써 연간 8,100건에 달하는 계약서 작성 업무를 50% 정도 줄일 수 있었다.[46]

채용 분야에서도 왓슨을 도입해 2017년 5월부터 서류전형 심사에서 활용 중이다. 보통 수천 개 넘는 입사지원서를 채용 담당자들이 일일이 읽어야 하는데, 시간도 많이 소요되고 동일한 입사지원서에 대해서도 담당자에 따라 평가가 달라지는 경우가 발생한다. 이러한 문제를 해결하기 위해 AI를 도입하기로 한 것이다.

왓슨이 서류전형의 합격 여부를 결정하되 탈락된 원서는 반드시 채

46 多田 和市 (2015. 8. 20). "総務や人事の疑問にWatsonが回答, ソフトバンクの業務改革構想が明らかに". ⟨http://business.nikkeibp.co.jp/atclbdt/15/258673/081 900019/⟩.

용 담당자가 최종 확인하는 절차를 거친다. 만일의 사태에 대비하기 위해서다. 실제 왓슨이 탈락시킨 지원자를 채용 담당자가 합격시키는 비율은 얼마 안 될 정도로 정확도가 매우 높다. 그리고 기존에는 680시간이나 걸렸던 심사시간을 4분의 1인 170시간까지 줄였다. 소프트뱅크는 단순히 AI를 도입해 인사업무의 시간적 부담을 감소시키려는 것만이 아니다. 입사지원자에게 소프트뱅크의 사업 내용이나 비전을 알리는 커뮤니케이션에 좀 더 자원을 할애하고자 한다.[47]

또한 로봇 페퍼를 활용한 회사 설명회도 기획 중인데, 학생들의 문의사항에 답변할 수 있는 페퍼를 각 대학 취업지원 부서에 설치하는 것이다. 그리고 페퍼를 면접 단계에서 활용하는 것도 실험 중이다. 학생들에게 페퍼가 "당신은 어떤 사람인가?"라는 질문을 하게 한 뒤 응답 내용을 평가하는 것도 가능하다고 보는 것이다.

인력운영에서도 AI 도입을 검토하고 있는데, 신규사업을 추진할 경우 필요한 인재의 스펙은 바로 정리할 수 있으나 관련 인재를 인사 담당자가 사내에서 조달하기는 쉽지 않다는 점에 착안한 것이다. 직무이동, 평가, 연수 등의 커리어 데이터를 바탕으로 AI가 새로운 비즈니스 추진에 적합한 인재를 매칭하는 실험을 하고 있다.[48]

47 "ソフトバンクはなぜ採用にAIを導入したのか" (2017. 8. 8). 〈https://www.doda dsj.com/content/170808_softbank_genda/〉.

48 清瀬 一善 (2016. 6. 30). "ピープルアナリティクス×AIが,働き方を変革する". 〈http://www.works-i.com/column/works02/清瀬一善05/〉.

미래 HR의 구체화 - 미래탐색실

소프트뱅크는 AI, 로봇, IoT, 빅데이터 등의 최첨단기술을 HR에 어떻게 활용할 것인지 고심 중이다. 그래서 인사총무총괄 산하에 직원들이 참여하는 '미래탐색실'이라는 가상 조직을 만들어 미래 HR의 이미지를 구체화하는 작업을 해오고 있다.[49]

미래탐색실에는 50여 명의 젊은 사원이 참여하고 있다. 참가자에게는 업무시간의 20%를 미래를 생각하는 데 쓰게 하고, 그룹 단위로 프로젝트를 추진하도록 한 다음, 그 성과를 본업으로 인정한다. 참가자들은 사내 정보통신 관련 부서나 뉴스에 보도된 외부 기업의 담당자를 찾아가 벤치마킹하는 등 자발적으로 다양한 노력을 하는데, 일상적인 업무가 아니다 보니 재미있고 활기차게 참여하는 편이다.

2~3개월 주기로 각 부서장들을 모아 활동성과 보고회를 열며, 월 1회 메일 매거진을 만들어 총괄 산하 500여 명에게 전달함으로써 자극제 역할을 한다. 그리고 연 3회 정도 총괄책임자와 멤버들이 '노뮤니케이션(Nomunication)'[50]을 갖고 있는데, 함께 술을 마시면서 참가자 1명당 1개의 아이디어를 가지고 난상토론을 하기도 한다. 젊은 사원들이 중심이다 보니 대단히 재미있는 이야기가 많이 나온다. 소프트뱅크는 2017년 5월 1일부터 이 조직의 명칭을 '미래실현실'로 바꾸고, 자발적 참가자를 중심으로 새롭게 구성해 다양한 프로젝트를 진행하고 있다.

---

49 土肥 正弘 (2016. 8. 4). "どん底からの大逆転を果たしたソフトバンクの人事組織戦略". 〈http://www.keyman.or.jp/kc/30009108/〉

50 '술을 마신다'는 일본어 '노무'와 영어 '커뮤니케이션'을 합성한 단어로 '형식 없는 자유로운 간담회'를 의미한다.

IBM

사업전략: 인지 솔루션 및 클라우드 플랫폼 회사로의 전환

IBM은 2014년 이후 새로운 성장 엔진으로서 클라우드, 분석, 모바일, 소셜, 보안 등 5개 사업영역을 지속적으로 강조해왔다.[51] 이에 따른 성장 전략으로는 시장에서의 성장, 사업분석, 클라우드, 스마터 플래닛을 제시하고 있다. 이러한 성장 엔진과 전략을 통해 IBM은 기존 '하드웨어·소프트웨어·서비스를 제공하는 회사'에서 나아가 '인지 솔루션 및 클라우드 플랫폼 회사'로의 전환을 꾀하고 있다.[52]

이 변화의 중심에는 AI 플랫폼으로 진화해가는 왓슨(Watson)이 있다. 왓슨은 이미 헬스케어, 금융 서비스, IoT, 인재(talent) 등 총 9개 산업 및 기능 분야에 대한 플랫폼과 서비스를 통해 세계 45개국, 20개 이상의 산업에 걸쳐 활용되고 있으며, 지속적으로 왓슨 생태계를 확장해나가고 있다.[53]

조직 및 인재역량 확보

IBM은 2017년 2월 독일 뮌헨에 왓슨 IoT 본사를 공식 오픈했다. 왓슨 IoT 본사는 IoT 사업부의 글로벌 본사 역할뿐 아니라 유럽 지역 최초

51 Chairman's Letter (2014). 〈https://www.ibm.com/annualreport/2014/bin/assets/IBM-Annual-Report-Chairmans-Letter.pdf〉.

52 Chairman's Letter (2015). 〈https://www.ibm.com/annualreport/2015/assets/img/2016/02/IBM-Annual-Report-Chairmans-Letter-2015.pdf〉.

53 Annual Meeting of Stockholders (2016. 4. 26). 〈https://www.ibm.com/ibm/ginni/04_26_2016.html〉.

표 3 왓슨 플랫폼 활용 사례

분야	활용 사례
유통	• 상품 기획 및 프로세스 개선에 왓슨을 활용한 North Face • 옴니채널 주문 및 쇼핑 경험을 제공하는 1-800 Flower.com • 고객 맞춤형 인공지능 챗봇 서비스, 동원 F&B 푸디 • Easy Butoon으로 고객의 주문 경험을 향상시키고 상품 기획 인사이트를 얻은 Staples • AI 지능형 챗봇 Rocky로 새로운 다이아몬드 구매 경험을 제공하는 Rare Carat
금융	• 고객의 문의를 실시간으로 상담해주는 현대카드의 인공지능 챗봇 • 인공지능 기반의 주식 예측 솔루션 Watstock(Watopedia) • 왓슨을 접목하여 세무 대리서비스를 더욱 정교하고 스마트하게 업그레이드한 H&R Block
의료	• Watson for Oncology로 개인 맞춤형 치료법을 제시하고 있는 길병원 • Watson for Oncology 및 Watson for Genomics 도입으로 환자 중심형 의료 서비스를 제공하는 부산대병원

의 왓슨혁신센터 역할을 수행한다. 여기에는 1,000여 명의 개발자, 디자이너, 컨설턴트가 근무하고 있다. IBM은 IoT 본사 건설을 위해 왓슨 IoT 전체 투자금액 30억 달러 중 2억 달러를 투자했다.[54] 왓슨 IoT 본사는 기존 IBM 조직보다 고객과 더 자주 더 가깝게 소통하고, 이를 통해 보다 빨리 성과를 낼 수 있는 조직으로 운영되고 있다. BMW, 에브넷(Avnet) 등 고객을 직접 IoT 본사로 초대해 페이스북의 해커톤처럼 답이 나올 때까지 함께 일하는 것으로 알려져 있다.[55]

---

54 IBM Watson Internet of Things. 〈https://www-03.ibm.com/press/us/en/presskit/47606.wss〉.

55 The Watson IoT Global Headquarters Is Open. 〈https://www.ibm.com/blogs/internet-of-things/watson-iot-global-hq-is-open/〉.

IBM은 이러한 조직적인 변화 이외에도 성장 엔진으로 언급한 클라우드, AI, 보안 등 신사업 기술인력을 확보하기 위해 공격적으로 나서고 있다. IBM의 CEO 지니 로메니는 2016년 말 신사업 기술인력 2만 5,000명을 채용하고 향후 4년간 10억 달러를 기술인력 양성과 확보에 투자하겠다고 밝힌 바 있다.[56] 실제로 2017년 3월부터 신사업 관련 포지션에 외부 인력을 채용했고, 시장이나 학교에서 해당 인력을 충원하지 못하는 경우에는 기존 인력을 재교육시켜 신사업 관련 인적 역량을 확보하고자 노력하고 있다.

HR 전략 변화: 데이터 분석 강화 및 업무효율 제고

IBM은 4차 산업혁명 가속화에 대응하기 위해 이에 적합한 HR 운영 전략의 변화도 추진하고 있다. 4차 산업혁명의 핵심 요소인 빅데이터, AI 기술 등을 활용해 인사관리에 필요한 신속하고 정확한 예측과 의사결정을 지원하고 있다. 특히 데이터 분석 강화와 업무효율 제고를 HR의 핵심 어젠다로 설정하고, AI 기술 기반의 시스템을 통해 HR 운영의 변화를 촉진하고 있다.

첫째, HR 데이터 분석 강화는 데이터 분석이 단순한 통계와 리포팅 수준을 넘어 AI를 통한 분석을 기반으로 의사결정이 가능한 시스템과 운영 체계를 설계하고, 나아가 데이터 드라이븐 HR(Data Driven HR) 실현을 목표로 하고 있다. 현재 운영 중인 '왓슨 탤런트 인사이트(Watson

56 "IBM Lays Out Plans to Hire 25,000 in US Ahead of Trump Meeting". (2016. 12. 13). Bloomberg.

표 4 HR 헬프 데스크 포털 내 운영 중인 챗봇

명칭	제공 기능
마이카 (Myca)	'My Cognitive Career Coach'의 약자로, 왓슨을 활용해 직원의 커리어에 대한 상담 제공
트래블봇 (Travel Bot)	경비 처리 시스템 중 출장 관련 질문 처리, 질문에 대한 답변을 동영상으로 제공
애스크 앤절라 (Ask Angela)	회사 교육 사이트에서 과정을 완료할 경우, 이어서 학습하기 좋은 과정을 추천

Talent Insight)'는 HR 담당자가 자주 활용하는 데이터와 연관성이 높은 정보를 스스로 판단하고 사용자에게 "혹시 지금 이런 정보가 필요하지 않으세요?"라는 질문을 던져 사용자의 숨은 니즈나 누락된 업무를 확인할 수 있도록 지원하고 있다. 또한 "국가별 평가 점수 보여줘"라는 자연어 형식의 명령도 인식할 수 있도록 하여 전문적인 시스템 활용능력이 없는 관리자도 쉽게 사용할 수 있다.[57]

둘째, HR 업무의 효율성을 제고하기 위해 직원들의 질문과 서비스 요청이 많은 HR 프로세스에 AI와 메신저를 결합한 챗봇 기술을 적용해 직원 스스로 문의사항을 해결할 수 있도록 지원하고 있다. HR 제도 관련 헬프 데스크 포털에서 테마별로 다양한 챗봇을 활용해 문의사항에 대한 정보 및 해결방안을 제공하고 있다.

57 "소프트웨어 봇(Bot) 이용한 HR 업무 축소" (2017. 9). 《월간인사관리》.

평가제도: 체크포인트 도입

IBM은 2016년 2월에 기존 '연간 목표 설정 → 중간 점검 → 최종 피드백' 순으로 구성된 '연간 성과평가 시스템'을 폐기하고, 대신 '체크포인트(Check Point)'라는 실시간 피드백 평가 시스템을 도입했다. 최소한 분기에 한 번씩 상사·동료로부터 성과 피드백을 받을 수 있도록 변경한 것이다. 이 평가제도는 기존에 정형화된 평가면담과 피드백보다 훨씬 간편하고 지속적인 대화가 가능하도록 구성되어 있다. IBM 직원들은 데스크톱이나 모바일로 ACE(Appreciation, Coaching, Evaluation)라는 앱을 설치해 메신저 형태로 언제든지 관리자 또는 팀 동료에게 자신의 업무결과에 대한 피드백을 요청할 수 있다.[58] 이를 통해 업무에 대한 실시간 평가 피드백을 받을 수 있어 평가결과에 대한 수용성이 높아지고

그림 15 IBM의 평가 시스템 체크포인트(ACE 앱)

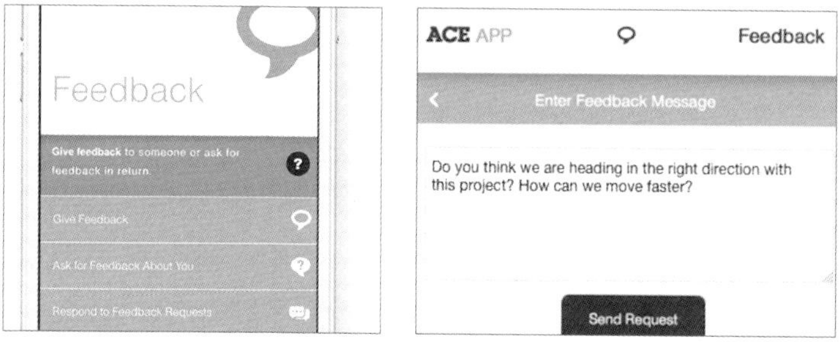

• 자료: IBM.

58 "After Overhauling its Performance Review System, IBM Now Uses App to Give and Receive Real-time Feedback" (2016. 5. 20). *Business Insider*.

업무 방식을 지속적으로 개선할 수 있다.

교육 방식: 오픈 배지

이외에도 IBM은 내부인증 전문가(ICP) 프로그램들을 오픈 배지(Open Badge) 방식의 외부인증 프로그램으로 변화시켰다. 기존의 폐쇄적인 인재육성 방식에서 벗어나 시장에서도 인정받을 수 있는 직무역량 개발 프로그램을 개방형으로 변화시킨 것이다.

오픈 배지 방식은 일종의 기업형 커뮤니티 인증 방식으로, 어클레임(Acclaim)[59]에 등록된 기업들이 자격인증을 증명하는 디지털 배지를 등록하고, 가입한 기업의 직원들이 교육을 수료하면 이 배지를 획득하게 되어 있다. 이렇게 발급받은 배지는 페이스북, 링크드인 등 SNS 계정에 제공되어 전문성을 대외적으로 공표할 수 있다.[60]

---

59 ⟨https://www.youracclaim.com/⟩.

60 ⟨https://www-03.ibm.com/services/learning/ites.wss/zz-en?pageType=page&c=M425350C34234U21⟩.

3

한국 기업에의 시사점

4차 산업혁명에 대비해 한국 기업들은 어떤 준비를 해야 할까? GE, 지멘스, 아마존 등 글로벌 기업들은 저마다 다른 관점에서 접근해 아주 다양한 스펙트럼을 갖고 있다. 그런데도 한 가지 공통점이 있다. 즉, 이들 기업이 변화하는 모습을 살펴보면 기업이 어떻게 대응하는지에 대한 공통된 연결고리가 있는데, 남다른 사업 비전과 전략을 수립하고 그에 맞는 조직과 인재를 갖추어가며 이것을 뒷받침하는 문화와 제도를 만드는 데 힘쓴다는 것이다.

기업은 새로운 사업을 추진하고 전략을 수립할 때 남다른 미래를 예측해본다. 기업은 큰 그림을 그리면서 그에 맞는 조직과 인적 역량을 찾는다. 그 과정에서 치밀한 계획과 다양한 시뮬레이션을 바탕으로 전략을 추진한다. 물론 원래 구상한 큰 그림대로 항상 이루어지는 것은 아니다. 미래를 그리는 것이니 시행착오는 불가피하다. 또한 새로운 조직과 인적 역량만으로는 불충분하다. 새로운 조직과 인재들이 기존 관행에

덜미를 잡히지 않으려면 문화와 제도가 바뀌어야 한다. 문화와 제도가 새로운 전략과 조직을 뒷받침하지 못하면 늘 그랬던 것처럼 멋진 그림만 그리고 실행에는 실패하기 때문이다.

물론 앞서 살펴본 글로벌 기업은 저마다 특성이 달라 한눈에 변화의 연결고리가 보이기도 하고 간파하기 어려운 부분도 있다. 하지만 논리적으로 추측하고 예상해보면 기업의 변화는 사업·전략-조직·인재-문화·제도를 하나의 큰 그림으로 이해할 수 있다. 한국 기업들도 4차 산업혁명이라는 대전환에 대비해 대담한 계획과 도전이 필요하다.

사업과 전략: 공진화하는 생태계에 주목하라

4차 산업혁명의 데이터 기술이 파괴적 혁신의 지렛대가 되면서 기업경영은 과거에는 보지도 못했고 꿈에서나 가능했던 모습으로 변화하고 있다. 챕터 1과 챕터 2에서 살펴본 기술의 가능화 효과가 이것을 가능하게 한다. 그렇다면 우리는 어떻게 준비해야 할까? 우선 기술과 공진화하는 시장의 변화를 예견하고 대비해야 한다. 공진화에 따라 다양한 기술과 제품이 통합되는 미래의 통합시장에 대비해야 한다는 것이다. 물론 내 회사가 새로운 조직 생태계에서 플랫폼 지배 기업이나 플랫폼 멤버 기업 또는 독자 기업이 될 수 있을지, 아니면 어떤 조직군을 지향해야 할지 고민해야 한다. 그러나 확실한 것은 다양한 조직 유형 간에 상호보완적인 공생관계가 나타난다는 것이다. 이런 공생관계를 기반으로 미래의 성장 기회를 탐색하고 선택해야 한다. 특히 플랫폼 지배 기업들은 한국의 독특한 기업조직 형태로 통상 재벌이라고 불리는 기업집단 1.0과 유사한 기업집단 2.0으로 진화하고 있다는 점에 주목할 필요가 있다.

조직과 인재: 조직 유연화와 창의적 문제해결 역량

사업전략이 정해졌다면 그에 걸맞은 조직구조를 갖추는 것은 당연하다. 글로벌 기업들은 필요한 역량을 조기에 확보하기 위해 조직을 과감하게 재편하고 있다. 그만큼 시간이 부족하다는 것이다. 게다가 4차 산업혁명 시대의 미래 조직구조와 운영은 모든 조직 내·외부 요소의 결합과 해체가 반복되는 역동적 과정이 일상화될 것이므로, 조직을 더더욱 유연하게 운영할 수 있는 여지를 마련해야 한다. 그래서 많은 학자가 조직 유연성과 민첩성(agility)이 중요하다고 지적하는 것이다.

또한 기업이 새로운 사업과 전략을 갖추고 목표를 달성하기 위해서는 사람이 중요하다. 앞으로 필요한 인재를 미리 확보하고 양성하는 것. 어쩌면 인재 확보와 양성은 기업이 기술혁신과 상관없이 늘 해오던 일이라고 할 수 있다. 그러나 4차 산업혁명의 거대한 변화를 보고 있는 지금, 우리는 콘텐츠에 주목해야 한다. 4장에서 강조한 것처럼 기업은 미래 근로자에게 요구되는 자질과 역량을 예측하고 필요한 신규 인력을 육성하는 한편, 미래 변화에 대응할 역량이 부족한 기존 인력을 재교육시켜야 한다.

그렇다면 미래에는 어떤 콘텐츠, 즉 어떤 역량이 필요할까? 핵심은 기업마다 가진 분야의 특성이나 특정 직무에 대한 숙련이 아니라, 창의적 문제해결이라는 기반 역량이다. 이 창의적 문제해결 역량을 확보하기 위해 기업들은 끊임없이 우수한 인재를 발굴하는 한편, 내부 인재들의 역량 수준을 가늠하고 부족한 부분을 채워야 한다.

문화와 제도: 차세대 리더십 개발과 HR 플랫폼 구축

파괴적 기술혁신이 초래할 미래의 일하는 방식과 조직문화는 우리 기업에 무엇을 요구하는가? 챕터 5에서 강조한 리더십의 변화에 주목해야 한다. 조직의 경영진과 리더들이 미래를 어떻게 조망하고 대비하느냐가 기업의 성장을 좌우하기 때문이다. 그렇다면 먼저 미래의 일하는 방식과 기업의 특성에 부합하는 리더십이 무엇인지 규명해야 한다. 그리고 그에 맞는 차세대 리더를 양성할 구체적인 계획을 수립하고 실천해야 한다.

기술혁신이 초래할 인사혁명은 일의 세계가 급변하는 것을 의미한다. 챕터 6에서 지적했듯이 인사관리의 전통적인 이슈들이 기술혁신을 통해 해결되면서 꿈만 같았던 일들이 조만간 현실로 나타날 것이다. 그래서 기술혁신이 인사관리 전 분야에 걸쳐 어떤 변화를 초래할지 조심스럽게 살펴봐야 한다.

특히 최근 글로벌 기업들이 도입하고 있는 HR 분석(HR Analytics)이나 HR 기술(HR Technology)에 주목할 필요가 있다.[61] 미국이나 유럽, 일본에서 각종 솔루션을 탑재한 HR 기술이 기업현장에서 활용되고 있다. 글로벌 기업들도 4차 산업혁명에 대응해 문화와 제도를 바꿀 때 이러한 HR 기술을 적절히 활용하고 있다. 하지만 아직 우리나라에서는 HR 분석이나 HR 기술에 대한 관심이 높지 않은 실정이다. 따라서 제도 측면에서 기술의 가능화 효과를 먼저 누리고 기술혁신을 적극적으로 활용하기 위해서는 HR 기술을 활용할 수 있는 인프라를 마련해야 한다. 그

61 HR 기술(HR Technology)은 통상 HR 테크(HR Tech)로 불리기도 하는데, 기술적인 측면뿐 아니라 핀테크(Fintech)와 같이 HR이라는 특정 분야를 전문으로 하는 스타트업들을 의미하기도 한다.

래서 최근에 HR 플랫폼(HR Platform)이라는 개념이 주목받고 있다. HR 플랫폼은 인사관리 전반에 걸친 다양한 기능을 통합 관리하면서 SNS, HR 분석 기능 등 최신 HR 기술을 활용할 수 있는 기반을 제공하고 있다. IBM의 탤런트 인사이트(Talent Insight)나 워크데이(Workday), 석세스팩터스(SuccessFactors) 등이 대표적인 HR 플랫폼이라 할 수 있다.

환경과 정책: 노사 리스크에 대비하라

노사관계는 또 다른 영역이다. 조직이나 인사관리는 기업경영자가 앞서 고민하면서 4차 산업혁명에 대비해 미래 설계를 주도할 수 있다. 하지만 사용자와 종업원의 상호 신뢰관계를 전제로 하는 노사관계에서는 노사가 함께 고민해야 한다. 종업원 입장에서는 4차 산업혁명이 그리 달갑지 않다. 챕터 3에서 살펴본 것처럼 디지털 기술이 바꾸는 일자리의 미래는 기업 내에서 대다수를 차지하는 중숙련 인력에게 비관적이다. 자동화기술의 파고를 뛰어넘을 수 있는 변화가 요구된다. 또한 챕터 7에서 지적한 것처럼 기술혁신이 노사관계의 불안정성을 확대할 가능성이 커 노사관계가 기업경영의 치명적인 불안요인이 될 수 있다는 점을 경계한다. 그래서 지속가능한 노사관계를 노사가 함께 고민하지 않으면 안 된다.

특히 협력적 노사관계가 취약한 한국 기업의 경우, 이 점을 간과하면 제2, 제3의 러다이트 운동이 기업현장에서 나타날 가능성이 크다. 그만큼 기술혁신에 따른 노사 리스크가 클 수 있다. 따라서 기업들은 파괴적 기술혁신이 산업현장에 어떤 변화를 요구하는지, 그리고 어떻게 대응해야 할지 종업원들과 공유하고 함께 고민할 필요가 있다. 기술혁신이 해당 사업장에 미칠 영향 요인을 꼼꼼히 따지되 이에 대한 종업원의 정서나 고충까지 고려해 대응방안을 마련해야 한다.

이러한 노사관계의 불안요인은 노동법의 위기로도 이해할 수 있다. 챕터 8에서, 전통적인 노동법과 제도로는 4차 산업혁명을 포용할 수 없다는 점에서 혁명에 가까운 노동법의 변화가 필요하다고 지적한다. 사회 전체적으로 이해관계자 모두가 함께 따져보고 챙겨야 할 것이 많다는 것이다. 그래서 독일은 '노동 4.0'과 관련된 다양한 이슈에 대해 노사정 모두 진정성을 가지고 적극적으로 참여하는 사회적 대화를 진행하고 있다.

미래 한국 기업의 재도약을 꿈꾸며

기업경영의 불확실성이 날로 높아지는 가운데 한국 기업들은 4차 산업혁명이라는 산업 패러다임의 대전환에 직면해 있다. 기업경영자는 물론 종업원들도 미래를 가늠하기 어렵다. 하지만 미래는 결국 우리가 만들어가는 것이다. 미국 대통령 에이브러햄 링컨은 "미래를 예측하는 가장 확실한 방법은 미래를 창조하는 것이다(The best way to predict the future is to create it)"라고 얘기했다. 파괴적 기술혁신이 어떤 모습으로 우리 곁에 나타날지 불명확하고 두려운 상황이다. 하지만 한국 기업들은 세계 그 어떤 기업보다 많은 위기를 슬기롭게 극복하고 글로벌 경쟁력을 키워왔다. 따라서 앞으로 다가올 4차 산업혁명을 꼼꼼히 살펴보고 적절한 대응방안을 마련한다면, 한국 기업의 미래를 모두가 꿈꾸는 멋진 모습으로 만들어갈 수 있다.

저자 소개

신동엽 | 연세대학교 경영대학 매니지먼트 분야 교수. 미국 예일 대학교에서 조직이론으로 박사학위를 취득하였다. 주된 연구 관심분야는 신제도이론, 네트워크 이론, 조직경제학, 경영사 등이며, 학생들과 경영자들을 대상으로 경영 패러다임 전환과 21세기형 경영, 전환기의 위기와 리더의 전략적 역할, CEO 리더십, 창조성과 혁신, 전략적 위기경영, 조직설계와 변화, 예술과 창조경영, 비전과 성장, 거시 조직이론, 조직행동론 등을 강의해왔다. 주요 기업들의 사외이사와 CEO 자문을 맡아왔고 한국인사조직학회장과 서울스프링국제실내악축제 조직위원장을 역임했다. *Administrative Science Quarterly*, *Organization Science*, *Poetics*를 비롯해 국내외 주요 학술지에 다수의 논문을 게재했다. 저서로 《21세기 매니지먼트 이론의 뉴패러다임》, 《창조성의 원천》이 있으며, 한국인사조직학회의 《K-매니지먼트》, 한국전략경영학회의 《퍼펙트 체인지》, 《직각혁신이 답이다》(이상 공저) 등을 통해 최근 빠르게 진행되고 있는 경영과 경제 패러다임의 역사적 대전환에 대해 역설해왔다.

최강식 | 연세대학교 경제학부 교수. 연세대학교에서 경제학을 공부하고 미국 예일 대학교에서 기술진보가 인적자본 투자에 미치는 영향에 관한 연구로 경제학 박사학위를 받았다. 한국경제학회 이사, 학술지 《경제학연구》의 편집위원

장을 지냈으며, 국민경제자문위원회, 규제개혁위원회 등에서 위원으로 활동하였다. 연세대학교 경제학부대학 학장으로 재임하면서 국내 최초로 송도국제캠퍼스에서 1학년 학생 전체를 대상으로 하는 RC(Residential College) 교육 프로그램을 총괄하였고, 전국대학교양교육협의회 회장을 역임하였다. 주요 관심사는 교육 투자, 기술진보, 일자리 문제 등이며, 최근에는 4차 산업혁명이 노동시장에 미치는 영향에 관한 연구에 치중하고 있다.

양동훈 | 서강대학교 경영학과 교수. 미국 미네소타 대학에서 인사노사관계학 석사와 박사학위를 받았다. 현재 한국인사관리학회, 한국인사조직학회, 한국윤리경영학회 부회장으로 봉사 중이며, 인간과 노동이라는 주제에 관심을 갖고 연구와 집필, 그리고 사회활동에 참여하고 있다. 고용노동부 비정규직 서포터즈, 서울지방노동위원회 공익위원, 상공회의소 중소기업위원회 자문교수 등을 역임했고, 미국 인사관리자협회인 SHRM(The Society for Human Resource Management)의 한국대표단 자문교수로 글로벌 HR 트렌드를 한국에 소개하고 있다. 저서로 《누구를 리더로 세울 것인가》, 《초고령사회, 조직 활력을 어떻게 높일까》(이상 공저), 역서로 《경영학원론》, 《조직행동론》(이상 공역) 등이 있으며, "일하기 좋은 기업과 조직성과 간의 관계", "한국형 일하기 좋은 기업 지표와 노동생산성" 등 국영문 논문 다수가 있다.

한준 | 연세대학교 사회학과 교수. 서울대학교 사회학과에서 학사학위와 석사학위를 받았고 미국 스탠퍼드 대학교에서 박사학위를 받았다. *European Sociological Review*, *Management Science*, *Journal of Conflict Resolution* 등에 논문을 발표했다. 한국사회학회 및 한국조사연구학회 최우수논문상을 수상했다.

박우성 | 경희대학교 경영대학 교수. 서울대학교를 졸업하고 프랑스 파리 공립 경영대학원(HEC)에서 경영학 박사학위(인적자원관리)를 받았다. 귀국 후 한국노동연구원에서 5년간 사람관리의 현실적 이슈 및 정책 과제들과 씨름하며 연구했다. 우리나라 기업들의 보상관리 혁신에 대해 오래전부터 많은 관심을 가지고 새로운 대안을 모색해왔다. 이와 관련된 대표적인 저서로 《21세기형 성과주의 임금제도》, 《일본기업 역할급》, 《노사정위 2016 임금보고서》(이상 공저) 등이 있다. 최근에는 관심의 폭을 넓혀 고령화 시대, 기술혁신 시대가 요구하는 일하는 방식의 변화와 사람관리를 다각도로 고민하며 성찰하고 있는데, 《정년 60세 시대 인사관리 이렇게 준비하자》, 《정년연장 등 노동시장 환경 변화에 대응하기 위한 인적자원관리방안》, 《직각혁신이 답이다》(이상 공저) 등이 그 결과물이다. 글로벌 시대, 기술혁명의 시대일수록 윤리가 더 중요하다는 것을 새삼 깨닫고 윤리경영에 대해서도 관심 영역을 넓히고 있으며, 학술지 《윤리경영연구》의 편집위원장을 역임한 바 있다.

노용진 | 서울과학기술대학교 벤처경영학과 교수. 서울대학교 경제학과를 졸업하고 미국 미네소타 대학교에서 인사노사관계학 박사학위를 받았다. 한국고용노사관계학회 부회장, 한국인사관리학회 부회장, 세계고용노사관계학회 학술위원장, 서울지방노동위원회 공익위원, OECD 이주전문가그룹 한국대표 등으로 활동해오고 있다. 기술발전과 작업조직, 교육훈련과 숙련, 근로자 참여경영, 고성과 작업조직, 근로자 대표성과 단체교섭, 노동시장과 노사관계, 고용서비스, 지역고용, 외국인 근로자 등에 관한 연구들을 수행해왔으며, 우리나라의 대표적인 노사관계 학술지인 《산업관계연구》로부터 2007년, 2010년, 2013년 3회에 걸쳐 우수논문상을 수상하였다.

박지순 | 고려대학교 법학전문대학원 교수. 고려대학교 법학과를 졸업하고 독일 아우크스부르크 대학교에서 노동법과 사회보장법 전공으로 법학박사를 취

득하였다. 2007년부터 고려대학교에서 노동법과 사회보장법을 가르치며 연구하고 있다. 국무총리 정책자문단 위원, 고용노동부 고용보험위원회, 자체평가위원회 위원, 노사정위원회 비정규직대책위원회 등 각종 의제별위원회 공익위원을 역임하였으며, 현재는 고용노동부 규제심사위원회와 서울지방노동위원회 공익위원, 한국사회보장법학회 부회장, 한국노동법학회 상임이사로 활동하고 있다. 저서로 《노동법강의》, 《사회보장법》, 《통상임금의 이해》, 《근로자개념의 변천과 관련법의 적용》(이상 공저) 등 다수가 있으며, 주로 노동법과 사회보장법 분야에서 많은 논문과 연구보고서를 발표하였다.